Ein **Mensch** kann nur als Mensch **aufstehen**

Whistleblower-Einblicke des Diplomaten Mr. G.

Band 2

Das Buch zur Serie auf Kamasha TV
Kamasha Verlag – Bücher der Zukunft
für mehr innere und äußere Freiheit

Kamasha® Verlag – Bücher der Zukunft
Kamasha Versandhandel GmbH
Marie-Curie-Straße 6
36039 Fulda / Deutschland
verlag@kamasha.de
www.kamasha.de

Interviews Kamasha TV: David L. Hemm
Manuskript/Lektorat: Kamasha Verlag, Fulda
Satz: DRUCK+SATZ, GbR Mayer und Lorz, Großräschen
Druck: FINIDR, s.r.o, Český Těšín

ISBN 978-3-936767-74-2
Erstausgabe: August 2024

Bibliografische Information der Deutschen Nationalbibliothek:
Die Deutsche Nationalbibliothek verzeichnet diese Publikation in der Deutschen Nationalbibliografie.

Vorwort

Sehr geehrte Leser dieses Buches,

lange Zeit ist es her, dass ich das Vorwort für das erste „Mensch-Buch" geschrieben habe. Zumindest erscheint es mir so. Dabei sind es nur 24 Monate. Aber die Ereignisdichte dieser Zeit war enorm.

Nun ist es so weit, dass auch das zweite Buch zum Thema Kommerz erscheint und ich mir erlaube, ein paar Worte, auch zum Kommerz, zu verlieren. Denn auch in diesem Buch liegt der Schwerpunkt bei der Vermittlung kommerziellen Wissens. Das ist das Wissen, wie dieses System aufgebaut ist, oder besser gesagt, nach welchen Regeln die Betreiber dieses Systems arbeiten.

Viele Menschen, die sich mit Kommerz beschäftigen oder beschäftigt haben, versprechen sich eine Lösung ihrer „Probleme" mittels kommerziellen Wissens und kommerzieller Werkzeuge. Aber auch hier gilt das Prinzip der Einlassung, also, dass ich Gefahr laufe, wenn ich die Prinzipien der Betreiber dieses Systems anwende, diese Prinzipien auch als Struktur für mich, den lebenden Menschen, anzuerkennen. Deshalb ist es wichtig zu begreifen, wer oder was wir lebenden Menschen in diesem System sind. Es ist auch wichtig zu wissen, wie dieses System strukturell funktioniert. Aber wir sollten uns diesem kommerziellen System nicht hingeben. Denn Kommerz ist keine Lösung für uns lebende, freiheitliebende Menschen.

„Man kann ein Problem nicht
mit den gleichen Denkstrukturen lösen,
die zu seiner Entstehung beigetragen haben."
(Albert Einstein)

Das sollten wir bei der Lektüre dieses Buches nie aus den Augen verlieren. Die vielen Informationen, die wir über die Videos von Kamasha TV sowie auch den Telegramkanal Diplomateninterviews verbreiten, dienen dazu, zu erkennen, worin die tatsächlichen Ursachen unserer aktuellen Probleme, oder besser gesagt Aufgabenstellungen, des Lebens liegen. Wir sollten in unserem eigenen Interesse hinter unsere eigenen Kulissen (Vorstellungen) blicken, um zu erkennen, wie sehr wir alle seit frühester Kindheit manipuliert werden, um diesem rein umsatz- und gewinnorientierten System dienlich zu sein. Es geht nicht um richtig oder falsch. Es geht um vorteilhaftes oder unvorteilhaftes Verhalten.

Jeder von uns ist in dem Glauben aufgewachsen, dass „Papa Staat" für uns sorgt. Jeder von uns hat einmal daran geglaubt, dass wir sogenannte „Regierungen" wählen, die dann für das Volk sprechen. Wir alle vertrauten darauf, dass der soziale Rechtsstaat nicht nur für Recht und Ordnung sorgt, sondern auch für die Menschen, die als „Staatsbürger" bezeichnet werden, in Notzeiten für diese Träger des Systems da ist. Die sogenannte „Corona-Pandemie" hat uns alle eines Besseren belehrt. Zumindest die, die hingeschaut haben und trotz ihrer Ängste des logischen Denkens mächtig geblieben sind, und die, die den Mut hatten, auch einmal „nein" zu sagen.

Das als freiheitlicher, sozialer und demokratischer Rechtsstaat bezeichnete System zeigte diesen „Aufgewachten" dann, wer das Sagen und die Kontrolle hat. Das System, dem wir alle bisher so vertraut hatten, richtete seine ganze sogenannte „Staatsgewalt" gegen die Menschen, die sich nicht bedingungslos dem Diktat dieses Systems unterordnen wollten.

Und genau dafür sollten wir dankbar sein. Denn genau dadurch wurden die Aufwachprozesse bei vielen Menschen in Gang gesetzt und beschleunigt. Nun stehen viele von uns vor dem Trümmerhaufen ihrer bisherigen Vorstellungen. Eine Vorstellung ist das, was man vor etwas stellt, um das, was tatsächlich ist, nicht sehen zu müssen. Und dieser Vorhang aus Lüge, Betrug und Verrat, den man im Kommerziellen auch als den „corporate veil" bezeichnet, wurde in der Corona-Zeit bei vielen Menschen zerrissen.
Nun steht das Schreckgespenst „AGENDA 2030" im Raum. Es werden Horrorszenarien generiert, wobei viele sogenannte „Aufklärer" sich in den negativen Möglichkeiten zu aalen scheinen. Die Information an sich rückt in den Hintergrund. In den Vordergrund rücken Panikmache und das Schüren von Ängsten. Damit werden diese „Aufklärer" zu Instrumenten derer, die sich von dieser AGENDA 2030 das Geschäft des Jahrtausends versprechen.

Wir haben nun die Möglichkeit, zu resignieren. Wir könnten sinnbildlich eine weiße Flagge in unser Fenster hängen. Wir könnten den Parasiten dieser Welt das Feld überlassen. Dies bedeutet am Ende, dass wir die Entscheidung über unser Leben „freiwillig" einigen wenigen „Geschäftlemachern" überlassen würden. Wir könnten die

Verantwortung für unser Schicksal abgeben. Wer dies tun möchte, kann dies selbstverständlich tun. Demos, Petitionen und andere Unterwerfungsgesten werden zu keinem Ziel für uns Menschen führen.

Wir haben die Möglichkeit, zu kämpfen. Krieg oder Gewalt werden am Ende aber zu keiner Lösung führen. Jede sogenannte „Revolution" endete damit, dass die Revolutionäre am Ende zu den neuen Diktatoren wurden.
Ich empfehle hierzu, einmal das Buch „Animal Farm" zu studieren. Wir können nun individuell kämpfen und würden uns dabei aufreiben. Mit Kampf und Gewalt stärken wir nur das kommerzielle System, das sich offensichtlich gegen die Menschen gerichtet hat. Wir werden mit Kampf, Gewalt und Krieg nichts ändern.

Es gibt noch eine weitere Möglichkeit. Und deshalb wurden diese Videos erstellt, die vielen Bücher geschrieben und sehr viel Lebenskraft von allen Beteiligten aufgewendet.

Sich selbst und seiner eigenen Position in dieser Welt bewusst werden und dementsprechend handeln.

Das bewusste „Nein" aus seinem Innersten heraus, gestützt durch das Wissen, wie dieses System arbeitet. Die Übernahme von Verantwortung für sich selbst, die Familie und eine soziale Gemeinschaft macht dieses Verwaltungssystem überflüssig. Denn wir haben dieses System nur aus einem einzigen Grund: Weil es bisher bequemer war, die Verantwortung für unser Leben abzugeben und Schuldige zu finden, wenn etwas nicht so glatt lief in unserem Leben. Und eine Struktur zu haben, die uns scheinbar nach jeder „Fehlentscheidung" „bedingungslos" rettet.

Die Erkenntnis, dass dem eben nicht so ist, sollte uns weiter führen, indem wir das Wichtigste wahrnehmen, was wir in dieser Welt besitzen: Das Recht auf Selbstbestimmung.
Denn das führt uns, die lebenden Menschen, zu unserer gottgegebenen Freiheit, die wir uns doch alle so sehr wünschen. Wir brauchen dieses Geschenk der Schöpfung nur anzunehmen.

Das ist der Grund für den Titel des Telegramkanals, der Videos und der Buchserie:

Ein Mensch kann eben nur als Mensch aufstehen.

Und was macht den Menschen aus? Das ist eine Frage, die jeder für sich selbst beantworten sollte, bevor er resigniert oder aus einem Ohnmachtsgefühl und der daraus resultierenden Wut gegen dieses perfide System in den Krieg zieht.

Was ist die AGENDA 2030?
Es ist ein Angebot an uns, die lebenden Menschen. Ein Angebot für ein „Rundum-sorglos-Paket" zu **deren** Bedingungen. Mehr nicht. Denn Geschäftsleute erzeugen dieses System und betreiben dieses System. Dabei steht nur ein Ziel im Vordergrund: Umsatz- und Gewinnmaximierung bei totaler Kontrolle der gewinnbringenden Geschäfte. Das und nichts anderes ist die AGENDA 2030. Ein Angebot, das wir annehmen können oder nicht. Mit allen Konsequenzen für uns, als lebende Menschen und Mitinhaber dieser Welt.

Deshalb danke ich dem geneigten Leser dieses Buches schon jetzt für seine Nachsicht, wenn ich sage: Kommerz ist nur ein Weg und keine Lösung. Jeder lebende Mensch, der aufsteht und sich selbst rettet, rettet diese Welt.
Dazu benötigen wir das Wissen, warum und was eigentlich falsch gelaufen ist in dieser fiktiven Welt, die als Garten Eden geplant war. Die Verbreitung dieses Wissens erfolgt in dem Wunsch, dass die Menschen etwas in ihrem eigenen Verhalten ändern und sich die Welt vielleicht zum Besseren wandelt.

Wir laden euch ein zu einer weiteren und tiefergehenden Reise in die Welt des eigenen Wertegefühls, denn um nichts anderes geht es, wenn ich als Mensch aufstehe.
Danke für eure Aufmerksamkeit und viel Freude bei den neuen Erkenntnissen für euch, eure Familien und die soziale Gemeinschaft.

In Hochachtung vor allen Menschen, der Schöpfung und dem Großen Geist.

Ulrich[1]

1. Januar 2024

[1] Ulrich, der am Beginn seiner Aufklärungsarbeit dafür den Namen Gabriel gewählt hat

Inhaltsverzeichnis

I. Gespräche mit Gabriel[2]

1. Wie ist es möglich, Milliarden Menschen zu kontrollieren?

Durch Psychologie! Psychologie auf einem Niveau, das wir uns nicht einmal ansatzweise vorstellen können. Sie wissen ganz genau, wie unsere Psyche tickt. Sie haben uns jetzt über Jahrhunderte hinweg manipuliert. Sie haben über Jahrhunderte hinweg studiert, wie man uns emotional beeinflussen kann. Es gibt ein paar Schlüsselsätze, die lauten zum Beispiel: *Wer Angst hat, kann nicht denken.* Also, wer Angst hat, kann gut laufen und gut klettern, aber kann nicht mehr denken. Oder: *Wer wütend ist, hat keinen klaren Verstand.* Aber warum wird jemand wütend? Weil er in der Ohnmacht ist. Wie treibt man jemanden in die Wut? Indem man ihn ohnmächtig macht. Man bringt jemanden so in die Ohnmacht, dass er irgendwann austickt. Sie wissen ganz genau, wie sie uns packen müssen. Wenn jemand wütend ist und dann Dinge tut, die er normalerweise nie tun würde, hat man etwas gegen ihn in der Hand. Man kann dann gegen ihn vorgehen, und das ist beabsichtigt. Man treibt die Menschen in die Ohnmacht, um sie wütend zu machen, damit sie etwas tun, wofür man sie dann bestrafen kann.

Sie sind im Bereich der Psychologie unglaublich weit, aber es ist subtiler. Gehe hin und nimm den Menschen den Wert. In den alten Naturvölkern waren zum Beispiel alte Menschen wegen ihrer Weisheit hochgeschätzt. Heute sind sie nutzlos. Man sperrt sie irgendwo ein, in irgendwelche Aufbewahrungsanstalten. Das heißt, man gibt den Menschen das Gefühl, sie seien wertlos. Wenn du einem Menschen das Gefühl gibst, dass er wertlos ist, musst du ihm einen Ersatz geben, eine Ersatz-Befriedigung, einen Ersatz-Wert. Mein Auto, mein Haus, mein Swimmingpool. Man definiert sich also dann nicht mehr über seinen Geist, über sein Wesen, darüber, dass man an sich schon ein wertvoller Mensch ist, sondern es wird durch materielle Werte ersetzt. Der Zugang zu den materiellen Werten wird kontrolliert. „Schaffe, schaffe, Häusle baue und nicht nach dem Mädle schaue", wie es so schön heißt auf Schwäbisch: Der, der viel arbeitet und viel Geld verdient, kann sich tolle Sachen kaufen und der ist etwas wert.

---

[2] Die Interviews führte David L. Hemm von Kamasha TV.

Und über diesen Weg manipulieren sie uns auch. Das heißt, wir haben auf der einen Seite die Medien, die uns emotional manipulieren, indem sie uns ganz gezielt Feindbilder schaffen. Aber auf der anderen Seite sind wir auch emotional anfällig geworden dafür, weil wir verlernt haben, was wirklich wichtig ist. Unsere emotionale Stabilität ist weg. Wir bringen unseren Kindern nicht mehr bei: „Du bist toll, du bist klasse, du bist wertvoll", sondern: „Jetzt lern das mal. Wenn du das nicht hinbekommst, bist du halt blöd."
So laufen die Spielchen. Und das Geniale an dem Ganzen ist, dass die da oben das ja gar nicht selbst machen. Die da oben haben nur die Instrumente entwickelt und lassen es von der untergeordneten Ebene ausführen.

Welche Ebene ist das zum Beispiel?

Die Merkel-Ebene. Also die mittlere Ebene führt das Ganze aus. Mir hat einmal jemand erzählt, ob das jetzt stimmt, konnte ich nie verifizieren: Im Jurastudium sorgen sie dafür, dass kaum einer besser als mit einer Vier abschließt. Sie machen die Studierenden dort schon so runter, dass sie denken: „Na Gott sei Dank habe ich wenigstens ein bisschen den Abschluss hinbekommen."
Und diese Leute landen dann in der Justiz, nach dem Motto: „Na ja, eigentlich bin ich ein Versager, aber ich habe glücklicherweise den Job bekommen. Das Schicksal hat es noch gut mit mir gemeint."
So macht man Sklaven. Man nimmt ihnen den Selbstwert, das Selbstwertgefühl, substituiert das durch irgendetwas anderes, das man wiederum kontrolliert, wie den Zugang zu Waren. Darüber definiere ich aber meinen Wert: durch mein Auto, mein Schiff, mein Haus.

Wie ist es denn, wenn ich heute als Philosoph unter der Brücke lebe? Da kommt ein komisches Gefühl auf, nicht wahr? Der Philosoph, der unter der Brücke lebt, der hat aus Sicht von anderen nichts auf die Reihe bekommen. „Aber philosophische Sprüche loslassen kann er offenbar."
Der gleiche Philosoph lebt jetzt nicht unter der Brücke, sondern lebt in einer Luxusvilla irgendwo am Meer und fährt einen Ferrari: „Oh, der hat es zu etwas gebracht. Der muss ja echt was draufhaben."
Stuart Wilde ist ein gutes Beispiel für mich. Stuart Wilde sagt ganz klipp und klar: „Geld ist ein Wesen, und wenn ich dieses Wesen verachte, dann kommt es nicht zu mir."
Aber man beachte mal die Wortwahl oder die Art, wie das rüberkommt.

Ist denn Geld wirklich der Wert? Macht uns Geld wirklich aus? Machen uns materielle Dinge wirklich aus? Nein, aber es wird kontrolliert vom System. Der Zugang wird vom System kontrolliert und damit kontrollieren sie unseren Wert, denn wir definieren uns darüber. Es spielt doch keine Rolle, ob ich hier mit einem zerrissenen T-Shirt sitze und kluge Sprüche klopfe oder ob ich hier mit Anzug und Krawatte sitze. Aber ich kann euch eines sagen: Wenn ich hier mit einem Anzug und Krawatte sitzen und die gleichen Sätze sagen würde, hätten die gleichen Sätze ein anderes Gewicht. Spürt mal bitte in euch hinein. Und wenn du mich mit „Herr Doktor Professor Doktor" ansprechen würdest, hätten meine Worte ein anderes Gewicht. Ich will nicht urteilen über irgendjemanden, aber fühlt einmal in euch hinein, wie wir programmiert sind.

Nun haben wir die emotionale Ebene. Wie kontrolliert man eine ganze Welt? Du musst eine Zwischenebene schaffen, in der es Wesen gibt – ich nenne sie nicht mehr Menschen –, die skrupellos genug sind zu tun, was zu tun ist, um die Menschen unter Kontrolle zu halten. Das heißt, du musst eine elitäre Gruppe schaffen – nenne sie Bilderberger, nenne sie B'nai B'rith oder wie auch immer, das spielt überhaupt keine Rolle. Du musst also eine Gruppe schaffen, der du das Gefühl gibst, sie seien etwas Besonderes, weil sie zu dieser Gruppe gehören.

Das ist das nächste psychologische Element, das wir haben: Gruppendynamik. Wir, die lebenden Wesen, haben den Wunsch, zu etwas dazuzugehören, Teil von einer Gemeinschaft zu sein. Und wenn man uns ausgrenzt, dann fühlen wir uns minderwertig. „Reichsbürger" ist ein typisches Beispiel.
Ich will kein Reichsbürger sein. Wenn ich aber einen kommerziellen Brief schreibe, bin ich am Ende für meine Mitmenschen ein Reichsbürger. Das ist genau der Punkt.

Wisst ihr was? Es ist mir egal, wie sie mich nennen. Sollen sie mich Reichsbürger nennen oder wie auch immer. Es ist mir gleichgültig. Mein Wert liegt in mir drin. Ich bin mein Wert und ich spüre diesen in mir. Ich brauche keinen Anzug, keine Krawatte oder sonst irgendetwas. Aber das ist der Punkt, wo sie uns packen können. Sie grenzen uns gezielt aus der Gemeinschaft aus, damit sie uns suggerieren können: „Nur, wenn du das und das tust, gehörst du zu uns."
Corona hat so funktioniert. Die Impfung hat so funktioniert. Das Chippen funktioniert so. Ich bin sicher, es gibt Leute, die ganz stolz darauf sind zu sagen: „Ich habe einen Impfpass. Ich gehöre mit dazu."

Es werden also von einer Gruppe oder von einer Gruppierung von Wesen, wie du sie genannt hast, Werte geschaffen und mit einem bestimmten Nennwert definiert. Und dann wird uns suggeriert, dass diese Werte erstrebenswert seien.

Genau. Richtig.

Das ist die Kontrolle, die von so einer kleineren Gruppe von Wesen ausgeübt wird?

Ja, die wissen, worum es geht. Sie wissen das ganz genau, und sie wissen, dass man die Kontrolleure anders unter Kontrolle halten muss. Und somit ist die weltweite, ich sage einfach mal, Verseuchung von drogenkonsumierenden Führungs-Mitarbeitern zu erklären, die auch schlimmere Dinge tun wie Pädophilie und anderes. Das ist genau der Punkt: Diese Leute werden zum Teil gezielt in ihrer Persönlichkeit gespalten, damit man sie kontrollieren kann. Man bringt sie in eine Position, in der sie quasi willfährige Werkzeuge sind, um die Welt zu kontrollieren. Ich verurteile diese Wesen nicht, denn ihnen wurde Furchtbares angetan. Aber sie sind der Grund, warum das System überhaupt läuft.
Ich erlebte Richter, die so betrunken waren, dass sie nicht mal mehr zu ihrem Richtertisch kamen und sich überall festhalten mussten. Ich erlebte Richter, die so „zugekokst" waren, dass sie zum Richtertisch „schwebten". Ich erlebte einen Richter, der im Richterstuhl fast kollabierte. Er ging dann raus, kam fünf Minuten später zurück und man dachte: Was ist jetzt los? Ist das jetzt jemand anderes?
Wie auch immer er das angestellt haben mag. Auf diesen Leuten lastet auch ein sehr hoher Druck. Ich bedauere sie deswegen nicht, denn sie wollten diesen Job auch haben. Aber so funktioniert das ganze weltweite Spiel. Das heißt: Das ganze System arbeitet nur deshalb, weil wir uns psychologisch manipulieren lassen, jeder einzelne von uns. Und eines unserer wichtigsten Ziele in dem Wunsch nach Freiheit und Souveränität ist es, unsere psychischen Schwächen zu erkennen: Wo kann man uns packen? Wo ist dieses Thema, mit dem man uns manipulieren kann?

Du hast hierzu erwähnt, dass es bestimmte Organisationen gibt.

Richtig, die wurden dann eingerichtet, um dieses ganze System am Laufen zu halten.

Welche Organisationen sind das? Kennt man diese, wenn man jetzt einfach ein normales Leben geführt hat? Hört man davon oder sieht man sie?

Im ganz normalen Leben eines Menschen, der sich noch nie damit beschäftigt hat, tauchen diese Begriffe nicht auf. Wenn sie doch auftauchen, dann in einem völlig anderen Zusammenhang. Nehmen wir nur mal die UPU – Universal Postal Union. Jeder sagt Weltpostverein. Was für ein Weltpostverein? Das ist eine der Schüssel-Organisationen dieser Welt. Ich vermute, dass momentan die UPU auch die Kontrolle für die weltweite Umstrukturierung hat, das heißt, für die Einrichtung der NWO (New World Order). Warum? Weil, die UPU die Militär-Gesetze herausgibt. Wer die Militär-Gesetze herausgibt, kontrolliert das Militär, ganz einfach. Wer weiß das schon?

Wie kommt da das Militär ins Spiel? Ich sehe immer nur Politiker.

Das sind alles nur Schauspieler, das sind Schauspieler zum Ablenken. Das sind diejenigen, die die Drecksarbeit im Vordergrund machen. Das sind die Marionetten, die gezogen werden. Die wirklich Mächtigen sind diejenigen, die das System kontrollieren. Die UPU kontrolliert sämtliche Netze, also auch die leitungsbasierenden und die funkbasierenden Netze, weltweit. Wer hat die Kontrolle über die Medien? Na, diejenigen, die die Netze kontrollieren. Wer hat die Kontrolle über das Militär? Das sind die, die die Gesetze herausgeben. Wer hat die Kontrolle über unsere Arbeitskraft? Es ist die International Labour Organization. Diese kennt kein Mensch. Aber an der Tatsache, dass sämtliche Verfassungen und auch das Grundgesetz der Bundesrepublik Deutschland Bestandteil der Verfassung der ILO sind, der International Labour Organization, erkennen wir, was für ein Schlüsselelement diese ILO im System ist.

Wir rennen alle nur dem Bill Gates und irgendwelchen anderen Typen hinterher und denken: Das sind die Bösen. Das sind nur Marionetten, die genutzt werden, gespaltene Persönlichkeiten, die man leicht manipulieren kann. Und wenn sie dann verbraucht sind, werden sie ausgetauscht, genauso wie Merkel ausgetauscht wurde, als es mit ihr vorbei und sie nicht mehr haltbar war. Dann gibt es eine neue Marionette. The show must go on.

Also, wir haben jetzt die Universal Post Union, die UPU, und die International Labour Organization, die ILO.

Dann gibt es noch den Secret Service und das Department of the Treasury. Weiter haben wir noch die Weltbank im Hintergrund, von der man auch nichts hört. Und so weiter und so fort. Es gibt nach meinem Kenntnisstand sieben Schlüssel-Organisationen weltweit.

Und diese Organisationen gestalten im Verborgenen die Emotionen der Masse?

Nein, das sind diejenigen, die die tatsächliche Verwaltung machen. Das sind diejenigen, die die Fäden im Hintergrund ziehen, und zwar rein kommerziell. Der Kleinkrieg zwischen den Handelszonen interessiert die nicht, dass ein Krieg zwischen den USA und Russland droht, interessiert die nicht, dass diese komische Corona-Pandemie war, das interessiert die nicht. Die interessiert nur das große Ganze und sonst nichts.

Faktum ist auf jeden Fall eines: Es werden nicht Recht und Gesetz oder irgendwelche Verträge kontrolliert, sondern man manipuliert die Menschen emotional. Und heute steht dieser ganzen Manipulation ein geniales Instrument zur Verfügung. Es nennt sich „Mainstream-Medien", also das Gegenteil von euch (Anmerkung: Kamasha TV). Das heißt, die Mainstream-Medien haben die Aufgabe, Meinungen zu machen – nicht nur zu verbreiten, sondern auch zu machen.
Es gab einmal einen Schlagabtausch zwischen der BILD und einer polnischen Zeitung. Letztere hatte Angela Merkel mit einem Schnauzbärtchen gezeigt. Daraufhin fielen diese beiden Zeitungen übereinander her und beharkten sich. Mein Freund recherchierte dann mal und stellte fest, dass beide Zeitungen dem Springer-Verlag gehören. Muss ich noch mehr dazu sagen?

Meinungen werden gemacht. Das bedeutet, diese großen Medien-Einrichtungen sind in der Lage, viele Menschen zu erreichen. Dann macht man ein bisschen Brot und Spiele und nennt das dann Fußball-Europameisterschaft. Dann blendet man innerhalb dieser Fußball-EM Nachrichten ein, in denen man die Corona-Leugner mit Nazis und Terroristen gleichsetzt und mit Gefährdern des Volkswohls. Die machen die Meinungen.
Wenn ihr auf der Straße einem Menschen sagt: „Hör mal, also das mit dieser Maske ...", und dann kommt zurück: „Wieso? Bist du Reichsbürger?",

und du fragst ihn daraufhin: „Was ist ein Reichsbürger?", dann kommt immer der gleiche Standardsatz. Ich frage diese Leute dann nur noch: „Hast du auch eine eigene Meinung oder nur die der Zeitung?"

Der Punkt ist der: Noch nie in der Geschichte der Menschheit war es so leicht, an so viele Menschen gleichzeitig heranzukommen, und zwar gleichgeschaltet. Fünf Familien kontrollieren weltweit die Zeitungen und die öffentlichen Medien. Fünf Familien! Und die gehören zur Elite. Und diese kontrollieren die Medien. Und nun brauchen die Eliten dort oben, diese M1 bis M7 (Anmerkung: siehe Band 1) sowie die Leute, die unter ihnen arbeiten, nur noch entsprechende Emotionen zu verbreiten, wie zum Beispiel die Panik vor Corona, und alle Leute haben Angst vor Corona und lassen sich damit manipulieren. Sie sind bereit, auf ihre Rechte zu verzichten. So kontrolliert man eine Welt. Corona ist nur ein Testlauf gewesen. Das Richtige kommt erst noch. Das Richtige ist der Punkt, wo man den Menschen verkaufen wird: „Ihr braucht einen Chip."
Der digitale Impfpass ist schon da, der digitale Ausweis ist schon da, jetzt fehlt nur noch der Chip. Wie bringt man die Leute dazu, so etwas zu machen? Über Angst. Man sät Angst unter den Menschen, man erfindet Nachrichten, man erfindet Leichenberge, die es nie gegeben hat. So funktioniert das heute. Und so kontrolliert man über die Emotionen der Menschen die ganze Welt. Du kannst eine Welt nicht mit zweihundert oder dreihundert Menschen leiten. Es ist nicht möglich, nicht diese Welt, die wir jetzt haben. Wenn du jetzt Erwachsene hättest, Menschen, die ausgeglichen in sich ruhen, spirituell-ethisch hochstehende Menschen, dann könntest du diesen ganzen Zirkus gar nicht veranstalten. Die würden das gar nicht glauben, völlig unmöglich.

Es kommen oft das Problem und die dazu passende Lösung aus der gleichen Ecke, vom gleichen Menschen oder der gleichen Organisation.

Richtig, aber diese Lösung ist auch wieder nur eine Lösung, die denen in den Kram passt. Die Lösung, die von uns kommt, ist eine andere. Das heißt, es liegt an uns, ob wir bereit sind, an uns zu arbeiten. Denn man kann das Problem nicht auf die gleiche Art und Weise lösen, wie es entstanden ist. Es ist unsere Aufgabe, eines jeden Einzelnen von uns, an uns zu arbeiten und in uns zu ruhen, unseren Selbstwert zu entdecken und uns nicht von jedem Kleinkram aus der Ruhe bringen zu lassen. Man verkauft uns den Tod als etwas Absolutes. Für mich ist der Tod etwas Relatives. Ich fürchte den Tod nicht. Der Sterbeprozess soll schwierig sein, aber den Tod fürchte ich nicht, denn es ist nur ein Übergang für mich. Man hat uns das Geistige genommen. Besser gesagt, wir haben uns das Geistige nehmen lassen und haben es durch Körperliches ersetzt, und im Körperlichen durch Materielles. Und nun sind wir an einem Punkt angekommen, wo wir uns überlegen müssen: Lassen wir uns weiter manipulieren oder sind wir bereit, etwas in uns zu ändern?

Wir müssen nicht aus dem System raus. Das ist der falsche Ausdruck. Das System muss aus uns raus. Wir sind das eigentliche Thema, um das es geht. Wir müssen bereit sein, zu sagen: „Ich übernehme für mich wieder die volle Verantwortung. Und du kannst deinen Versicherungsvertrag einpacken."

Es geht um die Versicherungsverträge, die man uns vom System verkaufen will. Es geht um die Tatsache, dass wir Angst haben, die Verantwortung für uns und unser Handeln zu übernehmen. Und damit werden wir manipulierbar. Es geht darum, dass wir uns in die Angst bringen lassen. Jemand, der in sich ruht und an sich arbeitet und sich dessen bewusst ist, ist schwerer zu manipulieren als eine breite Masse, die nur blind irgendwelchen Medien hinterherläuft.

2. Der goldene Käfig – eine Illusion von Freiheit

Das ist ein sehr weites Spektrum. Ich würde jetzt einfach einmal sagen, die Menschen wachen gerade völlig verschreckt auf wegen dem, was passiert. Sie dachten bisher: Ja, ich lebe in einem freiheitlich-demokratischen, sozialen Rechtsstaat und der Staat sorgt schon für uns. Und plötzlich stellen sie fest, dass es anscheinend noch andere Interessen gibt und sind ganz entsetzt, weil sie sich immer darauf verlassen haben, dass für sie gesorgt wird, dass man sich um sie kümmert, dass sie der Mittelpunkt von allem sind. Sie stellen gerade fest: Da muss es wohl noch andere Interessen geben. Nun springen die Leute wie verrückt im Viereck herum und versuchen herauszufinden, was los ist, und fallen in die ganzen Löcher hinein, die man für sie vorbereitet hat. Das geht vom Staatsangehörigkeitsausweis bis hin zu irgendwelchen Schutzanträgen und vielen anderen Dingen. Immer in diesem Wunsch: Ich muss doch nur irgendein Formular ausfüllen und dann ist wieder alles so wie früher. Aber was steckt dahinter? Ich nenne das System einen „goldenen Käfig". Wir sitzen in einem goldenen Käfig und sehen die Gitterstäbe nicht einmal, wir spüren sie nur, und im Moment spüren wir sie besonders stark, weil unsere scheinbaren Rechte eingeschränkt werden. Wir haben das Gefühl, dass wir unsere Rechte verlieren. Worüber wir nicht nachdenken, ist, dass diese Rechte nur gewährt waren. Das waren „Privilegien", Privilegien im Zusammenhang mit einem System, das die Menschen nicht einmal ansatzweise begreifen.

Also kommt das Gefühl auf, dass die Rechte, die wir vorher hatten, uns auch schon Freiheiten genommen haben?

Ja, das ist auch das Thema: Wir assoziieren Rechte mit Freiheit. Das ist aber falsch, denn Rechte sind nicht Freiheit. Jemandem Rechte zu gewähren, heißt nicht, dass ich ihm Freiheit gewähre, sondern dass ich ihn einschränke. Das Prinzipielle, dass ich jemandem ein Recht gewähre, ist völlig unmöglich. Denn im Göttlichen ist es nicht vorgesehen, dass man Rechte gewährt. Niemand hat das Recht, einem anderen Mann, einem anderen weiblichen Wesen zu sagen, was er oder sie darf oder nicht darf. Und jetzt sind wir völlig erschrocken, weil es anscheinend so ist, dass man unsere Rechte jederzeit einschränken kann, und das auch noch von diesen sogenannten Vertretern eines Rechtsstaates. Wir haben nun leider die Situation, dass wir plötzlich ganz erschrocken feststellen, dass diese scheinbaren Rechte nicht absolut sind, dass man

sie uns jederzeit entziehen kann, und dass es offensichtlich Leute gibt, die sich autorisiert fühlen, das zu tun. Also, ich habe nicht das Recht, dir zu sagen, was du zu tun hast, es sei denn, du autorisiert mich dazu. Eine Autorisierung ist zum Beispiel der Arbeitsvertrag.
Wenn du also mit mir einen Vertrag abschließt, dass du für mich arbeitest, dann habe ich das Recht, dir zu sagen, wie du diese Arbeit zu machen hast. Aber mehr nicht. Damit hast du mich autorisiert, aufgrund des Vertrages. Also müssen diese Leute irgendwie autorisiert sein, uns zu sagen, was wir zu tun haben.

Und wie haben sie diese Autorisierung bekommen?

Das ist die große Frage: Woher stammt die Autorisierung? Wir haben nun in dem Kanal, den ich betreibe (Anm.: Diplomateninterviews auf Telegram), ganz provokativ mal die Wahl in Frage gestellt. Denn bei der Wahl wird ja die rechte obere Ecke abgeschnitten und man lässt uns die Kreuzchen auf dem Wahlschein mit Bleistift machen, mit einem wasserlöslichen Bleistift wohlgemerkt. Was ist das für eine Wahl? Es ist nicht dokumentenecht?

Was ist denn eine Wahl? Also, du autorisierst mich per Vertrag, dass ich dir sage, wie du deine Arbeit zu machen hast. Das ist ein Vertrag. Wer hat diesen Leuten dort oben in Berlin oder Paris oder Rom das gegeben? Woher haben die ihre Autorisierung? Du hast mit deinem Kugelschreiber den Vertrag unterschrieben, aber woher haben sie ihren Vertrag? Natürlich ist es völlig klar, dass in einem freiheitlich demokratischen System irgendjemand die Vertretungsrechte haben muss. Ich kann keine 80 Millionen Menschen an einen Tisch setzen. Das funktioniert nicht. Also ernennen wir Vertreter. Ich sage also: Den und den und den, die autorisiere ich nun, in meinem Namen zu sprechen. Man sagt dazu im Kommerz, „in meinem Namen und auf meine Rechnung" zu handeln. Das heißt, ich hafte auch dafür. Ich übertrage ihnen also, in meinem Namen zu sprechen und ich übernehme die Haftung dafür. Wo passiert das?

Das muss ja dann die Wahl sein.

Richtig. Das müsste doch eigentlich die Wahl sein. Wenn ich in einem Kapitalunternehmen ein Stimmrecht übertrage, dann macht man das zum Teil notariell, weil das wirklich sauber und unanfechtbar ist. Ich hafte schließlich dafür. Das heißt, wenn ich einem Gesellschafter mein Stimmrecht übertrage, dann hafte ich für sein Stimmrecht. Je nachdem, wie er dann für mich stimmt, hafte ich dafür. Also sollte das Ganze doch sauber sein. Das ist es aber nicht.

Ich habe bei einer Wahl noch nie einen Notar gesehen.

Ich würde mal Folgendes empfehlen: Die Leute, die jetzt hier ungläubig sind, sollen bitte mal mit einer Schere und einem Bleistift zu einem Notartermin gehen. Sie sollen beim Notartermin dem Vertrag die rechte obere Ecke abschneiden. Danach werden sie den Notar vermutlich oben an der Decke hängen sehen, weil der Notar sagt: „Verdammt nochmal, jetzt muss ich den Vertrag noch einmal neu ausdrucken."
Dann fragt ihr: „Warum?"
Der Notar wird antworten: „Sie haben gerade den Vertrag entwertet."
Und wenn er den Vertrag noch einmal neu hat, nehmt ihr euren wasserlöslichen Bleistift heraus und unterschreibt damit. Der Notar wird euch dann völlig ungläubig anschauen: „Was machen Sie für einen Blödsinn?"
Dann sagt ihr zu ihm: „Ich mache das Gleiche wie bei der Wahl. Ich unterschreibe mit einem Bleistift auf einem Formular, auf einem Dokument, bei dem die rechte obere Ecke abgeschnitten ist."

Ich habe das übrigens mit einem Notar gemacht. Der Notar war anschließend sehr nachdenklich. Es ist eine nicht rechtsverbindliche Stimmübertragung. Das heißt, die Leute, die im Moment an der Macht sind, haben eine nicht rechtsverbindliche Stimmübertragung von uns erhalten.
Somit handeln sie nicht in unserem Namen und auf unsere Rechnung. Woher nehmen sie trotzdem die Autorisierung? Weil ich zur Wahl gegangen bin, meine Vertragsbestätigung, auch Personalausweis oder Reisepass genannt, vorgezeigt und gesagt habe: „Ich bin mit allem einverstanden, was ihr tut."
Denn das, was ich da unterschreibe oder besser gesagt ankreuze, ist ja nicht rechtsverbindlich. Also bin ich doch mit allem einverstanden. Das ist das Problem.

Das heißt auch, dass diejenigen, die sich damit ernannt haben, für oder über uns zu entscheiden, nicht dafür haften, denn das ist ja keine saubere Übertragung gewesen. Also bleibe ich ja trotzdem in der Haftung.

Korrekt. Wir haften für das, was sie tun. Letztendlich müssen wir für den Schaden aufkommen. Es ist ein sehr interessanter Trick. Die Frage ist nur: Warum tun wir das? Warum machen wir so einen Unsinn mit? Man simuliert uns einen Rechtsstaat. Man simuliert uns eine Demokratie. Warum denn alles? Weil es ein Geschäftsmodell ist, ein gigantisches Geschäftsmodell.

Warum machen wir das überhaupt mit? Wenn sich jeder einfach einmal die Mühe macht und in sich hineinspürt, dann spürt er dieses Gefühl von Unsicherheit. Wir fühlen uns unsicher. Die aktuellen Verhältnisse verunsichern uns, weil wir keine Sicherheit mehr haben. Es fehlt uns die Sicherheit. Wir wollen doch das Gefühl haben, dass unser Land sicher ist -> Geheimdienste. Wir wollen doch das Gefühl haben, dass alles seine Ordnung hat -> Gesetze. Es ist die Sicherheit, nach der wir streben. Dieses Gefühl, dass alles in Ordnung ist. Alles geht seine gewohnten Bahnen und so weiter. Und dieses Gefühl von Sicherheit, das erkaufen wir uns. In dem Maße, wie wir Sicherheit haben wollen, geben wir unsere Freiheit auf.

Dass sie uns letztendlich austricksen, ist ein anderes Thema, denn die Repräsentanten dieser Demokratie übernehmen keine Haftung für das alles, was sie tun. Diese Haftung haben immer wir. Und es ist sehr, sehr intelligent aufgebaut. Also eines muss ich sagen: Dieses System könnte man bewundern, wenn es nicht so pervers wäre. Mich stört an dem System nicht, dass es existiert. Mich stört an diesem System, dass es Lüge und Betrug ist, dass man den Menschen nicht mit Wahrheit gegenübertritt und ihnen einfach sagt, was los ist. Denn die Wahrheit ist: Wir wollen diesen goldenen Käfig haben. Dieses, wie nenne ich es so schön, All-inclusive-rundum-sorglos-Paket. Wir wollen uns um nichts kümmern. Wir wollen, dass die Ware im Supermarkt liegt. Wir wollen, dass die Straßen gebaut werden. Wir wollen das alles haben. Wo das herkommt, fragt niemand. Ich kenne Menschen, die über dieses System schimpfen, von morgens bis abends. Wir sollten das nicht tun, denn diese Menschen bekommen zum Teil Arbeitslosengeld, Hartz IV, Sozialhilfe, bekommen also Unterstützung von der Firma, die sich Staat nennt. Und sie schimpfen über dieses System, statt sich einmal zu überlegen, wie das System arbeitet. Und darum geht es letztendlich auch in dieser Serie, die wir jetzt gerade machen. Worum geht es denn wirklich? Was ist der Preis, den wir bezahlen müssen, um diese Sicherheit, die wir uns um jeden Preis wünschen, zu erleben?

Das hast du schon einmal in einer der Sprachnachrichten auf deinem Kanal gesagt, dass es letzten Endes gar nicht darum geht, ob der Staat eine Firma ist oder ob eine Firma ein Staat ist. Es geht nur darum, wie das System geführt ist. Das System an sich gibt es, aber im Moment wird es einfach so geführt, dass sehr viele benachteiligt werden.

Es ist einfach so, dass es eine zentrale Führung gibt. Das wissen nur sehr wenige. Es reden alle von der neuen Weltordnung. Die ist aber schon längst da. Es ist schon sehr lange beschlossene Sache, dass es so gemacht wird. Die Frage ist einfach nur die, dass man eine Firma sozial betreiben oder abartig oder unmenschlich betreiben kann. Ob es ein Staat oder eine Firma ist, das spielt, wie gesagt, keine Rolle, es ist völlig gleichgültig. Was wir momentan auf deutschem Boden erleben, ist ein unmenschliches Betreiben dieses Systems. Man kann es anders betreiben, definitiv. Ich meine, die betriebswirtschaftliche Führung eines Systems ist nicht unbedingt per se schlecht. Man kann ein System betriebswirtschaftlich betreiben, unter dem Aspekt, dass man die Werte der Menschen nicht verschludert. Darum geht es ja letztendlich. Aber so, wie das momentan läuft, verschludern sie die Werte der Menschen, und die Menschen haben noch nicht einmal etwas davon. Nur, es bekommt niemand mit, weil es niemand wissen will. Und es gibt auch keine Quellen dafür. Es gibt eine Menge Leute, die am Markt unterwegs sind und alles Mögliche erzählen, wie man sich dann irgendwie noch einen Vorteil ergattern kann. Die nennen das dann Kommerz. Kommerz ist auch nur wieder ein Teil des Systems. Ich würde mal so sagen: Wir sollten diese Serie dazu nutzen, die Menschen anzuregen, sich eine eigene Meinung zu bilden. Wir sind ja in der glücklichen Situation, dass wir hier nicht in den Mainstream-Medien (MSM) sind, wo eine Meinung gemacht wird. Man nennt so etwas auch Propaganda. Wir wählen den anstrengenderen Weg, sich eine eigene Meinung zu bilden und nicht die Meinungen von anderen zu übernehmen. Wir alle kämpfen jeden Tag um das Überleben. Wir hatten schon das Thema in dem Vorgespräch, dass wir in einem Hamsterrad sitzen. Wir rackern von morgens bis abends, um irgendwie noch über die Runden zu kommen. Wir kommen gar nicht auf die Idee, einmal zu fragen, was los ist, warum das so ist. Man erzählt uns immer: „Die Verwaltung ..." und „Wir brauchen die Steuereinnahmen und alles Drum und Dran, damit wir die Verwaltung aufrechterhalten können."

Es ist eine Lüge, von vorne bis hinten eine Lüge. Und ich halte es für wichtig, Schritt für Schritt aufzudecken, dass es richtig ist, dass eine Verwaltung Geld kostet, dass eine Verwaltung finanziert werden muss, aber der Punkt ist der: Wenn ich eine Versicherung habe, wo ich jeden Monat eine Million einzahle und am Jahresende 100 Euro herausbekomme, dann ist, glaube ich, die Versicherung etwas überteuert. Das heißt, wir leben in einem Sicherungssystem, weil wir diese Sicherheit wünschen und wollen. Wir wünschen uns diese Sicherheit, und zwar um jeden Preis. Dann werden natürlich Elemente nach oben gespült, die uns definitiv nicht wohlgesonnen sind, in Form dieses Geschäftsmodells, das sich „Rechtsstaat" nennt, in Form eines Geschäftsmodells, das sich „Nation" nennt, auch „Handelszone" genannt. Dieses Geschäftsmodell zu hinterfragen ist anstrengend und bringt uns viele Feinde ein. In dem Moment, wenn ich anfange zu hinterfragen, werde ich für dieses System gefährlich, denn ich gefährde ein Geschäftsmodell in gigantischen Größenordnungen. Darüber müssen wir uns im Klaren sein.

Den goldenen Käfig, in dem wir sitzen, haben wir uns selbst ausgesucht und es ist fast unmöglich, ohne Wissen aus diesem Käfig herauszukommen. Jeder Prophet, der momentan im Markt auftaucht und sagt: „Ihr müsst nur das und das machen", und „Ihr müsst nur die und die Briefe rausschicken und die und die Formulare ausfüllen, dann seid ihr frei und unabhängig" - das ist Blödsinn. Die Freiheit und die Souveränität, die wir wünschen, muss in uns, in unserem Herzen reifen. Es muss die Freiheit sein, ein Risiko einzugehen und dieses Risiko zu leben. Das haben wir aber abgegeben. Das haben wir verlagert. Wir haben das auf Leute verlagert, denen würde ich nicht einmal eine Wasserpistole in die Hand drücken. Dieses blinde Vertrauen in dieses System ist unser Problem.

Das heißt, wir können eine Entscheidung treffen, die unsere Vorfahren nicht treffen konnten. Es gab kein Internet, es gab keine Mobiltelefone – über die Sinnhaftigkeit kann man diskutieren. Es gab das alles nicht. Die MSM missbrauchen das nun, um Propaganda für ihre Auftraggeber zu machen. Und ihre Auftraggeber sind fünf Familien, die zu den Oberen gehören, zu den Versicherungsvertretern, die uns etwas verkaufen wollen. Natürlich werden die uns genau die Informationen geben, die wir brauchen, damit wir weiter ihrem Geschäftsmodell folgen. Was regen wir uns darüber auf? Wir können stundenlang MSM-Nachrichten schauen, und wir kommen keinen Schritt weiter, weil wir durch diese Medien manipuliert werden, es aber auch zulassen. Ich kann ja auch ausschalten. Ich kann diese auch einmal hinterfragen. Die meisten Menschen tun es aber nicht.

Es ist sehr spürbar, dass in manchen Situationen selbst das Hinterfragen gar nicht mehr wirklich zugelassen wird.

Richtig. Auch das ist jetzt wieder der Punkt – wir kommen von einem zum anderen. Um das Thema „Goldener Käfig" abzuschließen: Statt jetzt hier zu meckern und nörgeln und schimpfen, dass wir frustriert sind, zu resignieren und aufzugeben, sollten wir lieber einmal da anfangen, wo unser eigener goldener Käfig ist und wo wir die Abhängigkeiten von diesem System schaffen. Wir sind nicht entschlossen genug, zu sagen, dass die Party vorbei ist. Das ist es, was fehlt. Das „Nein", dieses ganz konkrete Nein. Ihr (die Regierung) seid zu keinem Zeitpunkt autorisiert worden dafür, was ihr tut. Auch eure Exekutive und Judikative ist nicht von uns autorisiert worden. Ihr seid kein Rechtsstaat, sondern ein betriebswirtschaftlich geführtes Unternehmen. Die Beweise sind überall zu sehen, und ich sage: „Nein!"
Dieses konkrete Nein fehlt. Unsere Aufgabe in diesen Interviews ist es, den Menschen zu erklären, wie dieses System arbeitet, dass sie überhaupt wissen, wozu sie Nein sagen. Denn im Moment ist da nur ein komisches Gefühl in der Magengegend.

Die Menschen gehen auf Demonstrationen. Man merkt, dass irgendwie das Verlangen da ist, Nein zu sagen.

Richtig, das Verlangen ist da, aber es wird durch Propaganda geleitet. Durch gezielte Propaganda werden die Menschen dazu gebracht, eben ganz klar und deutlich „Jein" zu sagen, also: „Eigentlich hätten wir schon gern, aber ..." Dieses „Eigentlich hätten wir schon gern ...", das ist das Problem. Wir müssen konkret „Nein" sagen zur Plünderung der Werte unserer Nachkommen. Was wir heute tun, werden unsere Kinder irgendwann einmal zu spüren bekommen. Und eines ist sicher, ich führe nicht das leichteste Leben. Wir führen alle, die wir kritisch sind, nicht das leichteste Leben. Aber ich kann irgendwann einem Kind sagen, das mich fragt: „Du, sag mal, warum habt ihr nichts unternommen, als man noch hätte etwas unternehmen können?", dass ich alles getan habe. So viele Menschen haben es sich in dem goldenen Käfig bequem gemacht, dessen Gitterstäbe leider nicht zu sehen sind.

3. Freiheit basiert nicht auf Verfassung und Gesetz

Die Menschen müssen sich im Klaren sein, dass nichts zufällig passiert. Es ist alles inszeniert und geplant, und es ist genau überlegt, was sie wann wo machen.
Schau mal, warum nehme ich eine Verfassung, die jetzt mittlerweile 100 Jahre alt ist? Übrigens, interessanterweise sind die Vertragslaufzeiten normalerweise 99 Jahre. Also, ich weiß jetzt nicht genau, wann die Weimarer Verfassung emittiert wurde, 1919 oder 1920, da müsste ich noch einmal nachsehen. Aber rein theoretisch hätte die Weimarer Verfassung 99 Jahre Laufzeit. Warum haben wir gerade eine Pandemie? Warum wird gerade alles außer Kraft gesetzt? Wir haben eine Pandemie im Jahre 2019. Auf deutschem Boden wird nun mit einer Härte vorgegangen, dass jeder in Europa oder in der Welt sagt: „Was ist eigentlich mit denen los?"

Und jetzt wäre es interessant, wann genau die Weimarer Verfassung emittiert wurde. Es könnte möglich sein, dass wir momentan genau diesen Übergang haben. Mir wurde vom russischen Militär gesagt, dass in den Jahren 2022 bis 2025 sehr viele große internationale Verträge enden und neue Verträge ausgehandelt werden müssen. Es ist dabei nicht so, dass heute ein Vertrag endet und morgen der neue da ist, sondern es gibt immer Übergangsphasen. Man kann also sagen, ein Vertrag, der 100 Jahre läuft, da können mal ein bis zwei Jahre Verhandlungszwischenraum sein.
Wenn ich mir überlege: Das Allgemeine Landrecht der Preußischen Staaten wurde im Jahre 1704 oder 1705 in Auftrag gegeben, und es hat 90 Jahre gedauert, bis die Leute, die daran geschrieben haben, damit fertig waren. Es war aber, davon abgesehen, auch das erste und das umfangreichste Werk in diesem Bereich, das jemals geschrieben wurde. Kontrovers. Aber vielleicht sollten wir einmal drüber nachdenken.

Ich finde das so spannend, weil die Geschichte in Etappen große, schwerwiegende Ereignisse hatte, wonach dann immer irgendetwas gedreht wurde, etwas Neues in Gang gebracht, neu programmiert oder installiert wurde, wie auch immer man es nennen möchte. Für uns wird eine Ablenkung geschaffen, aber im Hintergrund passiert eigentlich die Installation eines neuen Systems.

Man kann davon ausgehen, dass große politische Ereignisse oder Kriege immer ein Zeichen für Vertragsänderungen sind. Das heißt, da werden einfach Verträge ausgehandelt, zum Teil eben kriegerisch, und es finden einfach massive Veränderungen statt. Früher hat man dem König den Kopf abgeschlagen. Damit war der Vertragsinhaber weg und man musste neue Verträge aushandeln. Das ist relativ einfach. Heute ist es nicht mehr ganz so einfach. Heute muss halt mal ein Flugzeug mit der gesamten Regierungsmannschaft abstürzen, damit man neue Verträge machen kann. Oder glaubst du ernsthaft, die Maschine mit der polnischen Regierung ist zufällig abgestürzt? Blödsinn, alles inszeniert, alles durchdacht. Daran sieht man auch, dass die mittleren Ebenen, also Merkel und Konsorten, nur Marionetten sind, Bauern auf einem Spielbrett. Nein, jetzt würde ich mal sagen, Bauern vielleicht nicht, sondern Läufer. Die Bauern sind nämlich wir.

Könnte es sein, dass diese Ereignisse und Kriege auch eine generelle Chronologie haben? Also, dass dahinter auch nochmal eine Reihenfolge geplant war, also bestimmte Schritte, die aufeinander aufbauen?

Definitiv. Ich bringe einmal kurz ein Beispiel: 1989, der Fall der Mauer. 1919, 70 Jahre vorher, Ende des ersten Weltkrieges und Einführung der Weimarer Verfassung. Jetzt gehen wir noch einmal zurück, 1849. Die Paulskirchen-Verfassung. Wieder 70 Jahre, immer 70 Jahre. Die ganze Welt agiert im 70-Jahre-Rhythmus. Es gibt die kurzen Rhythmen, die sind 70 Jahre. Wir kennen das aus der Astrologie. Da gibt es die 7-Jahres-Rhythmen mit 7, 14, 21. 21 Jahre ist der große Rhythmus. Mit 21 Jahren wird man erwachsen, mit 42 Jahren kommt die Midlife-Crisis und mit 63 Jahren geht man in die Rente. Es sind Lebensabschnitte. Das sind die großen Rhythmen. Und das gleiche findet sich auch im Öffentlichen: Alle 70 Jahre finden kleinere Events statt. Das kann auch mal eine Fußball-WM sein, die man gewinnt. Alle 210 Jahre sind die großen Events. Und jetzt kann ich das Ganze noch einmal erweitern. Die globalen Events sind 700 Jahre und 2100 Jahre. Und wenn ihr jetzt einfach mal spaßeshalber hingeht, jeder für sich, und die frisierten Geschichtsbücher anschaut, dann werdet ihr feststellen, dass diese Rhythmen definitiv auch dort zu finden sind.

Das heißt, es muss irgendeine Gruppierung geben, die darüber auch noch den Überblick hat, in diesen großen Etappen zu denken, oder?

Ja. Wir müssen uns davon verabschieden, dass die elitären Gruppen in Generationen denken. Die denken in Epochen – lange, lange Zeiten. Das heißt, sie sind jetzt nicht darauf fixiert, dass wir nur 50 bis 60 Jahre leben und dann interessiert uns das alles nicht mehr. Diese Geschichte mit Himmel, Hölle und Fegefeuer ist nur für uns aufgebaut worden, für uns Menschen. Damit wir uns auf keinen Fall Gedanken machen über das Übermorgen oder für unsere nächsten Generationen, denn wir sind ja dann sowieso im Fegefeuer oder in der Hölle. Blödsinn, alles Quatsch. Die Eliten denken in ganz anderen Dimensionen und sie planen auch in ganz anderen Dimensionen. Die planen Hunderte von Jahren im Voraus, Tausende von Jahren im Voraus, ungeachtet dessen, dass sie vielleicht selbst ihre Körper nur einen bestimmten Zeitraum haben. Jetzt sind wir im spirituellen Bereich. Wir müssen uns von dem Gedanken verabschieden, dass wir, das Volk, in diese Planungen mit einbezogen werden. Es wird über uns hinweg geplant, seit vielen Hunderten von Jahren. Und es ist ein Geschenk für jeden, der heute lebt, und für jeden, der heute diese Informationen hat. Denn vor 200 Jahren wäre so etwas nicht möglich gewesen. Deshalb betrachtet es als Geschenk, genau heute hier zu sein, live auf dieser Bühne die Show anzuschauen und sich halb tot zu lachen, wie sie sich gerade abmühen, ihre Planungen durchzubringen.

Du hast einmal erwähnt, dass das Schweigen, das nichts Sagen, als Zustimmung gewertet wird.

Richtig. Sie werten es als Zustimmung, aber sie brauchen es hier eindeutiger.

Jetzt im Moment? Für das, was noch kommt?

Ja, und die Eindeutigkeit ist diese „Spritze". Das ist eine Zustimmung zur Neuen Weltordnung. Die Menschen lassen sich impfen und sie lassen sich chippen. Damit stimmen sie der Neuen Weltordnung zu. Jetzt gibt es nur ein ganz kleines Problem: Die elitären Gruppen dürfen nicht gegen die Ausübung des freien Willens verstoßen. Wenn jemand das nicht freiwillig tut, dürfen sie zwar Druck ausüben, bis hin zur Androhung von Gewalt, aber abdrücken dürfen sie nicht. Also Leute, probiert es aus. Wenn sie euch Gewalt androhen zum Impfen oder Chippen, dann sagt dem Mann ins Gesicht: „Dann schieß doch!" Er wird es nicht tun. Ich verspreche es euch. Erstens gibt es so etwas wie ein Gewissen, da kommen die Eliten dieser Welt nicht drüber. Das versuchen sie jetzt schon seit ewiger Zeit. Wahrscheinlich bekommen sie es jetzt über die Impfung hin, weil sie nun die neuen GVOs haben (Anm.: genetisch veränderte Organismen durch die mRNA-Impfungen), und diese sind sehr willig. Sie machen das nicht sinnloserweise, da kannst du sicher sein. Es gibt nichts Sinnloses, denn das wäre betriebswirtschaftlicher Unsinn. Aber die Zustimmung muss freiwillig erfolgen, und diese Freiwilligkeit müssen wir für uns nutzen.

Nun eine Frage: Angenommen, der „Überfeind", den wir gerade haben, Angela Merkel (Anm.: mittlerweile Olaf Scholz) ist weg, und es kommt ein neuer Überfeind, und der ist auch irgendwann weg – was machen wir dann? Wie sieht die Welt dann aus? Wen setzen wir dann ein, den wir dann wieder zum Überfeind machen können?

Wir müssen Eigenverantwortung für unser Leben übernehmen. In dem Maße, in dem wir in die Eigenverantwortung gehen, entziehen wir den Eliten die Macht über uns. Unser Wunsch nach Sicherheit, nach Versicherung, nach Ordnung, nach Struktur, führt zu diesem System, seit Jahrhunderten. Und wenn die Menschen dann wieder ein bisschen lethargisch werden, dann gibt es kurz einen Krieg, in dem wieder ein paar Menschen ermordet werden. Und jetzt fragt sich natürlich jeder: Warum ermordet man denn seine Gläubiger? „Bilanzkürzung" nennt man das Ganze auch, buchhalterisch gesehen. Man kürzt die Bilanz und bringt die Bilanzen wieder auf das Niveau, wo sie eigentlich hingehören, und dann kann man wieder weiterarbeiten.

Das ist übrigens bei Lehman Brothers passiert. Bei Lehman Brothers wurde nicht zeitig genug Bilanzkürzung begangen. Lehman Brothers hatte im Prinzip Assets (Anlagevermögen), die nicht mehr durch Eigenkapital gedeckt waren. Das Ganze ging halt dann irgendwann mal hoch, denn es war nur noch eine Luftblase, und das Gleiche haben wir gerade auch auf Staatsebene. Denn diese Firmen, die sich Staaten nennen, sind nichts weiter wie Obligationsbanken mit überbewerteten Assets. Es muss, betriebswirtschaftlich gesehen, reorganisiert werden. Das Problem ist nur, dass wir, die Investoren in diese Obligationen, wieder einmal leer ausgehen werden. Es wird nichts für uns da sein, und man versucht, uns, die Gläubiger, vor der Einführung der NWO, unter Kontrolle zu bekommen. Die Kontrolle ist das Ziel, die totale Kontrolle. Weder Besitz noch Eigentum noch sonst etwas, nur die Kontrolle. Und wenn wir uns darüber im Klaren sind, dass es nur um die Kontrolle geht, dann können wir schauen: Wie kontrollieren sie uns denn?

Ich finde es spannend, was du sagst, auch im Hinblick auf das Verständnis, das momentan viele von Freiheit haben – also Freiheiten zurückzubekommen durch noch mehr Kontrolle. Dass unser Verlangen nach Sicherheit, nach Geborgenheit und nach Wohlstand von der anderen Seite als das Okay aufgegriffen wird, um uns noch mehr Gesetze zu geben. Aber dass das nicht wirklich etwas mit Freiheit zu tun hat, ist ja noch nicht ganz sichtbar für viele.

Richtig. Genau. Das ist ein Geschäft. Ich sage immer wieder, es gibt keine Souveränität und Freiheit auf Antrag. Entweder bin ich frei, entweder bin ich souverän, oder ich bin es nicht. Es gibt keine Anträge dafür. Und wenn ich einen Antrag auf Demonstration stelle, unterwerfe ich mich diesem System. Dann ist es keine Demonstration mehr, sondern eine Zustimmung.

Das ist dasselbe, wie wenn ich jetzt irgendwohin gehe, um einen Antrag darauf zu stellen, Mensch zu werden. Das ist doch genau das Gleiche: Ich kann es nur sein, aber einen Antrag darauf zu stellen, das geht ja gar nicht.

Genau das ist der Punkt. Es gibt so viele unsinnige Dinge. Ich würde auch gerne einmal über das Thema Schutzantrag sprechen, wenn ich einen Schutzantrag stelle – es ist alles Blödsinn. Die Leute fragen mich immer wieder: Wie werde ich denn souverän? Wie werde ich frei? Indem ich mich erst einmal innerlich freimache und dann im Äußeren Möglichkeiten suche, mich zu befreien, Schritt für Schritt. Freiheit und Souveränität sind nicht: „Klick", ich bin frei. Sondern Freiheit und Souveränität sind eine Leiter, die ich ganz langsam hochsteige. Hochsteige deshalb, weil es mein Herz befreit, es befreit mich von Kontrolle, es befreit mich von Angst, und deshalb steige ich auf. Man kann es fast spirituell sehen. Es ist ein Aufstieg. Es sind Kleinigkeiten.

Diese Leute bezahlen die Terroristen, sie bilden die Terroristen aus, sie sorgen dafür, dass die Terroristen ein paar Jobs übernehmen, und dann bieten uns die gleichen Leute Sicherheit an vor den Terroristen, indem sie wiederum Kontrollen einbauen gegen uns, um uns vor den Terroristen zu schützen. Und wenn ich dann jemanden darauf anspreche, dann sagt er: „Ich habe ja nichts zu verbergen."
Hey, darum geht es doch gar nicht! Es geht darum, dass man dich damit komplett kontrolliert. Es geht um die volle Kontrolle. Und das

begreifen die Leute nicht. Es geht nicht um die Terroristen. Es geht darum, dass man die Grundlage schafft, dass die Menschen einer verstärkten Kontrolle über die Gesetze zustimmen.

Ich habe einmal eine Frage an jeden einzelnen, der das jetzt liest: Wer von euch hat schon jemals gegen ein Gesetz widersprochen? Wer hat den AGB-Erweiterungen, was es ja letztendlich ist, einmal widersprochen?

Ich habe 2017 mit einigen Helfern eine Aktion gestartet. Wir haben Gesetzen widersprochen und damit in Berlin Panik ausgelöst. Unsere Widersprüche gingen dann zum Petitionsausschuss. Worauf wir sie angeschrieben haben, wie sie dazu kommen, das zum Petitionsausschuss zu schicken? Wir haben keine Petitionen geschrieben. Denn wir machen uns nicht „klein", petit (Anm.: französisch klein). Wir haben also keinen Antrag gestellt, sondern wir haben widersprochen. Wir verweigern die Änderungen der AGB. Es ist ganz wichtig zu begreifen, dass wir von denen eine Obligation bekommen haben. Sie wurde von ihnen emittiert, und wir nutzen deren Obligation und haben ein Investment getätigt. Das heißt, wir geben denen Assets (Kollateralvermögen bzw. Anlagevermögen) als Sicherheit für die Emission von deren Person, die wir dann bekommen. Somit sind wir die Gläubiger und damit die Investoren in dieses System. Und dann bekommen wir von dem Emittenten eine AGB-Änderung und wir sagen: „Ja, Massa. Danke, Massa." (Anm.: früher von Sklaven verwendete Anrede für ihren weißen Herrn).

Alle Macht geht vom Volke aus. Könnt ihr mir bitte mal sagen, wo? Ich rede nicht von offenem Widerstand, sondern von subtilem Widerstand, zersetzendem Widerstand. Fragt doch mal die Polizisten an der Türe, wenn sie mal wieder wegen Geld kommen, ob sie die Geldeintreiber der Mafia sind. Denn die verhalten sich genauso, die kommen nämlich auch ohne Papiere. Und wenn sie dann da sind, fragt sie, wie sie zu dem Satz stehen: Alle Macht geht vom Volke aus.

Wir können nun stundenlang über Gesetze reden oder über Verfassungen, aber die Freiheit hat mit Verfassung und Gesetz nichts zu tun. Die Freiheit findet in euch statt, in eurem Herzen und in der Entscheidung zu sagen: „Ich lasse mir nicht mehr alles gefallen!" Es geht nicht darum, bockig und zickig zu sein wie ein kleiner pubertierender Junge oder ein pubertierendes Mädel, sondern es geht darum, zu

sagen: „Warum tut ihr das? Wo ist eure rechtliche Grundlage?"
Und der wichtigste Punkt für euch ist:

**Niemand darf Rechte ausüben,
die ihm nicht zuvor gewährt wurden.**

Bitte merkt euch diesen Satz. Niemand darf über euch verfügen, wenn ihr ihm das Verfügungsrecht nicht zuvor in irgendeiner Form eingeräumt habt. Und wenn ihr das begriffen habt, was ich mit diesem Satz sage, dann fängt dieser Samen der Souveränität und der Freiheit an, in eurem Herz zu reifen. Vorher nicht.

4. Naturrecht – Landrecht – Seerecht

Ich habe jetzt noch ein weiteres Recht hinzuzufügen und nenne es das essenzielle Recht. Viele Leute rufen nach ihren Grundrechten – ich nenne es das essenzielle Recht. Wir haben vom Schöpfer das essenzielle Recht bekommen, hier zu leben, und zwar in einer physischen und psychischen, seelischen und geistigen Unversehrtheit.

Viele Leute wollen ins Naturrecht zurück. Gemäß Naturrecht schaue ich mir deine Oberarme an und sage: „Gegen dich setze ich mich durch." Das ist Naturrecht, das Recht des Stärkeren. Wollen wir das wirklich? Wollen wir wirklich zurück ins Naturrecht, zum Recht des Stärkeren? Ich will mal so sagen: Naturrecht ist im Prinzip auch ein altes Recht, ein natürliches Recht, wo der Löwe die Gazelle frisst und der Löwe vom Menschen geschossen wird. Es gibt eine Nahrungskette und so weiter und so fort. Die Frage ist, wollen wir das wirklich? Naturrecht? Auch das ist nicht geregelt durch irgendwelche Gesetze, sondern der Stärkere setzt sich durch.

Dann kommen wir zum Landrecht. Das Landrecht ist auch relativ einfach definiert. Das Landrecht ist das Recht, mir ein Stück Land zu nehmen und dieses zu nutzen. Und damit ist das Landrecht im Prinzip auch schon erledigt, denn es gibt kein anderes Recht. Wenn ich dieses Land für mich beansprucht und es entsprechend gekennzeichnet habe, hat kein anderer Mann und kein anderes Weib das Recht, mir diesen Besitz streitig zu machen. Ich bin also der Besetzer von diesem Stück Land und damit habe ich die Rechte. Und der, der zuerst seine Rechte anmeldet, hat dieses Recht auch. Nun kann man natürlich dieses Landrecht auch entsprechend in Worte fassen. Das hat dieser preußische König gemacht, indem er das „Allgemeine Landrecht für die Preußischen Staaten" definiert hat, aber auch hier wieder mit dem Hintergrund, Personen zu generieren. Das tatsächliche Landrecht aber, das Recht, sich Land zu nehmen, dieses zu verwalten und so weiter, liegt bei uns lebenden Menschen.

Das heißt, man könnte es heute noch einsetzen?

Ja, ganz klar. Das Problem ist nicht, dass wir es haben, sondern es auch durchzusetzen. Die Leute, mit denen wir es zu tun haben, sind die Mitglieder der Glaubensgemeinschaft „Rechtsstaat". Denn sie glauben an einen Rechtsstaat, also daran, dass der Staat das Recht hat, uns das zu untersagen – das ist das Problem. Es geht nie darum, ob ich ein Recht habe. Es geht immer um die Frage: Kann ich es durchsetzen? Wir haben aber dieses Landrecht treuhänderisch auf die Adeligen übertragen, das heißt, das Landrecht liegt treuhänderisch verwaltet beim Adel. Somit konnte also der, der die Macht ergreifen wollte, nicht auf dieses Landrecht zugreifen. Er konnte also nicht darauf zugreifen, dass Männer und Weiber[3] sich einfach ein Stück Land nehmen und es bewirtschaften. Also musste ein neues Recht her.

Dann entwickelte eine Adlige, Eleonore von Aquitanien, im 12. Jahrhundert (1150-1160) die Grundlage des Seerechts. Das waren die „Rolls of Oléron", in denen viele Dinge bereits seerechtlich geregelt wurden. Das heißt, es gab ab diesem Moment ein Recht auf hoher See. Die Rechte auf hoher See (das sogenannte Admiralsrecht) sind sehr ehrenvoll und prinzipiell sehr heroisch. Da gilt Ehre, Wahrheit und alles Drum und Dran. Die Rolls of Oléron gelten als der Vorläufer des Admiralsrechts.

Aber wir sind ja nicht auf See, sondern wir sind auf Land. Und da dieses Landrecht besetzt war, musste halt diese Organisation, die sich dann als Vertreter Gottes auf Erden bezeichnet hat, irgendein Recht suchen, mit dem sie sich dann quasi über dieses andere Recht darüber stellen konnte. Es sieht nämlich folgendermaßen aus:

- Oberstes Recht ist das essenzielle Recht, das Recht auf Existenz, nennen wir es mal so.

- Dann kommt das Naturrecht. Das resultiert daraus, dass wir hier herumlaufen, es gibt Tiere und so weiter, aber der Stärkere und der Intelligentere setzt sich durch. Aber wenn jemand lesen und schreiben kann, heißt es noch lange nicht, dass er intelligent ist.

- Danach folgt das Landrecht, das Recht, sich ein Stück Land zu nehmen. Das steht wieder darunter.

- Und dann kommt das Seerecht, denn man muss dazu wissen: Jeder Seemann, jedes Schiff muss irgendwann einmal an einem Hafen anlegen. Die Seefahrer können nicht endlos auf See bleiben. Somit

[3] Weiber: Wie in Band 1 erläutert, wird dieser Begriff von Gabriel in voller Wertschätzung und als Respektsbezeugung verwendet, wie auch im allgemeinen Sprachgebrauch das Wort „weiblich" statt „fraulich" Verwendung findet.

braucht also der Seefahrer immer ein Stück Land, wo er anlegen kann. Und deshalb liegt das Seerecht eigentlich unter dem Landrecht. Aber das Seerecht war zu diesem Zeitpunkt frei. Keiner hat das Seerecht als Rechtskreis für sich beansprucht. Also wurde das Seerecht mal kurzerhand vom „Holy See", dem „Heiligen Stuhl", kassiert und für sich modifiziert und angepasst. Somit wurde Schritt für Schritt die ganze Welt ins Seerecht hineingezogen.

Das heißt, man kann jetzt nicht davon ausgehen, dass das Seerecht nur auf See gilt, sondern es scheint ja so modifiziert worden zu sein, dass es auch auf Land gilt?

Warum sind die Autobahnschilder blau? Warum reden wir von Kapitänen der Landstraße? Man hat das Seerecht an Land geholt. Man geht sogar so weit, dass man um die größeren Flüsse herum Freizonen macht. Das heißt, wenn man das genau betrachtet, haben sie es geschafft, das Land quasi in die See zu holen und das Seerecht über das Landrecht zu stülpen. Dass es so ist, kann man an vielen Dingen erkennen. Warum nennt man beispielsweise eine Kirche Kirchenschiff? Warum ist im Kirchenschiff das Geländer gestaltet wie die Reling auf einem Schiff?

Wie kommt jetzt die Kirche oder die Religion mit ins Spiel? Wie ist hier der Zusammenhang? Was hat die Kirche mit dem Seerecht zu tun?

Religion ist ein Geschäftsmodell. Die katholische Kirche, der Heilige Stuhl, hat ein Geschäftsmodell entwickelt, indem sie alles an Land beschlagnahmt und im Prinzip nur noch Unterlizenzen verteilt hat, Verwaltungslizenzen, sprich Ratzeburg, Goldene Bulle und so weiter und so fort. Das heißt, der Heilige Stuhl hat es also geschafft, über das Seerecht alles zu kontrollieren. Selbst die Justiz wird über diesen Weg kontrolliert. In einem Gerichtssaal gilt Seerecht. Und wenn der Kapitän die Brücke 21 Minuten lang verlassen hat, dann gilt er als verloren auf hoher See und dann kann der Angeklagte die Verhandlung einfach beenden. Und warum ist das Verfahren dann beendet? Weil der Kapitän verschwunden ist, auf hoher See verschollen. 21 Minuten muss er warten. Es ist ein kleines Spielchen, Amerikaner machen so etwas mittlerweile. Das Seerecht ist im Prinzip über das Landrecht gestülpt worden, weil die katholische Kirche sich dazu entschlossen hat, dieses Recht zu nutzen, um die Welt ihrem Recht zu unterwerfen. Dass sie es natürlich bei den Chinesen nicht hinbekommen, das ist auch klar. Und dass die nordamerikanischen Indianer nicht mitgespielt haben, ist auch klar. Deshalb hat man sie und die südamerikanischen Indianer und die Afrikaner alle ausgelöscht, die Naturvölker, weil sie nicht bereit waren, sich diesem Recht zu unterwerfen. In China war es ein bisschen schwieriger. Man hat es zwar auch versucht, aber es ist gescheitert, die „Missionierung" sagt man ja dazu.

Das heißt, die Kirche hat sich irgendwann entschlossen, sich Grund und Boden zu eigen zu machen und somit ...

... Grundrechte zu vergeben -> Grundgesetz, Grundrecht. Es gibt ja auch Grund und Boden. Warum sagt man nicht Boden dazu? Warum sagt man die Rechte an Grund und Boden? Was hat da der Grund zu suchen? Ich kann auf dem Grund nichts anbauen, kein Haus, keinen Acker, nichts. Aber man hat den Grund mit reingenommen, Grund und Boden. Immer darüber nachdenken.

Es gibt Eigentum, es gibt Besitz und es gibt die Kontrolle. Was der Heilige Stuhl niemals wollte, war Eigentum. Er wollte auch keinen Besitz haben, immer nur die Kontrolle. Wer kontrolliert, braucht nämlich nicht zu bezahlen und er braucht keine Versicherung. Da lässt man andere dafür arbeiten. Es geht immer nur um die Kontrolle. Wer kontrolliert das alles? Und so ist es in diesen Ebenen auch. Der Vatikan, der Heilige Stuhl, hatte immer die Absicht, zu kontrollieren. Man wollte das Landrecht kontrollieren, man wollte das Naturrecht und die essenziellen Rechte kontrollieren. Man wollte die Menschen dazu bringen, dass sie freiwillig auf Landrecht, Naturrecht und essenzielles Recht verzichten. Sie sollen auf das Naturrecht verzichten, auf das Recht des Stärkeren, weil es stattdessen ja eine Justiz gibt.

Normalerweise, wenn jemand einen Nachbarn hat und dieser kommt in den Garten und fällt einen Baum, dann haut ihm der andere ein paar aufs „Maul". Der geht im Naturrecht dann nicht hin und ruft seinen Anwalt an: „Hören Sie mal, Herr Anwalt, mein Nachbar war gerade in meinem Garten und hat meinen Baum abgesägt", und der Anwalt antwortet: „Wissen Sie, da gibt es die Paragraphen sowieso in dem und dem Gesetz", sondern er geht rüber und haut dem Nachbarn ein paar aufs „Maul". Dieser kommt dann nie wieder über den Gartenzaun und sägt einfach einen Baum um. Das ist Naturrecht.

Auch wenn man kein Freund von Gewalt ist, dürfte das bei manchen wohl die Ebene sein, die sie am ehesten verstehen würden.

Aber man hat über diesen Weg der Justiz eben das eingeführt. Die Menschen haben auf ihr Recht verzichtet, zu sagen: „Hey, du fügst mir Schaden zu. Auge um Auge, Zahn um Zahn."

Was denkst du wohl, wer das Neue Testament geschrieben hat? Wer konnte im 12. und 13. Jahrhundert denn lesen und schreiben? Das war der Klerus und eine gewisse Glaubensgemeinschaft, Ausgewählte aus dieser Glaubensgemeinschaft. Also, wer hat es geschrieben, das Neue Testament? Wer hat „Auge um Auge, Zahn um Zahn" aufgehoben? Stattdessen holen wir uns einen Richter her, der einen schwarzen Anzug anhat (Talar, Kirche). Oder wir wenden uns an die übergeordneten Richter. Das sind die Richter, die über die grundsätzlichen Bedingungen verhandeln. Die sind dann violett bekleidet, das sind die „Bischöfe". Es ist alles erkennbar, wir sehen es einfach nur nicht. Das Ziel des Heiligen Stuhls war es nie, alles zu erlangen, sondern sie wollten nur die Verwaltung und das Geld daraus haben. Sie wollten die Macht, die Kontrolle und die Gewinne. Der Rest war ihnen völlig gleichgültig. Die Menschen waren ihnen auch immer völlig gleichgültig.

Das bedeutet jedoch, dass das Seerecht an sich nichts Schlechtes ist. Wie gesagt, es gilt im Admiralty Law (Seerecht) eine hohe, ehrenvolle Haltung. Rein theoretisch müsste der Heilige Stuhl demnach, wenn er schon dieses Seerecht anwendet, auch diese Haltung haben. Haben sie aber nicht. Sie lügen und betrügen aus meiner Sicht, wann immer es ihnen in den Kram passt. Dass wir heute noch Seerecht haben, erkennt jeder einzelne an den Flaggen. Bitte schaut euch doch einfach mal die Flagge an, wenn ihr beispielsweise eine Verlautbarung von Donald Trump damals (bis 2020) und jetzt von Biden oder von Erdogan oder von Putin seht. Achtet doch bitte mal auf die Flaggen im Hintergrund. Nachdem sich das immer mehr herumgesprochen hat, schlagen sie diese immer ein, sodass man die Ränder nicht mehr sieht. Aber manchmal sind sie dennoch zu sehen. Der goldene Rand um die Flagge herum repräsentiert Admiralsrecht (Admiralty Law, Seerecht). Das bedeutet, dass diese Leute, wenn sie vor einer Flagge mit goldenem Rand reden, für ihre Firma im Seerecht sprechen. Die Handelszone kommt aus dem Seerecht und ein anderes Wort für Handelszone ist Nation.

Ich habe gehört, dass der goldene Rand Kriegsrecht bedeutet.

Nein. Es gibt für Kriegsrecht eine andere Flagge. Die US-Flagge sieht ursprünglich ganz anders aus. Das, was wir zu sehen bekommen, ist die Kriegsflagge. Die ganze Welt befindet sich im Krieg, seit Hunderten von Jahren. Es gibt keinen Friedensvertrag zwischen den Nord- und Südstaaten, keinen Friedensvertrag zwischen den Alliierten und den Deutschen, keinen Friedensvertrag zwischen den Kriegsparteien des Dreißigjährigen Krieges. Ich kann jetzt weitermachen, das gilt für alle Kriege. Es gibt keine Friedensverträge, es gibt immer nur Waffenstillstandsverträge. Sucht nach den amerikanischen Flaggen und ihr werdet feststellen, bei der Friedensflagge sind die Streifen nicht waagerecht, sondern senkrecht angeordnet! Und aufpassen, da sind auch die zwölf Sterne darauf, warum auch immer Europa zwölf Sterne hat. Wir haben wesentlich mehr Mitglieder, es ist eine gewachsene Struktur.

Ist das nur bei der amerikanischen Flagge, die wir kennen, so oder ist es auch bei anderen Ländern oder Staaten der Fall?

Da bin ich jetzt überfragt. Bei der amerikanischen Flagge ist es offensichtlich, aber die Leser können gerne mal in ihrer eigenen Handelszone recherchieren, wie die Flaggen ursprünglich einmal ausgesehen haben, bevor im Namen dieser Flagge und unter dieser Flagge Krieg geführt wurde. Das ist der Witz an der Sache. Man hat es einfach verstanden, die Menschen zu instrumentalisieren, um Kriege zu führen, um rein wirtschaftliche Interessen der Führer durchzusetzen, denn um etwas anderes ging es nie. Es ging immer nur darum.

Was aber in den letzten Monaten beziehungsweise in den letzten eineinhalb bis zwei Jahren passiert, ist, dass Leute wie Donald Trump zum Beispiel, wie Erdogan und Putin ganz besonders, manchmal Reden vor Flaggen ohne Goldrand halten. Das heißt, sie befinden sich nicht mehr im Seerecht, sondern sie befinden sich in diesen alten Staaten, in der Republik USA, in der alten Republik Türkei – wie auch immer sie das Ding früher genannt haben – oder in Russland. Putin hat offensichtlich die Zeichnungsberechtigung für das alte russische Zarenreich, weil sonst hätte er nicht das Recht, vor einer Flagge zu sprechen, die diese Entität repräsentiert.

Wir unterschätzen die Bedeutung von Flaggen. Flaggen repräsentieren etwas. Die Redewendung „Ich segle unter einer Flagge“ ist sicherlich bekannt. Wenn ich unter einer Flagge segle, bedeutet das, ich habe quasi eine Charter, das zu tun, ich bin also autorisiert, unter dieser Flagge zu agieren. Deshalb ist das auch wichtig. Ich habe Erdogan vor einer Flagge gesehen, die keinen Goldrand hatte, Putin sowieso, und Trump auch schon. Achtet mal auf solche Dinge. Es sind Kleinigkeiten. Wenn ihr Kinofilme anschaut, da haben die Flaggen immer einen Goldrand, die gibt es nicht ohne Goldrand. Oder wenn ihr andere Filme anschaut, wo irgendetwas beflaggt ist, dann schaut euch die Flaggen einfach einmal an und ihr werdet staunen. Manchmal sind sie mit Goldrand, manchmal sind sie ohne Goldrand. Und dann denkt dran, sobald unter einer Flagge mit Goldrand agiert wird, ist es Seerecht. Dann sind die Handelszonen gefragt, und sobald dieser Goldrand weg ist, ist es wahrscheinlich Landrecht. Auf jeden Fall ist es nicht Seerecht, definitiv nicht. Und dann gelten die alten Verträge.

Macht es auch einen Unterschied, ob man „unter" einer Flagge handelt oder „im Namen" einer Flagge? Du hast es vorhin so deutlich unterschiedlich formuliert. Hängt das damit zusammen?

Im Namen einer Flagge bedeutet: Ich bin zeichnungsberechtigt. Und unter einer Flagge zu handeln heißt: Ich unterwerfe mich dieser Flagge oder dem Recht. Vielleicht bin ich jetzt ein bisschen spitzfindig, aber eine Flagge repräsentiert ein Recht (einen Rechtskreis). Wenn ich sage, dass ich im Namen einer Flagge handle, dann bedeutet es, ich habe eine Zeichnungsberechtigung dafür. Das heißt, ich bin autorisiert. Ansonsten bin ich ein Pirat. Wir müssen uns immer klarmachen, alles ist unter Vertragsrecht. Wenn ich für etwas autorisiert bin, also Zeichnungsberechtigung habe, auch Prokura genannt, dann darf ich im Namen von irgendjemand anderem handeln, weil ich einen Vertrag mit ihm habe oder original diesen Vertrag nutzen darf. Viele Leute nutzen die 1871er-Verfassung. Sind sie dazu autorisiert? Haben sie eine Person, die unter dieser Verfassung herausgegeben wird, und haben sie eine Vertragsbestätigung für diese Person, damit sie autorisiert sind, unter dieser Flagge zu handeln? Nein, haben sie nicht.

Deswegen sind sie angreifbar?

Richtig. Aber man nimmt sie international nicht ernst, denn wenn jemand so etwas macht, dann ist er nicht gefährlich. Ernst wird es erst dann, wenn der Zeichnungsberechtigte der Verfassung von 1871 Personen emittieren würde, die man dann nutzen würde, um die Rechte des Zweiten Deutschen Reiches geltend zu machen. Wenn das passiert, dann gibt es einen Briefkasten weniger in Delaware (Anm.: In Delaware haben alle Firmen, die sich Staaten nennen, einen Briefkasten - Briefkastenfirmen).

Gibt es ihn noch, den Zeichnungsberechtigten, der unter dieser Verfassung Personen emittieren kann?

Ja, und dann gibt es noch einen Unterschied, und zwar, zeichnungsberechtigt zu sein oder seine Rechte verkauft zu haben. Machen wir wieder ein bisschen Treuhandrecht: Ich übertrage dir jetzt das Treuhandrecht, meine Firma zu verwalten. Meine Firma macht eine Milliarde Gewinn pro Jahr. Ich übertrage dir jetzt die Treuhandverwaltung. Nun gehst du hin und benennst einen Unterverwalter. Ich kann dir nun nicht sagen: „Moment mal, was machst du da eigentlich?"
Denn dann sagst du: „Ich darf meine Arbeit machen, wie ich will. Ich habe freie Hand zum Handeln."
Also hast du das Recht, eine Unterverwaltung zu machen, aber du haftest für den Unterverwalter. Das heißt, es gibt schon solche Konstruktionen, wie man so etwas lösen kann oder wie es auch gemacht wird. Wir müssen immer nur wissen, wer ist wo in welcher Position? Wenn wir das wissen, können wir handeln.

Eine Regel im Kommerz, gegen die viele Kommerzler verstoßen, lautet: Wir müssen immer eine Tür offenlassen. Wir dürfen niemals hingehen und alle Türen zumachen. Das wäre Nötigung und Erpressung. Wenn ich den anderen zwinge, durch meine Türe zu gehen und ich lasse keine andere Türe offen, dann ist das unzulässig. Deshalb wurden damals die zwei Hauptlinien des preußischen Königshauses 1871 getötet. Die dritte Linie hat man laufen gelassen, und diese dritte Linie verfügt über diese Rechte.
Wenn ihr jetzt auch noch wisst, dass das Haus Windsor nicht immer Windsor hieß, denn das Haus Windsor ist letztendlich auch die Ratzeburg-Linie. Es ist eine Ratzeburg irgendwo Position 14, 15. Wenn ihr nun auch noch wisst, dass Barack Obama ein Ratzeburg war, bewiesenermaßen, aufgrund der Linie seiner Mutter und so weiter ...
Das bedeutet, dass diese Linien eingehalten werden. Wer krönt, bestimmt. Somit kontrollierte der Vatikan beziehungsweise der Heilige Stuhl, so oder so, direkt diese Welt. Der Heilige Stuhl hat einfach

nur keinen Treuhandverwalter mehr, das ist alles, wahrscheinlich ein strukturelles Problem.

Es ist immer die Frage: Sehen, begreifen was abläuft, interpretieren und auf Logik überprüfen. Anders arbeite ich nicht. Ich betrachte die Dinge und schaue immer nur, was passiert da gerade? Und wenn Donald Trump auf der Bühne steht und hinter ihm ist eine amerikanische Flagge, lass es die Kriegsflagge sein, und die hat keinen Goldrand, dann weiß ich ganz genau, dass das, was Donald Trump gerade sagt, mit der Firma USA (in großen Blockbuchstaben) nichts zu tun hat. Und ebenso hat es nichts mit der Firma RUSSISCHE FÖDERATION zu tun, wenn Putin vor der Kamera steht und hinter sich die russische Flagge ohne Goldrand und die Zarenflagge noch dazu hat (wo man sich in der deutschen Presse das Maul zerrissen hat über „Zar" Putin). Putin hat damit demonstriert: Ich bin zeichnungsberechtigt für das Zarenhaus. Er hat Prokura für das Zarenhaus. Und das resultiert wahrscheinlich aus einer Fehlinterpretation von Stalin bezüglich des Vertrags von Kalisch, der damals gemacht wurde.

Die wissen ganz genau, was sie tun. Nichts geschieht zufällig! Alles, wirklich alles, ist bis ins Detail geplant. Zugegebenermaßen ab und zu etwas improvisiert, da sie gerade zu viel Gas geben, aber alles ist geplant. Es gibt keine Zufälle! Und wenn eine Queen zwölf Minuten auf Donald Trump wartet, dann war das Absicht. Wenn eine Queen mit drei Metern Abstand hinter Donald Trump herdackelt, dann war das Absicht. Da können sich die Leute empören, wie sie wollen, es war Absicht und es war korrekt, hundertprozentig korrekt. Nichts geschieht zufällig, absolut gar nichts. Sie wissen ganz genau, was sie tun. Und unsere Aufgabe ist es, den Menschen nahezubringen, auch zu lehren, wie das System arbeitet, damit sie auch wissen, was die anderen genau tun, damit wir sie es nicht mehr fehlinterpretieren. Und darum geht es. Die Fehlinterpretation führt uns auf den falschen Weg, und dann versuchen wir eine Staatsangehörigkeit zu bekommen, einen „Gelben Schein" zu bekommen und diesen ganzen Unsinn.

Das sind ja wirklich sichtbare Zeichen. Die entsprechende Flagge, der Rand der Flagge ... Denn das sind ja alles Dinge, die im Fernsehen oder in den Medien immer gezeigt werden.

Genau. Auch Gesten mit der Hand passieren nicht zufällig. Diese Leute wissen ganz genau, was sie tun. Unser Problem, das der normalen

Menschen, ist die Fehlinterpretation von deren Verhalten, weil wir das Wissen nicht haben, was wirklich im Hintergrund abläuft.

Während wir dieses Wissensdefizit Schritt für Schritt abbauen, dürft ihr euch nicht verrückt machen lassen, wenn ihr das nicht beim ersten Mal alles begreift. Lasst euch nicht entmutigen. Es ist ein Prozess, durch den ihr hindurchgeht. Unsere Aufgabe ist es, die Sachen von allen möglichen Seiten wie mit dem Scheinwerfer zu beleuchten, um das Thema herumzulaufen und irgendwann fällt der Scheinwerfer genau auf den Punkt, wo bei euch die Synapsen plötzlich „Klick" machen. Und diesen „Klick" dürft ihr nicht erzwingen, der kommt von allein. Beschäftigt euch mit diesem Thema.

Denkt einfach darüber nach, dass der Grund, warum dieses System existiert, die Verweigerung der Übernahme von Verantwortung für uns, für das, was wir seit Hunderten von Jahren tun, ist. Das ist der Grund, warum dieses System da ist. Nun haben wir mit den heutigen Medienmöglichkeiten die Chance, so eine Aufnahme (Anm.: die Interviews von Kamasha TV) zu machen und im Internet zu verbreiten. Es ist genial. Seien wir doch einmal dankbar, dass wir diese Chance bekommen haben, es zu tun, und lassen uns nicht dauernd von diesen negativen Nachrichten beeinflussen.

Immer daran denken: Das Seerecht ist eigentlich das am meisten untergeordnete Recht, und unter dem Seerecht wurde dieses ganze Konstrukt aufgebaut. Grundgesetz, Grundrecht, der ganze Kladderadatsch, alle sind unterhalb des Seerechts aufgebaut. Alle Verfassungen, alle Gesetze, alle Verordnungen, sind alle auf der Seerechtsbasis aufgebaut. Man verwaltet uns lebende Menschen auf hoher See, und das müssen wir uns immer wieder klarmachen. Wir sehen es an so vielen Symbolen. Wir sehen es, aber wir sehen es doch wieder nicht.

5. Recht und Gerechtigkeit

Es ist ein weit verbreiteter Irrtum, dass Gerichte über Recht entscheiden. Es gibt einen schönen Satz, den man immer mal wieder hört, wenn man sich über Urteile beschwert. Er lautet: „Der Richter ist in seinen Entscheidungen frei und nur dem Gesetz unterworfen."
Was sie nie sagen werden, ist, welches Gesetz sie eigentlich meinen.
Eine meiner Aussagen ist immer die: „Wer das Gesetz kontrolliert, wer das Recht kontrolliert, kontrolliert die Massen."
Also nicht nur über Emotionen, sondern auch über Gesetze, über Rechtsprechung.

Dass man über Rechtsprechung kontrollieren kann, das wussten sie früher schon. Früher war die Rechtsprechung beim Klerus, das heißt, die Bischöfe sprachen Recht. Dass diese natürlich ihre wirtschaftlichen Interessen im Vordergrund hatten, ist völlig klar. Ebenfalls, dass die Urteilsfindung im Wesentlichen daran lag, wer am meisten bezahlte und wessen wirtschaftliche Interessen für den Urteilsfindenden besonders relevant waren. Das ist heute natürlich nicht mehr so, ist ja logisch (Anm.: ironisch gemeint).

Es ist einfach so: Wir Menschen haben verlernt, unsere Konflikte miteinander auszutragen und zu regeln. Stattdessen haben wir diese Konfliktlösung an eine Struktur übertragen, die sich Rechtsprechung nennt. Das dachten wir. Wenn wir uns aber heute anschauen, wie sie unsere Interessen vertreten, dann sind das heute Rechtsanwälte und Richter. Der Klerus sprach früher Recht und definierte auch, welche Gesetze es gab. Die Gesetze und die Rechtsprechung kamen also vor dem 18. Jahrhundert vom Klerus. Das war völlig klar. Recht wurde immer nach den Vorstellungen des Heiligen Stuhls gesprochen, des Vatikans, als treuhänderischer Unterverwalter des Heiligen Stuhls. Das bedeutet, die Bischöfe machten nicht nur die Gesetze, sondern sie sprachen auch gleich Recht darauf. Das war auch der Grund, warum dem preußischen König im Jahre 1704/1705 der Kragen platzte und er sagte: „Jetzt machen wir ein Gesetz und dieses ist zukünftig die Grundlage für die Rechtsprechung in Preußen." Das passte dem Vatikan überhaupt nicht in den Kram.

War das der Moment, in dem Kirche und Staat voneinander getrennt wurden?

Es wurde versucht, Kirche und Staat voneinander zu trennen, das ist richtig. Man versuchte also, Gesetze zu machen, um sich vom Klerus zu distanzieren, der völlig willkürlich seine eigenen Gesetze gemacht und auch gleich durchgesetzt hatte, zum Beispiel durch die Inquisition. Es ging bei der Behauptung der Systembetreiber immer darum, dass es doch irgendwelche Regelungen geben müsse, um das Zusammenleben der Menschen zu überwachen, zu kontrollieren und zu regeln, denn die Menschen könnten das selbst nicht miteinander regeln. Wenn ich mir die Situation heute anschaue, muss ich sagen, das ist nicht ganz unrichtig. Die Menschen suchen keine Lösung, sondern gehen gleich vor Gericht. Wir kommen auf das Thema Rechtsprechung und Gerichte noch zu sprechen.

Es ist doch völlig klar: Wer die Justiz kontrolliert, kontrolliert auch das Recht. Wer die Rechtsprechung kontrolliert und wer sagt, der eine hat Recht und der andere hat Unrecht, jener muss die Strafe zahlen und der andere nicht, der kontrolliert doch die Öffentlichkeit damit, oder? Und das war auch bis zu dem Moment der Fall, bis alle Leute erfreut ausriefen: „Der Vatikan hat allen Richtern und Staatsanwälten die Immunität entzogen!" Bis zu diesem Zeitpunkt war es auch so. Nur, dieser berühmte „Motu Proprio" (Anm.: ein apostolisches Schreiben des Papstes) vom Sommer 2016 hatte aber einen ganz anderen Hintergrund. Das war die Vorbereitung, dass der Vatikan aus der Justiz komplett abgezogen wurde, mehr nicht.

Früher war es so, dass im Prinzip die ganzen Urteile der Bischöfe den reinen Wirtschaftsinteressen des Vatikans entsprachen, mehr war das nicht. Das heißt, da wurden auch Urteile gegen Leute gesprochen, um sie einzuschüchtern. Das macht man heute natürlich auch nicht mehr, wir sind ja heute zivilisiert. Ich kann mir diesen Sarkasmus manchmal nicht verkneifen. Die ganze Rechtsprechung lag ursprünglich komplett beim Klerus. Erst durch dieses Allgemeine Landrecht für die Preußischen Staaten wurde das erste Mal ein Gesetz und eine Justizgrundlage geschaffen, das beziehungsweise die außerhalb des Klerus war. Ich gebe zu, die ursprüngliche, originäre Rechtsprechung kam aus dem Dreiströmeland, diese alten Gesetze der Sumerer und so weiter und so fort, die ja heute noch genutzt werden. Da war schon irgendwo mal die Bestrebung, eine Struktur hineinzubringen, damit die Menschen sich nicht mehr gegenseitig die Schädel einschlugen, wenn sie sich um einen Acker stritten. Ich meine das Naturrecht, der Stärkere setzt sich durch. Um das ein bisschen zu regeln, wurden auch diese Gesetze eingeführt. Um klar zu regeln, dass derjenige, der zuerst da war und der seine Ansprüche öffentlich anmeldet, Recht hat, und der andere, der später kommt, zurückstehen muss.

Eine Rechtsprechung ist nichts Negatives, aber es wurde genutzt, um zu kontrollieren, einzuschüchtern und eigene Wirtschaftsinteressen durchzusetzen. Später kamen dann Verfassungen und dieses Thema der „Person". Ich sage einfach mal so, bis zu jenem Zeitpunkt gab es keine klare Trennung zwischen privat und öffentlich. Eine Person, mit der man dann vernünftig agieren konnte, gab es nicht. Ich habe immer unter unbeschränkter privater Haftung (leibhaftig) gearbeitet und deshalb war es so: Wenn ich eine Fehlentscheidung getroffen hatte, dann bedeutete das für mich den bürgerlichen Tod. Ganz klipp und klar.

Du meinst den Ausschluss aus der Gesellschaft?

Den Bürgerlichen Tod kann man verschieden verstehen. Eine Variante ist: Ein Mensch hat einen Eigenwechsel (auch Sola-Wechsel genannt) herausgegeben und aufgrund dieses Wechsels hat ihm eine Bank Geld gegeben. Dieses Geld hat er unternehmerisch eingesetzt und eventuell fehlinvestiert. Der Wechsel ist somit geplatzt. Er konnte die Liquidität aus diesem Wechsel nicht mehr demjenigen zurückgeben, der ihm die Liquidität überlassen hatte, der Bank.

So hat früher ein Wechsel funktioniert. Es wurde ein Wechsel ausgestellt und dieser war ein Schuldeingeständnis. Die Bank hat den Wechsel genommen und dem Ersteller daraufhin Liquidität gegeben. Jetzt konnte er diese Liquidität zu dem Zeitpunkt, zu dem er es selbst angekündigt hatte (Fälligkeitsdatum), nicht zurückgeben und hatte dann verschiedene Möglichkeiten zu handeln:

Variante eins war, der Bank zu sagen: „Ich kann nichts zurückgeben." Damit hat er sich selber entehrt und keine Bank hat ihm mehr Geld gegeben. Seine Familie war entehrt, keiner hat der Familie mehr Geld gegeben, und damit war die Familie des Schuldners ruiniert. Sie starben alle den Bürgerlichen Tod.

Die zweite Variante ist: Er hat sich auf ein Schiff gesetzt und ist nach Australien verschwunden. Damit war er weg, die Bank konnte nicht auf ihn zugreifen. Die Familie stand da und erlitt den Bürgerlichen Tod. Denn auch in diesem Falle hat sich der Schuldner entehrt und auch die Familie war entehrt.

Die dritte Variante war: Er nimmt die Pistole, setzt sie sich an die Schläfe und erschießt sich. Damit hat er die Ehre der Familie bewahrt. Er hat seine Schuld eingestanden, indem er die Selbsttötung vorgenommen hat. Seine Familie war weiterhin kreditwürdig, weil der Mann aus dieser Familie, der den Kredit bekommen hatte, damit bewiesen hat, dass er Ehrgefühl genug hatte, für seine Schulden geradezustehen – bis in den Tod, leibhaftig. Und damit war die Ehre wieder da. Aber er war tot. Auch eine Variante des Bürgerlichen Tods.

Das sollte durch das Allgemeine Landrecht für die Preußischen Staaten und später auch durch die Verfassung abgefangen werden. Es ist also nicht alles nur schlecht, was Kommerz und Verfassung ist. Es war geplant, damit eine grundsätzliche Ordnung für Personen und deren Herausgabe (Emission) festzulegen. Dann änderte sich auch die Rechtsprechung auf Personen. Der Gedankengang war einfach der:
Da ich als Mann dir als Mann nichts zu sagen habe, machen wir Folgendes: Du bekommst eine Person mit Zugang zu einer Fiktion. Ich bekomme eine Person mit Zugang zur Fiktion. Nun ist es aber so, dass es einen Streit gibt. Jetzt kommt ein anderer Mann, der auch eine Person hat und versucht, zwischen unseren Parteien zu vermitteln. Und wenn es eine Vermittlung gibt, gibt es einen Vergleich. Deshalb drängen Gerichte immer auf Vergleiche. Wenn der Richter aber etwas vorschlägt und es zwischen uns zu keiner Einigung kommt, also zu keinem Vergleich, dann spricht der Richter zum Beispiel ein Urteil gegen deine Person. Jetzt weigerst du dich, dieses Urteil zu akzeptieren, obwohl du ja dieser Vermittlung zugestimmt hast und der Richter unter Nutzung seiner Person das Urteil fällt. Da du dich weigerst, wird deiner Person nun der Zugang zur Fiktion so lange eingeschränkt, bis du bereit bist, das Urteil zu akzeptieren. Das nennt man dann zum Beispiel Konto-Pfändung. Okay? Es ist eine Einschüchterungsmaßnahme des Systems, damit du sagst: „Okay, ich akzeptiere das ja schon. Ich bezahle jetzt einfach und gleiche den Schaden aus, den ich einem anderen über meine Person zugefügt habe."

Eigentlich ist das ein sehr intelligentes System. Es gibt nämlich Leute, mit denen kann man nicht diskutieren, die haben einfach immer recht, auch wenn du diskutierst, bis du schwarz wirst. Also muss man sich etwas überlegen. Daher auch hier wieder: Bitte differenziert hier und sagt nicht einfach: „Es ist schlecht."

Nun ist aber hier dieser Mann, dieser Richter. Der hat jetzt ein Urteil gesprochen und nun könntest du sagen: „Dieser Schweinehund da drüben, dem zeig ich es jetzt."
Moment! Du kannst ihn nicht verklagen. Es geht nicht, weil seine Person unter einem anderen Rechtskreis herausgegeben wurde, auf den du keinen Zugriff hast. Du kannst also keine disziplinarischen Maßnahmen gegen ihn vornehmen. Du kannst mit deiner Person nicht in den Rechtskreis des Richters gehen. Das geht nicht. Damit ist er geschützt. Das nennt man Immunität. Der Richter ist in seinen Entscheidungen frei und nur dem Gesetz unterworfen, seinem Gesetz. Denn seine Person, die Richterperson, wurde unter einer anderen Verfassung (grundsätzlicher Versicherungsvertrag zur Emission von Personen) herausgegeben. Und es gibt Gesetze (AGB) für die Nutzung dieser Person, und solange der Richter diese AGB einhält, kannst du nichts tun. Du kannst nicht einmal eine Dienstaufsichtsbeschwerde machen oder sonst irgendetwas, damit er diszipliniert wird, weil er sein Gesetz hat, und er diesem Gesetz unterworfen ist. Man kann etwas unterstehen, unterliegen oder unterworfen sein.

- Unterstehen – dann stehe ich wenigstens noch.
- Unterliegen – da liege ich zwar auf dem Boden, aber naja, ich kann mich immer noch wehren.
- Unterworfen sein – das ist komplett, da geht gar nichts. Das heißt, der Richter hat keine Chance, irgendetwas gegen diese Gesetze zu tun. Wenn er diese nicht akzeptiert, ist er seine Lizenz los.

Das heißt, er arbeitet ja eigentlich für die Instanz über ihm?

Richtig. Er hat einen Arbeitsvertrag. Und diese Immunität wurde tatsächlich insoweit aufgehoben, als der Herausgeber der Person wechselte. Das heißt, der Motu Proprio war die Vorbereitung, dass es einen anderen Herausgeber für die Person gibt, da der Vatikan, der ursprüngliche Herausgeber der Person, insolvent war. Er konnte keine Personen mehr emittieren. Es war ihm nicht mehr möglich. Deshalb wurde das auf eine Organisation namens IACA, International Association for Court Administration, verlagert. Die sitzt in Tennessee und verwaltet weltweit alle Gerichte bzw. die Richter, die den Mitarbeitern der sogenannten Rechtsprechung zur Verfügung gestellt werden.

Das heißt, so wie der Militär-Dienstleister ACADEMI Militär-Personal zur Verfügung stellt, das sich POLIZEI nennt, ist der IACA derjenige, der Richter-Personal zur Verfügung stellt, Richter-Personen, die dann genutzt werden können zur Rechtsprechung.

Selbst der, ich sage jetzt einmal, Richter vom Dorf nebenan, hat die AGB für die richterliche Person von dem IACA?

Richtig, genau. Das heißt, es war ein riesengroßer Trick. Diese Information stammt übrigens von der „Agentur für Intelligenz", das ist der CIA, Central Intelligence Agency. Die vertreten also nur Intelligenz, haben aber selbst keine – ich finde das lustig. Und das war der Motu Proprio, nichts anderes. Das heißt, da wurde nicht die Immunität aufgehoben, sondern der Herausgeber wurde geändert. Es kam vielleicht sogar eine andere Verfassung, ein anderer Rückversicherer ins Spiel, der wiederum den IACA dabei versichert, Richter-Personen herauszugeben. Mehr nicht. Wichtig ist es, zwischen Richter und Gericht zu trennen. Die Person des Richters hat mit dem Gericht nichts zu tun. Das sind externe Dienstleister.

Was bei dem Ganzen aber wichtig ist: In dieser Rechtsprechung wird über die Nutzung von Personen entschieden. Das heißt, du nutzt eine Person in einer bestimmten Art und ich nutze sie in einer bestimmten Art. Wenn es nun Interessenskonflikte gibt, hat der Richter zu entscheiden, wer von uns beiden dabei die AGB verletzt hat und wer nicht. Wer hat also die übergeordneten Rechte? Um diese übergeordneten Rechte dann sicherzustellen, gibt es ein Urteil gegen eine dieser Personen. Also entweder gegen die Person von dir oder gegen die Person vor mir. Und dieses Urteil nennt sich auch „verbriefte Forderung". Es ist ein Wertpapier. Und dieses Wertpapier wird definitiv immer unterschrieben, aber wir erhalten nie ein Exemplar, denn sonst fällt es am Ende einem Kommerzler in die Hände, und der weiß, was er damit machen kann.

Rechtsprechung bedeutet heutzutage nur noch die Entscheidung über die Rechte von Personen-Nutzung. Habe ich meine Person entsprechend der AGB genutzt, und bin ich dabei im Interessenskonflikt mit einer anderen Person? Mehr nicht. Der Richter, der das entscheidet, nutzt wiederum eine andere Person, damit er außerhalb dieses Rechtskreises dieser beiden Personen-Kontrahenten ist, aber für diese Verhandlung einen Zugang bekommt. Das ist ein Geschäftsbesorgungsauftrag oder im Gesamten auch Geschäftsverteilungsplan genannt.

Der Richter entscheidet ganz klipp und klar, welche wirtschaftlichen Interessen wir beide vertreten. Und wenn du jetzt zum Beispiel der Vertreter von der Deutschen Bank wärst und ich bin nur ein kleiner Anleger, dann wird dieser Richter für dich entscheiden, obwohl du eindeutig die Person missbraucht hast und ich eindeutig im Recht bin, weil ich alles richtig gemacht habe. Er wird für dich in deiner Position als Vertreter der Deutschen Bank entscheiden, weil deine Handlungen im öffentlichen Interesse sind, und das öffentliche Interesse steht immer über meinem individuellen Interesse bei der Nutzung der Person. Deshalb habt ihr keine Chance, gegen eine Bank zu gewinnen. Das ist aussichtslos, weil eine Bank immer öffentliches Interesse für sich in Anspruch nimmt. Es gab sogar ein Gerichtsurteil genau in diese Richtung. Da hat der Richter im Bundesgerichtshof genau diesen Satz gesagt: Die Interessen der Deutschen Bank sind den Interessen des Anlegers überzuordnen. Öffentliches Interesse deshalb, weil du ein strukturrelevantes Unternehmen vertrittst, und die Vertreter eines strukturrelevanten Unternehmens sind immer den individuellen Interessen übergeordnet. Also, wenn ihr vor einem Gericht erwartet, Gerechtigkeit zu bekommen, dann seid ihr in der falschen Veranstaltung.

Wenn ich mir das so anhöre, dann fällt ein bisschen das Weltbild oder die Illusion zusammen, dass Regeln, Gesetze und Rechte dazu da sind, Recht und Ordnung herzustellen.

Öffentliche Ordnung ist das Interesse der Struktur, die die Personen emittiert. Ich weiß, dass es Menschen gibt, die wirklich diese disziplinarischen Maßnahmen brauchen. Aber diese Instrumente werden von dieser Handelszonenstruktur missbraucht, von diesem korrupten System, das sich Rechtsprechung nennt. Es ist keine Rechtsprechung mehr, und es ist ganz klar, dass es in der Rechtsprechung um Wirtschaftsinteressen geht, um nichts anderes. Damit ist wiederum die Kontrolle da. Man simuliert uns das Gefühl, Gerechtigkeit zu bekommen. Aber ihr werdet niemals erleben, dass ein Gericht gegen die wirtschaftlichen Interessen eines strukturrelevanten Unternehmens handelt. Und GERMANY ist ein strukturrelevantes Unternehmen. Deshalb hat der Anwalt Reiner Füllmich keine Chance mit der Sammelklage in den USA, null. Wer das Recht kontrolliert, kontrolliert die Handlungsfähigkeit der Obligationen, und damit kontrolliert er die Welt. Denn wenn sie dir das Konto schließen, dich pfänden, dich aus deiner Firma rausschmeißen, dein Gehalt pfänden, was machst du dann noch dagegen? Gar nichts, denn du bist dann handlungsunfähig, also unfähig, Handel zu betreiben.

Da sieht man wieder die große Abhängigkeit, die man von diesem System hat. Es bleibt dann wirklich nicht mehr viel übrig.

Genau, und das ist auch das Ziel. Man will dich dazu bringen, Anträge zu schreiben, denn Anträge bringen Geld. Es ist noch einmal ein anderes Thema, aber letztendlich ist es einfach Faktum.

Liebe Leser,
ich bitte euch wirklich von ganzem Herzen, hört auf, von Gerichten Gerechtigkeit zu erwarten. Es geht immer nur um rein wirtschaftliche Interessen, mehr nicht. Das ist nicht böse gemeint, das ist völlig wertfrei. Es geht um wirtschaftliche Interessen, und diese wirtschaftlichen Interessen sind nicht von euch definiert. Ihr seid sekundär. Es sei denn, ihr habt das Glück, auf Augenhöhe mit einem Kläger oder einem Beklagten zu stehen. Dann könntet ihr das Glück haben, Gerechtigkeit zu erfahren. Aber ich sage euch eines: Ich habe es am eigenen Leib erlebt, wie es sich anfühlt, wenn man auf unterschiedlichen Ebenen klagt. Wenn übergeordnete Interessen gegen eure untergeordneten Interessen da sind, dann bekommt ihr Urteile, die ihr einfach nicht für wahr halten wollt. Aber es ist Faktum. Wenn ihr also so etwas erlebt habt, denkt bitte einmal darüber nach, welche wirtschaftlichen Interessen da sein könnten – und wenn es nur die Tatsache ist, dass der Kläger gegen euch auch im Rotary Club ist, wie der Richter. Denn der Richter dahinter ist auch nur ein Mensch.

II. 139 Tage

1. Zeit der Immunität

Wie ich schon versprochen hatte: Kamasha hat jetzt die Exklusivrechte für dieses Interview, was tatsächlich vorgefallen ist. Aber bevor wir jetzt darüber sprechen, was sich an diesem Tag ereignete, an diesem 8. Mai 2019, einfach einmal zur Vorgeschichte, worum es überhaupt geht:

Ich habe mich in den Jahren 2014, 2015 und 2016 sehr intensiv mit Kommerz beschäftigt, bin sehr tief eingestiegen, habe viele, viele Papiere geschrieben, hatte viele Kontakte auch nach draußen und wurde auch häufig kontaktiert. Über diesen Weg bekam ich dann Kontakt in die Diplomatie, zu Leuten, die entsprechende Machtpositionen haben. Ende 2016 machte ich dann ein paar Aktionen, die Staub aufwirbelten, national wie international, in Deutschland wie auch bei der UN. Bei diesen Aktionen wurde man von Seiten der Supermächte auf mich aufmerksam. Eine Supermacht ganz besonders, das waren meine Freunde, die Russen. Man kam dann auf mich zu, führte ein Gespräch mit mir und entschied sich dann, mir die Ehre zu erteilen, diplomatische Immunität zu erlangen. Nun ist meine diplomatische Immunität keine normale diplomatische Immunität, also keine akkreditierte Diplomatie mit blauem Pass und so weiter und so fort, sondern ich bekam eine Dienstnummer. Diese Dienstnummer identifizierte mich als Diplomat, und zwar als sogenannter Missionsdiplomat. Und damit durfte ich konsularische Immunität in Anspruch nehmen, also nicht unbedingt die diplomatische, sondern die konsularische.
Da gibt es ganz feine Unterschiede, aber das ist irrelevant. Trotzdem war ich beziehungsweise meine Person für das System immun. Das heißt, meine Person, die ich von GERMANY hatte, wurde dort ausgebucht und in ein anderes Register eingebucht, wodurch meine Person diplomatische Immunität erlangte, oder konsularische. Das geschah Anfang 2017.

Ich arbeitete dann etwas für diese Leute, hier was, da was, also arbeiten nicht im Sinne von Aufträgen, die ich bekam, denn das gibt es in diesem Bereich einfach nicht, sondern man bat mich, gewisse Dinge einzusehen, gewisse Dinge zu regeln oder mir einfach nur so locker zu überlegen: „Kannst du dir das mal anschauen?"

Das machte ich auch, löste einige Probleme, brachte einige Ideen ein und so weiter. Offensichtlich gefiel es. Somit bekam ich einen Ausweis, aber nicht von der UN, denn es wird immer von „UN-Diplomat" gesprochen, das ist Unsinn. Ich war kein UN-Diplomat, denn diese haben tatsächlich blaue Pässe und sind akkreditierte Diplomaten. Stattdessen bekam ich eine ID-Karte, auf der meine Dienstnummer stand, mit meinem Bildchen und Daten drauf. Aber diese Dienstnummer ist relevant und kann nur von ganz wenigen recherchiert werden. Auf deutschem Boden sind es vier bis zehn Leute, die das überhaupt recherchieren können, die diese Autorisierung, den Freigabecode, dafür haben. Das wurde mir auch gleich gesagt. Das heißt, meine diplomatische Immunität besteht darin, dass irgendjemand sagt: „Ja, wir kennen diesen Mann, der gehört zu uns", und damit ist das Thema erledigt. Das heißt, eine deutsche Behörde, eine sogenannte Behörde wie die Polizei oder was auch immer, darf nichts gegen mich unternehmen. Eine „sogenannte" Behörde deshalb, weil es keine Behörden sind, aber das lassen wir jetzt mal außen vor. Sie dürfen kein StGB oder sonst irgendwelche regionalen Gesetze anwenden, denn ich stehe sozusagen außerhalb der regionalen Rechtsprechung, der regionalen Strafrechtsprechung.

Nun war ich natürlich unsicher. Wer erfährt schon so etwas? Aufgrund dieser Unsicherheit überlegte ich mir: Wie verifiziere ich jetzt, dass ich diesen Status wirklich habe? Also bevor ich diesen Status wirklich richtig nutze, möchte ich sicher sein, dass ich beziehungsweise die von mir genutzte Person diesen Status tatsächlich innehat.

Ich bin ja immer voller Ideen. Was machte ich also? Ich unternahm mit meiner mittlerweile Ex-Frau einen Ausflug nach Wien, wo sie etwas sehen oder besuchen wollte. Ich sagte: „Okay, das ist eine gute Idee, ich schaue dann beim United Nations Office at Vienna vorbei."
Ich ging also dorthin und zog beim ersten Mal, es war im Sommer 2017, mal kurz meine ID-Karte. Ich lief die Treppe hoch, drückte der Security meine ID-Karte in die Hand und sagte, dass ich gerne Yury Fedotov sprechen würde. Das war der damalige Direktor des United Nations Office at Vienna, also der Chef von dem Laden. Der Security-Mann schaute mich an wie ein Auto, überlegte kurz und sagte, ich solle mal kurz warten – alles auf Englisch natürlich. Nach ein paar Minuten kam die Chefin der Security zu mir und fragte, was ich wollte. Ich antwortete: „Ich will den Chef der UNOV sprechen."
Ich tat, als ob es etwas ganz Normales wäre. Auch sie schaute wie ein

Auto und ging wieder weg. Nach ein paar Minuten kam sie wieder heraus aus dem Gebäude und sagte: „Würden Sie bitte unten am Ende der Treppe warten, denn die Security ist nervös."
Das irritierte mich ... warum ist die Security nervös wegen mir? Also ging ich die Treppe runter und wartete dort mit meiner Ex-Frau. Wir redeten ein bisschen und ich beruhigte sie, da sie natürlich hypernervös war. Sie rechnete damit, dass ich in Handschellen abgeführt werde und noch Schlimmeres. Nach ein paar Minuten kamen die Chefin der Security und der Mitarbeiter die Treppe runter. Meine Ex-Frau sagte dann zu mir: „Was ist mit denen los?"
„Wieso, was ist mit denen?", fragte ich. „Die haben Angst", antwortete sie. „Wie kommst du darauf?", fragte ich. „Ja, weil die so schauen."
Ich erwiderte: „Okay, du bleibst mal hier unten und ich laufe ihnen mal entgegen."
Ich lief dann die Treppe hoch und traf sie auf halber Höhe. Die Chefin der Security sagte dann zu mir: „Es tut mir furchtbar leid, aber Yury Fedotov hat keine Zeit, sein Terminkalender ist total voll. Er bedauert es zutiefst. Sie hätten alles versucht, einen Termin zu finden, aber es ging nicht."
Ich schaute sie dann einfach nur an. Irgendwann schaute sie mich auch an und sagte: „Ja, es tut mir leid, aber wir wussten nicht, wer Sie sind."

Also, wer bin ich? Ich bin einfach nur der lebende Mann, der mit so einer komischen ID- Karte dahin gelaufen ist, von der ich selber nicht wusste, ob sie richtig funktioniert. Ich wollte es ja mal testen. Dann schaute ich die Security-Chefin an und sie sagte zu mir: „Ja, Sie haben die höchste Sicherheitsstufe der UN, das ist der sogenannte ‚X-Ray-Level', und das wussten wir nicht. Wir haben alles versucht."
Ich erwiderte: „Das ist alles gar kein Problem, ich bin ja unangemeldet gekommen. Es tut mir leid, dass ich jetzt so viel Aufwand gemacht habe", bedankte mich und so weiter und ging dann.

Warum hatte ich das gemacht? Ganz einfach: Ich wollte sicher sein, dass ich diesen Status wirklich habe, bevor ich ihn nutze. Ich sage einmal, ich habe meine Sorgfaltspflicht erfüllt, denn ich wusste nicht, was diese Karte wert ist, was diese Nummer wert ist. Danach war ich sicher. Die UNOV hat es mir quasi bestätigt.

Ich war dann im nächsten Jahr im September noch einmal bei der UNOV. Das war dann sehr lustig, denn ich bin dreimal an drei aufeinander folgenden Tagen mit dieser Karte in die UNOV reingelaufen. Am Ende waren sie etwas ungehalten, aber ich wurde trotzdem respektvoll und höflich behandelt. Die UNOV hat also, im Gegensatz zu den sogenannten deutschen Behörden, meine Karte akzeptiert.

Gleiches gilt auch für den International Court of Justice in Den Haag und den International Criminal Court in Den Haag. Dort war ich mit der Karte nämlich auch. Überall das gleiche Spielchen und bei allen Stellen wurde ich als Missionsdiplomat akzeptiert. Wie erwähnt, nicht als Diplomat des Corps Diplomatique mit blauem Pass usw., sondern aufgrund dieser ID-Karte, auf der eine Nummer steht, die keine UN-Diplomatie bedeutet, sondern nur, dass ich „unter Charter" arbeite. Was heißt das? Die Organisation, für die ich arbeite, ist eine Privatorganisation, keine öffentlich-rechtliche. Sie steht oberhalb der UN. Diese Organisation wurde eingerichtet, um Finanzangelegenheiten innerhalb der UN zu überwachen, sozusagen Kollateralschutz. Man nennt es im Englischen „illegal expanding of liability on collateral based assets", auf gut Deutsch ausgedrückt „illegale Verfügung über Kollateralwerte".

Diese Organisation wurde durch meine Papiere, die ich im Kommerz erstellt hatte, auf mich aufmerksam. Man kontaktierte mich dann und gewährte mir freundlicherweise über die Russische Föderation diese diplomatische Immunität, um mich bei meiner Arbeit zu schützen. Ich erklärte mich dann freundlicherweise bereit, auch für diese Menschen zu arbeiten und machte definitiv sehr positive Erfahrungen mit ihnen und auch mit anderen Geheimdiensten, wie der CIA und dem Mossad, und was mir da alles begegnete. Der einzige Geheimdienst, mit dem ich nicht klarkam, war der BND – aber lassen wir das Thema einfach.

Mit der Gewissheit aus den UNOV-Besuchen machte ich dann meine Arbeit, bearbeitete 2017/2018 immer die Sachen, die man mir aufgetragen hatte, erstellte meine Papiere und arbeitete letztendlich zu, nicht nur der Russischen Föderation, sondern dem OITC, The Office of International Treasury Control, über den viel Unsinn im Netz steht. Ihr könnt das gerne mal anschauen, aber da steht einfach viel Unsinn drin – es ist eine Privatorganisation und über deren Auftritt lässt sich streiten.

Also die Aufträge, die man an mich herantrug, wurden mir leibhaftig übergeben. Ich erhielt die Aufträge, indem man sie mir einfach sagte. Ich bekam keine schriftlichen Aufträge, auch keine Aufträge: „Könntest du dir das mal ansehen?"

Man kam also auf mich zu. „Man" in Form von Mitarbeitern von Geheimdiensten, Militär, der Finanzaufsicht. Ich traf mich regelmäßig mit denen, alle 14 Tage, manchmal auch jede Woche, je nachdem, wie der Bedarf gerade war. Wir tauschten uns aus, diskutierten, wie die Dinge laufen. Man bat mich, mich darum zu kümmern. Das waren, jetzt einfach salopp gesagt, „Aufträge", mehr nicht. Und diese ganzen Dinge regelte ich bis Anfang Mai 2019. Man versuchte viele verschiedene strafrechtliche Dinge gegen meine Exfrau und mich zu erfinden, und alles ist im Sande verlaufen. Sie konnten nichts durchsetzen. In dem Kreis, in dem ich war, kamen sie einfach nicht weiter. Es ist einfach so, dass in diesen Ebenen die Leute, die im Hintergrund sind, nicht in den Vordergrund wollen. Deshalb wollen sie, dass andere ihnen quasi zuarbeiten und bestimmte Dinge aufbereiten. Aus diesem Grund war ich so eine Art Schnittstelle zwischen dem, was im Öffentlichen lief, also in Amtsgerichten und Landgerichten auf deutschem Boden, in der Polizei, überall, oder auch übergeordnet in der Politik. Und ich sah mir diese Dinge an und regelte sie. Irgendwann einmal, im Januar 2019, sagte mir meine Hauptkontaktperson: „Du musst Deutschland verlassen! Wir können dich nicht vor einer verirrten Kugel schützen."
Da war ich etwas irritiert und ignorierte das einfach und dachte mir: Okay, mir kann nichts passieren. Denn ich war entsprechend kommerziell vorbereitet, indem ich Vorkehrungen getroffen hatte. Wenn man mich zu töten versucht, muss man im Vorfeld bestimmte Dinge tun, und das habe ich durch einen speziellen Vorgang unterbunden – aber die Erklärung dieses Vorgangs würde jetzt einfach den Rahmen hier sprengen.

Das war bereits im Januar 2019. Im Februar/März 2019 wurde der Druck auf mich erhöht. Aber ich dachte immer noch, ich sei sicher, da mir Anfang 2017 mitgeteilt wurde, dass ich unter dem Schutz der russischen Armee und unter dem Schutz der US-amerikanischen Armee stand – warum auch immer. Und im März 2019 wurde dieser Schutz plötzlich von den Amerikanern zurückgezogen. Plötzlich, von heute auf morgen, wurde gesagt: „Das machen wir nicht mehr."
Sie teilten der deutschen Regierung mit: „Betrachtet uns (US-Armee) nur noch als Gäste in eurem Land."
Warum? Den Hintergrund weiß ich nicht. Es gab auf jeden Fall Veränderungen im Hintergrund und ich fiel diesen Veränderungen sozusagen zum Opfer. Dann kam dieser berühmte 1. Mai, wo ich in einem vertraulichen Gespräch in der Schweiz informiert wurde, dass

die Dinge, die ich vorbereitet hatte, nicht mehr durchgeführt werden können, dass meine Autorisierung für diese Dinge nicht mehr ausreicht. Ich war damals immer noch die ganze Zeit in Deutschland, aber ich fuhr regelmäßig in die Schweiz, denn ich hatte auch in der Schweiz Kontakte. Ich hatte meine Firma früher in der Schweiz, die ja dann auch dort angegriffen und zerstört wurde, warum auch immer, das lasse ich jetzt einmal dahingestellt.

Drei Tage nach diesem leibhaftigen Gespräch in der Schweiz wurde ich dann am Freitag, angerufen – ich sage „leibhaftig" und nicht „persönlich", weil ich dieses Wort nicht mag, denn wir trafen uns als Menschen und nicht als Personen – und mir wurde mitgeteilt, dass ich eine besondere Prokura bekomme. Das heißt, ich bekomme das Recht, an der obersten Finanzverwaltung vorbeizubuchen. Das heißt, man erteilte mir besondere Befugnisse. Diese Befugnisse erhielt ich von einem der Geschäftsführer (CEOs) des OITC. Es gab zu diesem Zeitpunkt drei Geschäftsführer. Ich freute mich natürlich darüber, denn ich hatte in das Ganze, diesen „Krempel", in diese Arbeit, was ich vorbereitet hatte, ein halbes Jahr meiner Lebensenergie reingesteckt und das war am 1. Mai alles im Sande verlaufen. Am 3. Mai wusste ich, es geht wieder vorwärts. Also machte ich weiter und arbeitete das ganze darauf folgende Wochenende durch, auch am Montag und Dienstag. Dann hatte ich die erforderlichen kommerziellen Papiere fertig und brachte sie am gleichen Tag, am Dienstagabend, noch in Sicherheit. Das heißt, ich fuhr extra an diesem Abend noch in die Schweiz, übergab sie dort einem hochrangigen Militär zur Sicherung, damit die kommerziellen Papiere von mir weg waren.

Dann, am Mittwochmorgen, das war der 8. Mai 2019, fand diese Aktion statt, von der auch in der Zeitung berichtet und völlig überzogen dargestellt wurde. Ich war im Auto unterwegs und man hielt mich an, definitiv. Man griff mich an. Ich wurde also, aus meiner Sicht, von der Polizei körperlich attackiert und entzog mich dieser Attacke, weil ich allein war. Es war sonst niemand da, keine Zeugen, und ich sah nur einen Weg. Ich wusste, ich kann mich dieser Verhaftung durch die deutsche Polizei, das war auf deutschem Boden, nicht entziehen. Also versuchte ich mit größter Sorgfalt, mich dieser Verhaftung zu entziehen. Ich fuhr dann mit normaler Geschwindigkeit in die Innenstadt von Bad Saulgau, ich bin also nicht gerast. Eine Verfolgungsjagd ist völliger Unsinn. Ich hielt mich an die Geschwindigkeitsbegrenzungen, das bestätigte die Polizei in der Verhandlung übrigens auch. Auch diese ganzen Versuche, mich da zu stoppen, ignorierte ich, denn ich wollte in die Innenstadt. Ich wollte, dass die Verhaftung in Gegenwart von Zeugen stattfindet. Ich wollte Menschen um mich herum haben, damit die Polizei nicht auf dumme Gedanken kommt. Das wäre ja nicht das erste Mal, so ganz nebenbei gesagt. Und das führte dann so weit, dass sogar diese Kollision mit dem Polizeifahrzeug stattfand. Auch darüber kann man diskutieren, wer wirklich schuld oder verantwortlich ist. Immerhin sagte die Polizistin in der Verhandlung aus, dass das Fahrzeug gestanden hat. Sie wollten ja gerade aussteigen. So viel zum Thema, ich hätte bei hoher Geschwindigkeit das Fahrzeug gerammt. Das ist völliger Unsinn. Auch dass die Ampel rot war, ist Unsinn, das stimmte nicht. Ich ließ mich dort verhaften und widersetzte mich der Verhaftung auch nicht. Vier Polizisten warfen mich gleichzeitig zu Boden. Ich fing mich noch mit meinen Händen ab, denn ich wog über 100 Kilo. Es wäre also auch nicht so gut gewesen, auf meinem Brustkorb zu landen. Ich wollte Verletzungen an mir selbst vermeiden und lag dann halt zwangsweise auf meinen Händen. Man versuchte dann, meine Hände unter dem Körper hervorzureißen. Ich trug dadurch Schürfwunden davon, was nicht protokolliert wurde. Bei dem Versuch, meine Hände unter dem Körper hervorzureißen, verlor einer der Polizisten den Halt, stolperte über meine Füße, fiel auf seinen Hintern und zog sich einen blauen Fleck zu. Das bedeutete für die Staatsanwaltschaft „vorsätzliche gefährliche Körperverletzung". Na ja, man kann es sehen, wie man will. Ich wurde dann von der Polizei in Gewahrsam genommen.

Man durchsuchte dann mit ungefähr 150 Polizisten mein Haus, wegen Verdachtes des Waffenbesitzes. Ich habe schon Häuser gesehen, die wegen Waffenbesitz durchsucht wurden. Diese waren danach verwüstet. Als ich dagegen nach Hause kam, war es fast sauberer als vorher, also, da war gar nichts. Man hatte mein Büro durchsucht. Was man genau gesucht hatte, kann ich nur vermuten, vielleicht die Papiere, vielleicht meine Autorisierung. Es spielt keine Rolle.

Am Abend dieses 8. Mai 2019 wurde ich einfach so um 22:30 Uhr aus dem Polizeigewahrsam entlassen, von zwei Vier-Sterne-Polizisten. Diese gibt es auch nicht so oft und sie waren nicht besonders freundlich, sondern eher wütend, dass sie mich entlassen mussten. Es war ihnen deutlich anzumerken, dass sie es nicht wollten. Es war kein Haftrichter anwesend, denn nur ein Haftrichter hätte mich entlassen dürfen. Nur ein Haftrichter entscheidet, ob Fluchtgefahr besteht oder nicht, und nicht irgendein Staatsanwalt. Ich wurde also entlassen.

Etwa vier Wochen später wurde ich noch einmal verhaftet, auf deutschem Boden. Man versuchte dann wieder, irgendwelche Spielchen mit mir zu machen, und da hat mir leider Russland auch nicht mehr geholfen. Auch dort wurde mir dann aus irgendeinem, mir heute noch nicht bekannten Grund der Schutz entzogen. Ich musste mich dann selbst befreien und wusste in diesem Moment, dass ich Deutschland verlassen muss. Ich hatte meine ganze Existenz in Deutschland, mein Ladengeschäft, meine Firma, mein Haus, alles. Meine Frau konnte nicht mehr. Aus diesem Grund trennten wir uns dann. Sie tat mir zutiefst leid, ich hatte zutiefst Mitgefühl mit ihr, mit ihren Ängsten, und ich ließ sie gehen. Wir trennten uns in Frieden und Freundschaft. Ich musste dann alles abwickeln und verließ dann Ende September Deutschland, fast in einer Nacht- und Nebelaktion, aber nicht, weil ich geflohen wäre, sondern weil man mir von meinen Geheimdienstkontakten angekündigt hatte, dass eine weitere Verhaftung bevorstehen würde. Diese wollte ich jetzt nicht unbedingt noch mal ausprobieren. Man hatte etwas vor mit mir, auch das hatte ich erfahren. Aber auch das nur gerüchtehalber, des Hörensagens, lassen wir es einfach mal außen vor. Ich wusste nur, es wurde etwas geplant.

Ich zog mich dann nach Ungarn zurück, denn einen Rückzug nach Ungarn hatte ich als „doppelten Boden" schon vorbereitet. Ich dachte, hier in Ungarn könnte ich ein Leben in Frieden und in Ruhe führen. Na ja, gut, irgendwie dann doch nicht. Das war dann doch zu ruhig für mich. Rio, mein Partner im gemeinsamen Telegram-Kanal „Diplomateninterviews", kam auf mich zu: „Könnten wir nicht einen Chat-Kanal machen, einen Diplomaten-Kanal?"
Ich antwortete: „Ja, machen wir."
Dann fingen wir damit an und ich richtete mich nach dem Motto ein: Jetzt mache ich hier noch ein bisschen Aufklärungsarbeit, denn darum wurde ich von der Leitung der Organisation, mit der ich zusammengearbeitet hatte, auch gebeten. Und irgendwie war alles ganz friedlich und ruhig. Trotzdem rumorte es. Das wusste ich aber nicht, denn ich bekam keine Post. Man wusste von Seiten der sogenannten Behörden auf deutschem Boden auch nicht, wo ich mich aufhielt. Man versuchte zwar anscheinend, mir etwas zuzustellen, aber von all dem wusste ich nichts.

Dann kam der 16. Dezember 2021, wo man es irgendwie geschafft hatte, herauszufinden, dass ich genau an diesem Tag „zufällig" einen Paketdienst betreten würde und ein Paket aufgeben wollte, woher auch immer sie dieses wussten.

An diesem Tag begann der zweite Abschnitt der ganzen Geschichte, bei der ich auf ungarischem Boden verhaftet und einfach wieder mal auf den Boden der Tatsachen geholt wurde. Das heißt, mein „Garten Eden" endete mal kurzfristig, und ich erlebte eine Geschichte, die in einem weiteren Kapitel erzählt wird.

2. Zeit der Erkenntnis

Ich lief also am 16. Dezember 2021 in Ungarn in diesen Paketladen und dachte mir nichts Böses. Dann kam es zu dieser Verhaftung. Es waren ungefähr 10 bis 15 Polizisten einer Spezialeinheit anwesend und, ich würde mal sagen, die Verhaftung war sehr heftig. Ich war völlig überrascht über die Brutalität dieser Verhaftung. Mir wurde später mitgeteilt, dass man mich von Seiten der deutschen Justiz als „hochgefährlichen, gewaltbereiten Kriminellen" bezeichnet hatte. Die ungarischen Polizisten waren nach der Verhaftung alle irritiert. Man sagte mir das übrigens auch nach der Verhaftung, dass man irritiert war, wie friedfertig und ruhig und gelassen ich bei all dem war. Man hatte offensichtlich mit erheblich mehr Widerstand gerechnet.

Ich wurde nun an diesem Tag verhaftet. Das Problem war, dass ich keine Telefonnummern hatte. Wer von euch hat die Telefonnummern im Kopf? Ja, man macht das ja immer so: am Telefon tippen und schon wird die Nummer gewählt. Also hatte ich keine einzige Telefonnummer im Kopf und ich hatte auch mein Telefon nicht dabei, sodass ich niemanden anrufen konnte. Und so ging es die ganze Zeit weiter. Man brachte mich am Tag der Verhaftung in den nächstgrößeren Nachbarort, wo ich ärztlich untersucht wurde. Dort brachte man mich dann in den Hochsicherheitsbereich des Gefängnisses, da ich ja so gefährlich war ... Am nächsten Tag wurde ich gleich dem Haftrichter vorgeführt, und so weiter und so fort – das übliche Theater, ohne Vorbereitung. Ich wusste ja nicht einmal, worum es ging. Ich ahnte es, aber ich wusste es nicht. Schon allein diese Nacht in diesem Hochsicherheitsbereich, ich weiß nicht, ob ihr euch das vorstellen könnt. Ich war zwar in deutschem Gewahrsam, und ich war auch schon einmal ganz kurz in einem deutschen Gefängnis gewesen, aber das, was ich dort erlebte, so etwas habe ich in meinem ganzen Leben noch nicht erlebt! Desolateste hygienische Verhältnisse. Es ist nicht zu beschreiben! Es ist einfach nicht zu beschreiben, und ich dachte, das wäre der Gipfel von allem. Aber es wurde noch übertroffen. Am nächsten Tag wurde ich nach Budapest, ins Budapester Gefängnis, abtransportiert. Dort wurde ich erst einmal in eine Quarantänestation gebracht, in der noch desolatere Verhältnisse herrschten. Ich hatte nicht nur meine zwei Zellengenossen, sondern es gab auch noch viele, viele „Haustiere" dort, mit denen ich mir dann das Bett teilen durfte. Ich gehe nicht in die Details, das erspare ich den Lesern. Ich kann euch nur eines sagen: Es war unvorstellbar! Zwei Wochen war ich in der Quarantäne-Zelle.

Es war der 18. Dezember, also sechs Tage vor Weihnachten, und niemand wusste, wo ich war. Ich war einfach nur verschwunden. Ich machte mir große Sorgen um meine Hunde und zerbrach mir den Kopf, was zu Hause los war. Das war für mich selbst das Schlimmste. Und dann die hygienischen Verhältnisse, das Essen. Ich ernährte mich vor meiner Verhaftung zu 80 Prozent von Gemüse, Obst und Salat, und im Gefängnis gab es nur dieses „Essen". Ich ließ mir sagen, dass es sogar noch gut gewesen sei, dass es noch schlimmere Gefängnisse geben würde, sowohl in Ungarn als auch in anderen osteuropäischen Ländern. Aber das dort reichte mir schon. Ich esse seit über 25 Jahren kein Schweinefleisch mehr, es gab dort nichts anderes. Und wenn es dann mal ein Huhn gab ... Ich erzähle jetzt mal keine Details, wie das Essen aussah, das erspare ich uns auch.

Es war ein absoluter Kulturschock für mich, dieses Gefängnis zu erleben, ohne jeden Kontakt zur Außenwelt. Erst am 22. Dezember bekam ich Besuch von einem Rechtsanwalt, weil meine Freunde mittlerweile herausgefunden hatten, wo ich war. Sie wussten ja vorher nichts von meiner Verhaftung, sie wussten gar nichts. Ich war einfach verschwunden. Über diesen Anwalt konnte ich wenigstens ansatzweise mal mit meinen Freunden draußen kommunizieren. Das heißt, meine Freunde wussten, dass ich noch lebte. Und sie wussten, mir ging es halbwegs gut. Und nur so nebenbei, ich nahm in den ersten 30 Tagen im Gefängnis ungefähr 20 Kilo ab. Ich will nicht sagen, dass mir das schlecht getan hätte, aber dieses Wellnesshotel hätte eben nur ein bisschen besser ausgestattet sein können. Ja, ich muss heute darüber lachen.

Ich brachte dann in diesem ersten Budapester Gefängnis ungefähr 30 Tage zu und erlebte dort Dinge, die nicht beschreibbar sind. Wir waren zu zweit in einer acht Quadratmeter großen Zelle. Die Duschen sind nicht als solche zu bezeichnen. Das Wasser war entweder kochend heiß oder eiskalt. Die hygienischen Verhältnisse in den Duschen waren eine Katastrophe, und so weiter.

Nachdem ich endlich Kontakt mit meinem Rechtsanwalt hatte, dachte ich: „Okay, jetzt geht es weiter."
Dann beantragten glücklicherweise meine Freunde aus Neuseeland Asyl für mich in Ungarn. Das heißt, die Maoris machten das für mich. Ich hatte dann glücklicherweise auch noch eine Anhörung von einer Asylstelle. Dort musste ich bestätigen, dass ich Asyl für Ungarn beantrage.

Und mittendrin, während dieser Sache, in der ich endlich Kontakt nach draußen bekam, wo endlich mal etwas in Fluss kam, wo ich mal kommunizieren konnte, da wurde ich verlegt. Ich war weg aus diesem Gefängnis und wurde ins nächste Gefängnis verbracht, das nächste Budapester Gefängnis. Und wo landete ich? Wieder auf einer Quarantänestation. Es waren siebeneinhalb, vielleicht acht Quadratmeter, wo wir zu zweit waren. Es gab dort keinen Fernseher. Es gab dort kein Tageslicht. Es gab nichts. Es gab die Neonröhre an der Decke. Diese wurde morgens eingeschaltet, abends abgeschaltet. Wenn ich aus der Zelle raus wollte, musste ich die Schultern schmal machen, denn ich kam mit meinen breiten Schultern nicht raus, weil der Durchgang einfach zu eng war. Von den Toiletten rede ich lieber nicht, das erspare ich uns ebenfalls. Ich wurde dann irgendwann, nachdem ich einige Zeit in dieser Zelle gewesen war, in eine wunderschöne Zelle verlegt. Es war wirklich mal schön, denn es gab Sonnenlicht von draußen, es war angenehm und ich konnte an einem Fenster stehen. Die Sonne schien mir ins Gesicht, das war fast schon Erholung. Doch zack, war ich wieder weg, wieder in einer anderen Zelle. Und so ging ich von Zelle zu Zelle zu Zelle, bis ich dann irgendwann nach ungefähr 39, 40 Tagen in einer Zelle mit acht Leuten auf 36 Quadratmetern landete.

Ich muss dazu sagen, ich bin seit meinem 13. Lebensjahr Nichtraucher und in diesem Gefängnis haben alle geraucht, außer mir. In dieser Zelle waren sieben Kettenraucher und ich. Der blaue Nebel stand manchmal bis auf meine Höhe, denn ich hatte in einem Stockbett das obere Bett, und da lag ich nachts im Qualm. Die Nichtraucher unter euch können sich vorstellen, was ich da zum Teil durchmachte. Ich glaube, ich hatte nach meiner Entlassung sogar Entzugserscheinungen vom Nikotin. In dieser Zelle war ich dann bis zu meiner Überführung nach Deutschland.

Ich kann nur so viel zu dieser Zeit in Ungarn sagen: Ich lernte dort sehr interessante Menschen kennen. Die wenigsten dort waren wirklich Verbrecher. Ich habe dort auch sehr feine Menschen kennengelernt, zum Beispiel Araber. Ich freundete mich in diesem Haus mit Moslems an und führte auch schöne Gespräche. Rückblickend kann ich sagen, dass die Umstände eine Katastrophe waren, aber die Menschen, denen ich begegnete, waren zumeist okay. Auch sehr feine Ungarn, die mit mir alles teilten. Wir teilten alles untereinander. Wenn jemand Zigaretten hatte, teilte er sie. Wenn jemand ein Nutella hatte, teilte er es. Es war zwischen den anderen Insassen und mir sehr menschlich, wirklich toll. Über die Wärter spreche ich hier nicht, denn ich möchte mir keinen Ärger einhandeln. Das Verhalten dieser Wärter war, auf gut Deutsch gesagt, „unter aller Kanone".

Dann wurde ich nach Deutschland überführt. Das lief folgendermaßen ab: Da ich mich geweigert hatte, holte man mich unter massivem Druck aus dem Gefängnis heraus. Deshalb war ich auch so lange in dem ungarischen Gefängnis, weil ich mich geweigert hatte, ausgeliefert zu werden. Der Ablauf vor der Auslieferung ist ein Fall für den ICC in Den Haag. In der Situation dachte ich mir: Da bin ich aber gespannt, wie sie mich jetzt in ein Flugzeug setzen, denn ich hatte am Tag zuvor den PCR-Test verweigert. Ich wurde also zum Flughafen gebracht und plötzlich tauchte aus dem Nichts ein PCR-Testergebnis angeblich von mir auf, von dem ich nichts wusste. Das war die erste Überraschung für mich. Die zweite Überraschung folgte auf dem Fuß: Ich überlegte mir nämlich, wie die mich wohl in den Überführungsflug mit einer Linienmaschine einchecken wollten, denn ich hatte ja keinen Ausweis dabei – weder einen Reisepass noch einen Personalausweis. Plötzlich kamen sie aber mit der Boardingcard. Sie hatten mich allen Ernstes mit meiner ID-Karte, meiner Diplomatenkarte, eingecheckt. Mein Kommentar lautete: „Ah, erkennt ihr meine diplomatische Immunität an?"
Schulterzucken, breites Grinsen, das war es. Man hat mich also auf einem internationalen Flug ohne PCR-Test mit meiner Diplomaten-ID-Karte eingecheckt. Das bedeutet die Anerkennung des Status meiner Person.

Ich bin dann auf diesem Linienflug von Budapest nach Frankfurt gebracht worden. Man hat mich als weniger gefährlich eingestuft, sodass ich in dieses Flugzeug ohne Handschellen und ohne Fußketten einsteigen durfte. In Frankfurt wurde ich dann von der Frankfurter Flughafen-Polizei empfangen. Ich muss jetzt an diese Menschen einfach nochmal „Danke" sagen, denn sie waren sehr freundlich zu mir, sehr zuvorkommend und anständig. Ich durfte mit meiner damaligen Verlobten telefonieren, die sich wahnsinnige Sorgen gemacht hatte, weil sie ja nicht wusste, was los ist und wo ich bin. Die Polizisten hatten mir ein Gespräch von 20 Minuten ermöglicht. Dankeschön noch einmal an dieser Stelle an diese mitfühlenden Menschen.

Dann wurde ich in ein Gefängnis überführt. Auch hier wieder eine Haftprüfung, das übliche Theater halt. Danach folgte die Überführung in ein Quarantäne-Gefängnis in Frankfurt, das für mich nach den Ungarn-Erfahrungen wie ein Hotel war. Ich brach dort wegen der Anstrengungen aus der Zeit im ungarischen Gefängnis erst einmal körperlich zusammen. Denn ich hatte zwischenzeitlich 25 Kilo abgenommen, war ausgemergelt, kaputt und am Ende. Das Essen war nicht hervorragend, aber es war sehr gut. Ich war ja aus Ungarn Schlimmeres gewöhnt, auch in Bezug auf die Unterbringung. Ich hatte eine 14-Quadratmeter-Zelle für mich allein. Das darf man sich mal vorstellen. Das Einzige, was störte, waren die Gitter an den Fenstern und dass die Tür verschlossen war. Ansonsten war es echt okay. Ich war zehn Tage dort. Gerade als ich mich eingewöhnt hatte, als ich dachte, dass ich mich hier einrichten kann, wurde ich wieder verschoben und nach Dieburg gebracht. Dort hatte ich dann eine 8-Quadratmeter-Zelle für mich. Die Toilette stand mitten im Raum. Auch sehr appetitlich, aber ich hatte auch dort meine Ruhe. Es war eine Einzelzelle, ich musste mit niemandem dort rumdiskutieren über Rauchen und so weiter. War auch okay für mich und das Essen war auch in Ordnung. Dort waren die Menschen ebenfalls sehr anständig zu mir und von Seiten der Gefängniswärter beziehungsweise der Mitarbeiter des Strafvollzuges wurde super fair und sauber mit mir umgegangen. Es war sehr menschlich dort. Man hat auch Dinge zugelassen, die vielleicht nicht so ganz den Vorschriften entsprachen, weil man den Menschen dort helfen wollte.

Anfang April wurde ich nach Bad Saulgau überführt, weil ich dort einen Haftprüfungstermin hatte, denn ich hatte ja der Haftprüfung widersprochen. Mein Kernproblem war es von Anfang an, dass ich eine „Einlassung" gemacht hatte. Die Einlassung war Folgende: Ich hatte in Ungarn einen Rechtsanwalt eingeschaltet, und deshalb konnte man mir von Seiten meiner Kollegen nicht mehr helfen. Eine Einlassung bedeutete, dass ich durch Einschaltung des Anwaltes akzeptiert hatte, dass ich inhaftiert war. Punkt. Dass es natürlich nicht so war, ist ein anderes Thema. Und dass ich das alles klar signalisiert hatte, war auch nicht das Thema. Es war also ein Anwalt eingeschaltet und der hatte die Immunität meiner Person durch seine Handlungen sozusagen aufgehoben. Das nennt man Einlassung.

Ich wurde also von Dieburg bei Frankfurt nach Bad Saulgau überführt und durfte auf der Fahrt in diesem Auto während der drei Stunden ohne Fußketten und Handschellen sitzen. Währenddessen überlegte ich mir: Was machen die denn jetzt, wenn ich aussteigen will?

Ja, gar nichts. Ich stieg dort aus diesem Auto aus und lief in das Gerichtsgebäude in Bad Saulgau, ohne Handschellen, ohne Fußketten.

Die Haftprüfung fand mit dem Direktor dieses Amtsgerichtes statt. Übrigens: Mein Haftbefehl war nur von einem Direktor unterschrieben. Da kann man auch noch drüber diskutieren, ob das richtig oder falsch ist. Okay, Rechtsauffassung gegen Rechtsauffassung, der Stärkere setzt sich durch. Die normative Kraft des Faktischen eben (Faustrecht). Ich lief nach der Haftprüfung aus dem Gerichtsgebäude und wurde ins Gefängnis nach Ravensburg gebracht. Auch das geschah ohne Handschellen, ohne Fußketten. Ich war völlig irritiert über diese lasche Vorgehensweise, warum auch immer das so gehandhabt wurde, denn die spätere Vorführung vor Gericht erfolgte dann wiederum in Fußketten. Es war ja Publikum anwesend ... egal.

Ich wurde dann also in dieses Gefängnis weggebracht und dort konnte ich das erste Mal richtig per Briefe kommunizieren. In Ungarn hatte ich zwar eine Möglichkeit gefunden, mit meiner Verlobten über meinen Anwalt handschriftlich zu kommunizieren. Er unterstützte und half uns dabei, und so konnte ich ihr eine Weile schreiben. Es war mir daher auch möglich, Briefe rauszuschicken, aber das Ganze war sehr mühselig und anstrengend. In Ungarn war es nämlich schwierig, Briefumschläge zu besorgen, Briefmarken zu besorgen, Papier zu besorgen. Ich konnte es zwar irgendwie organisieren, aber es war echt schwierig – vom Telefonieren mal ganz zu schweigen.

In Ravensburg angekommen, war ich erst einmal wieder blockiert. Aber auch dort wieder: Die Mitarbeiter der Ravensburger Strafvollzugsanstalt waren fair, korrekt und anständig zu mir. Sie waren sehr menschlich und gestanden mir auch Dinge zu, die vielleicht nicht unbedingt so ihren Vorschriften entsprachen, aber ich danke ihnen dafür, dass sie das gemacht haben. Sie zeigten Herz. Auf diese Weise konnte ich auch meiner Verlobten schreiben, dass es mir gut geht. Ich konnte meinen Freunden schreiben, dass es mir gut geht. Ich konnte intensivsten Schriftverkehr gestalten. Ich konnte sogar endlich mal einkaufen, in Deutschland. Das war das erste Mal überhaupt, denn das, was man dort zu essen bekommt, davon kann man zwar überleben, aber nicht so richtig. Da fehlt immer ein bisschen etwas. Denn ich habe Obst vermisst, ein bisschen was Frisches vermisst, und solche Annehmlichkeiten wie zum Beispiel Kaffee oder Kuchen. Könnt ihr euch auch nur ansatzweise vorstellen, was es heißt, keinen

Kaffee zu haben, wenn man sonst jeden Tag drei bis vier Tassen Kaffee trinkt? Und dann bekommt man nach 30 Tagen im ungarischen Gefängnis das erste Mal eine Tasse mit so einer Art Kaffee. Auf jeden Fall konnte ich mir dort in Deutschland die ganzen Dinge kaufen und es mir angenehm gestalten.

Auch in Ravensburg hatte ich das Glück, in einer Einzelzelle zu sein und war nicht mit vielen Leuten zusammen. Ich hatte meine Ruhe. Einfach betrachtet: Ich konnte viel über mich nachdenken, konnte viel meditieren, konnte mich sortieren, bereitete meine Biografie vor und schrieb endlos Briefe. Die Leute dort, die die Briefe prüfen mussten, verzweifelten sicherlich schier, denn sie bekamen jeden Tag so zwischen 15 und 30 Blätter Papier, die ich von Hand vollgeschrieben hatte, so schön klein von Hand. Ich habe in meinem Leben noch nie so viel von Hand geschrieben wie in dieser Zeit, und konnte mich dann auch bei Kamasha bedanken. Auch das war möglich, und ich konnte also auch Briefe überall hinschicken, weil es dort diese Möglichkeiten für mich gab. Und ich konnte endlich längere Telefongespräche mit meiner Verlobten führen, die mir sehr beistand in dieser Zeit. Sie war mein Kontakt nach draußen. Sie konnte alles an meine Freunde übermitteln. Dafür bin ich auch sehr dankbar, dass das so funktioniert hat. Also, ich sage mal, es war für mich etwas entspannter als in Ungarn, definitiv. Das Essen war okay, es war geschmacklich in Ordnung. Was dem hinzugefügt wurde, das lassen wir mal dahingestellt. Es gab dort eine richtig gute Dusche. Die Menschen, die dort im Gefängnis waren, waren eher das Problem, sodass ich gezwungen war, mehr Englisch zu sprechen als in Ungarn, denn da waren nicht so viele, die Deutsch sprachen.

Zusammengefasst: Ich genoss die 139 Tage im Gefängnis zwar nicht unbedingt, aber es war eine Zeit der Besinnung für mich selbst, da ich vorher in so einem Hamsterrad drin war und versucht hatte, alles Mögliche zu machen. Ich kam also etwas zur Ruhe. Ich nahm viel ab, das war sicher mal gut und hat mir auch gutgetan.

Lange Rede, kurzer Sinn: Es war eine richtig harte Zeit für mich, eingesperrt zu sein in einem engen Raum mit Gittern vor den Fenstern, nicht zur Tür raus zu können, nicht spazieren zu gehen, und nicht diese Freiheit zu haben. Die Freiheit, über meine Zeit selbst zu entscheiden, die hatte ich nicht, und das war sehr belastend für mich. Auf der anderen Seite war es eben eine begrenzte Zeit.

Ich weiß nicht, warum mich Russland im Stich ließ. Ich weiß nicht, warum man mich von Seiten meiner Kollegen im Stich ließ. Es mag sicherlich Gründe dafür geben. Ich bin auch nicht in der Vorwurfshaltung. Es wäre nur schön, wenn ich wüsste, warum es diese Zeit für mich gab. Wenn es einen Grund gibt, warum man mir nicht geholfen hat, so würde ich diesen auch akzeptieren und annehmen und sagen: „Gut, wenn es erforderlich war, dass man sich aus politischen Gründen nicht auf meine Seite gestellt hat, dann ist es in Ordnung."
Ich habe keine Wut, keinen Hass, keine Rachegefühle gegenüber diesen Leuten, die das verursachten, oder gegenüber denen, die mich dort begleiteten, mehr oder weniger im Dienst.

Als nach der Haftprüfung klar wurde, dass es zu einer Verhandlung kommen wird – wie hast du dich darauf vorbereitet? Was war dein Gefühl zu dieser Verhandlung?

Ich muss es aufteilen: Als ich in Ungarn war, gab es ja auch eine Haftprüfung und am Anfang dachte ich: So, das war es, ich werde wohl mein Leben in diesem Gefängnis beschließen. Ich bereitete mich quasi auf mein Lebensende im Gefängnis vor. Ich schrieb in dieser Zeit sogar ein Testament, das ich meinen Freunden zukommen lassen konnte. Als ich dann nach Deutschland, nach Frankfurt gebracht wurde, ging es mir auch nicht besonders viel besser. Ich dachte: Okay, jetzt verbringe ich wohl die nächsten 10 bis 20 Jahre in einem Gefängnis. Ich sage es einfach mal so: Es gibt immer Gründe, jemanden in einem Gefängnis zu halten. Und dieses Gefühl hielt sich in mir aufrecht bis zum Ende, bis ich in Ravensburg landete.

Wodurch hat sich dein Gefühl dazu geändert?

Ich befand mich bis drei Wochen vor der Verhandlung in einem Dilemma, welches lautete: Ich darf bei einer Gerichtsverhandlung nicht diskutieren – das hat kommerzielle Gründe. Ich wusste nicht, wie ich dieses Dilemma lösen sollte. Drei Wochen vor der Verhandlung hatte ich dann die zündende Idee, wie ich das Problem lösen kann. Da ich ja weiß, wie dieses System, auch Justiz genannt, im Hintergrund arbeitet, agierte ich entsprechend und konnte aus dem Gefängnis heraus einen kommerziellen Prozess organisieren. Es war mir also möglich, das Gericht anzuschreiben und entsprechende Briefe zu schreiben. Erst dann änderte sich auch mein Gefühl dafür.

Parallel dazu änderte sich auch in mir etwas. Zum einen fing ich an, die Situation, in der ich war, vollumfänglich zu akzeptieren. Ich akzeptierte, dass ich wahrscheinlich die nächsten Jahre in einem Gefängnis sitzen werde. Ich stellte mich innerlich darauf ein. Das war das Erste. Das Zweite war, dass ich anfing zu prüfen, inwieweit ich mit diesen Menschen, die mich gerade umgeben, in Resonanz war. Ich habe mich gefragt: „Warum bin ich in einem Gefängnis?"
Da geht es nicht um strafrechtlich relevante Dinge, sondern einfach um energetische Resonanz. „Was mache ich hier eigentlich? Bin ich das wirklich auch?"
Denn ich war dort in Ravensburg ja zum Teil von hochgefährlichen Kriminellen umgeben. Auf diese Weise und in diesem Maße, in dem ich mich hinterfragte, spürte ich, dass es mich sozusagen rausspülte, dass es mich energetisch rausspülte. Ich ging in Dissonanz mit diesen Menschen und in Dissonanz mit der gesamten Umgebung. Und das merkte ich auch. Ich merkte, dass man von Seiten der Mitarbeiter mir gegenüber nicht unbedingt unfreundlich geworden ist, nein, ich wurde einfach eher ignoriert oder vergessen. Was auch geschah: andere Insassen gingen gegen mich los, zum Teil auch körperlich. Ich zog mich dann immer mehr zurück. Das endete schließlich damit, dass ich sogar nachts den Impuls hatte, meine Zelle von innen abzuschließen, um mich zu schützen. Das war so eine Affekthandlung, bei der ich dachte: Hey, was machst du da eigentlich?

Das heißt, in dem Moment, in dem du nicht mehr in Resonanz warst mit deinem Umfeld und deiner Situation, wurdest du wieder handlungsfähig und hast Aktionen gestartet?

Richtig, denn ich beobachtete die Resonanzsituation. Ich kam zurück in die Handlungsfähigkeit, weil ich bereit war, meine aktuelle Situation zu akzeptieren. Vorher war es eigentlich eher so, dass ich mich wehrte, dass ich kämpfte. Und dann ging ich aus dieser Kampfhaltung raus und analysierte, wie meine aktuelle Situation war. Dadurch kam ich wieder in die Handlungsfähigkeit.

Meine Erfahrung, um es mal auf den Punkt zu bringen: Meine Kampfbereitschaft beziehungsweise mein Kampf gegen dieses System reduzierte meine Handlungsbereitschaft, meine Handlungsfähigkeit. Das hört sich jetzt etwas verrückt an, aber ich habe das Gefühl, dass genau in dem Moment, in dem ich die Situation akzeptiert hatte, ich in die Position kam, damit umgehen zu können. Vorher war es einfach nur ein „Dagegen".

Dann führte ich diesen kommerziellen Prozess durch, den ich vorhin erwähnte.

Was genau meinst du mit „kommerziellem Prozess"?

Es war ein schriftlicher Prozess, in dem ich beim Direktor, bei der Staatsanwaltschaft und bei einigen anderen Stellen nach bestimmten kommerziellen Dingen schriftlich anfragte. Ich fragte Papiere an, wollte etwas wissen. Das heißt, ich machte in dieser Situation eine bedingte Akzeptanz, auf die ich auch gerne noch näher eingehen kann. Und über diese bedingte Akzeptanz brachte ich mich aus der Position der Ohnmacht heraus. Ich fühlte mich nicht mehr ohnmächtig, und das alles zusammen führte am Ende dazu, dass ich dieses Gefühl nicht mehr hatte, in einem Gefängnis zu sein. Ich war zwar in einem engen Raum, ich war unter Kontrolle, aber ich hatte dieses Essen mit allem Drum und Dran. Dieses Gefühl „ich bin nur in einem schlechten Hotel" steigerte sich dadurch nur, das war alles. Aber die Enge, die ich vorher spürte, dieses eingesperrt sein, das löste sich immer mehr auf.

Was war der ursprüngliche Grund für deine Verhaftung?

Man machte aus dem Vorfall vom 8. Mai eine schwere Straftat, ein Kapitalverbrechen. Ein Kapitalverbrechen bedeutet im Prinzip, dass es sich um organisierte Kriminalität oder um vorsätzliche körperliche Gewalt handelt. Denn nur dann kann man einen europäischen Haftbefehl ausstellen, eine andere Möglichkeit gibt es nicht. Aufgrund dieses europäischen Haftbefehls wurde ich in Ungarn nach einem Amtshilfeersuchen festgenommen und ausgeliefert.

Was war der Grund für deine Freilassung?

Der Grund für meine Freilassung ist relativ komplex zu erklären. Ich gehe davon aus, dass es im Hintergrund Kräfte gab, die dafür sorgten, dass ich einen Denkzettel bekam, aber man mich nicht endgültig wegsperrte. Ich hatte ja schon öfter gesagt, dass es im Hintergrund nicht nur die bösen Mächte gibt, sondern auch die weniger bösen Mächte, die zwar auch ein bestimmtes Ziel verfolgen, aber die sich darüber im Klaren sind, dass man über die Menschen nicht einfach so hinweggehen kann. Diese Mächte intervenierten dort offensichtlich auch. Zumindest hatte ich in der Verhandlung den Eindruck: ohne diese Intervention wäre ich nicht rausgekommen. Aber auch mein Verhalten in der Verhandlung führte dazu, dass ich freikam.

Wofür solltest du denn einen Denkzettel bekommen?

Ich denke mir, dass ich mit gewissen Aktivitäten, die ich vorher gemacht oder gestartet hatte, sehr mächtigen Leuten in die Quere kam. Man wusste schon länger, wo ich war. Es ist heute überhaupt kein Problem, herauszufinden, wo sich jemand aufhält. Und auch die Zuordnung meiner Person war nicht das große Problem. Aber sie wurden erst dann aktiv, als ich gewisse Dinge in die Wege leitete, über die ich hier nicht sprechen möchte. Denn es zeigte sich, dass diese Aktivitäten, die ich in die Wege leitete, gefährlich sind. Gefährlich für die Leute, die diese „Neue Weltordnung" einführen wollen. Und ich denke mir, das war der Denkzettel nach dem Motto: „Hör auf oder du bleibst drin."

Warum hast du diese Aktionen gestartet?

Ich sehe mich nicht in der Position, anderen Menschen zu sagen, was sie zu tun haben. Aber ich neige dazu, meinen eigenen Weg zu gehen, und dieser eigene Weg zeigte mir, dass es erforderlich ist, nicht allein zu sein. Das heißt, ich kann den Weg, den ich mir für mich überlegt hatte, um aus dem System herauszugehen, mich aus diesem goldenen Käfig zu befreien, sozusagen als Mensch aufzustehen, nicht allein gehen. Ich wusste, dass ich die nächsten Schritte nicht allein gehen wollte und ich wollte diesen Weg etwas abkürzen. Ich hatte also durch äußere Einflüsse eine Möglichkeit gefunden, ihn abzukürzen, mich aus dem System zu befreien. Und mein Gedankengang war: „Ich gehe nicht allein."
Die Dimensionen, mit denen ich das überlegte, waren gewissen Leuten offensichtlich zu viel. Da gab es Ärger, richtig Ärger. Da ging es wirtschaftlich gesehen um sehr hohe Summen, die bereits genehmigt waren. Das heißt, es gab bereits eine Freigabe. Aber es gab dann Kreise, die „Stopp!" gesagt haben. Ob das nur daran lag, dass ich diesen Weg ging, oder ob es daran lag, dass ich ihn mit ein paar Leutchen ging oder dass diese Gedankengänge Dimensionen annahmen, wo wir von ein paar 10.000 oder 100.000 Menschen sprechen? Ich gehe davon aus, dass das wahrscheinlich einfach nur eine Nummer zu groß war und dass es diese Kreise nervös machte und man mich einfach ausschalten wollte, sodass ich dieses Projekt nicht mehr mache.

Ich werde dieses Projekt auch nicht mehr machen in dieser Größenordnung. Die Lektion habe ich verstanden, aber ich lasse mich nicht einsperren.

3. Zeit der Einlassung

Lieber Ulrich, dann sprechen wir noch zusammen über die Verhandlung.

Es ist sehr schön, ich freue mich darüber. Ich freue mich auch über den großen Rückhalt, den ich von Kamasha erfahre, dass ihr immer zu mir gehalten habt. Egal, was geschehen ist, ihr habt zu mir gehalten. Großes Dankeschön und große Achtung vor Kamasha TV! Danke!

Ja, sehr gerne! Wir haben ja sehr intensiv zusammengearbeitet und auch sehr viele Menschen damit erreicht. Deswegen war das auch für mich ganz klar, dass ich den ganzen Tag bei der Verhandlung dabei sein möchte.

Was mich übrigens sehr gefreut hat, dass du neben meiner Verlobten wie auch ein anderer Freund dabei warst und ihr mich begleitet habt. Ich war überrascht, wie wenig Leute dort im Verhandlungsraum waren, habe dann aber gehört, welche restriktiven Vorgaben gemacht wurden. Aber dass trotzdem wenigstens drei dabei waren, bei denen ich wusste, sie stehen hinter mir, und dass du dabei warst, war mir eine große Ehre!

Ich fand den Tag sehr spannend, habe das erste Mal eine Verhandlung erlebt und bin an dem Morgen mit so einem unklaren Gefühl dorthin gekommen. Mir war nicht ganz klar, in welche Richtung das jetzt geht. Wenn man von anderen Prozessen gehört hat, die in diesen kommerziellen Themen geschehen sind, dann war das ja auch oft sehr spannungsreich. Also, die Stimmung während der Verhandlung, der Veranstaltung, war, habe ich gehört, oft sehr geladen, sehr angespannt, sehr konfliktreich. Mit welchem Gefühl bist du dort hingekommen?

Relativ entspannt. Ich hatte ja diesen „Vorab-Prozess" gemacht.
Und ich bleibe beim Begriff Veranstaltung, der passt für mich besser, es hat halt die Musik gefehlt. Und es sind ja auch Zauberveranstaltungen, also im Prinzip geht es in den Bereich „Varieté". Ich war dadurch etwas entspannt, da ich vorher einen guten kommerziellen Prozess gemacht hatte, wo ich dafür gesorgt habe, nicht entehrend zu sein. Denn für mich war es immer wichtig, dass ich nicht entehre. Was die Gegenseite macht, interessiert mich nicht. Ich entehre nicht.

Es war auch für den Direktor, für den Leiter der Veranstaltung überraschend, denn er selbst hat ja auch mehrfach gesagt, dass er etwas anderes erwartet hat.

Wir hatten ein Vorgespräch bei der sogenannten Haftprüfung, wo er mir auch, ich würde sagen, sehr unmissverständlich klar gemacht hat, in welcher Position er ist und wo das Ganze hinführen könnte, wenn ich anfange, hier eine Show zu machen. Ich sagte ihm dann, dass ich keine Show will, worauf er mir sagte, dass er auch keine Show will. Wir verständigten uns dann darauf, keine Show zu machen. Er erwartete sie dann trotzdem, weil er ja feststellte, da kommt Kamera, da kommt Fernsehen, da kommen jede Menge Leute. Ich denke mir, dass der Mann ein Bauchgrimmen hatte, bevor die Veranstaltung losging, weil er alles Mögliche von mir erwartete. Denn es gab von mir Anträge, die ihm Bauchschmerzen bereiteten, es gab von mir den kommerziellen Prozess, der ihm Bauchschmerzen bereitete, und er erwartete alles, nur nicht das!

Die Präsenz der Justizwache war in dem Raum sehr stark, zumal es nur fünf Zuschauer gab. Ich habe erlebt, dass dich die zwei Herren von der Justiz, die dich hingefahren hatten, sehr respektvoll behandelt haben.

Sie waren sehr respektvoll. Das liegt aber auch daran, dass ich ihnen respektvoll gegenübertrat. Und das zog sich auch durch bis zum Ende, bis zur Entlassung. Die Polizisten wussten zwar, wie ich über sie denke, aber sie wussten, dass ich ihnen menschlich respektvoll gegenübertrete.

Als es zu dieser Verhaftung kam, von der ich erst später erfuhr, stellte sich für mich sofort die Frage: Was sind eigentlich die Anklagepunkte? Dass es dann in der Hauptverhandlung hauptsächlich um das „Verkehrsdelikt" ging, hat mich persönlich überrascht, weil ich auch andere Anklagepunkte gehört hatte wie z. B. „Amtsanmaßung". Wusstest du, worum es dann bei der Verhandlung gehen wird, oder war es dann für dich auch neu, dass dieses „Verkehrsdelikt" das Hauptdelikt war?

Ich hatte im Verlaufe der Verhandlung das Gefühl, dass sie verzweifelt versuchten, das Ganze aufrecht zu erhalten. Letztendlich ist es so: Wenn man es genau betrachtet, hatte ich mich im Ton vergriffen. Okay, das passiert. Das war höchstenfalls eine Beleidigung. Dass jemand über meine Beine stolpert, tut mir zwar furchtbar leid, aber das war weder vorsätzlich noch gefährlich. Es war einfach so, dass zu Beginn der Verhandlung nicht klar war, wo es hinläuft, da ich mit meinen Anträgen und auch mit dem, was ich vorab gemacht hatte, die Autorität dieses sogenannten Gerichtes in Frage gestellt hatte. Ich habe auch die Autorität des sogenannten Direktors oder Richters in Frage gestellt, nur habe ich nicht darauf bestanden. Denn es gab ja vor dem Gespräch, was du ja noch nicht mitbekommen hast, ein Gespräch zwischen den Anwälten und mir, wo mir einer der Rechtsanwälte ganz klipp und klar ins Gesicht gesagt hatte: „Du wirst die Bonds niemals bekommen."

Das heißt, du hast mit kommerziellen Instrumenten vorgewirkt und der Pflichtverteidiger hat mit dieser Aussage mehr oder weniger bestätigt, dass er darüber Bescheid weiß, dass es diese Instrumente gibt?

Richtig. Und es ist bekannt bei den Staatsanwälten, bei den Richtern, bei den Rechtsanwälten, wie es läuft. Aber was das genau für Konsequenzen hat, das war ihnen nicht bekannt. Ich hatte eben einfach das Glück, dass ich mit Cliff, meinem Rechtsanwalt, auch jemanden hatte, der mir einfach ein Ohr schenkte für diese Dinge. Er war auch überrascht, dass sie nicht über diese Dinge informiert sind, man sie nicht darüber informiert hat. Es ist ja im Prinzip auch positiv und nicht negativ. Ich werte ja den Prozess als solches nicht ab. Nur was daraus gemacht wird, ist nicht gut. Was ich noch schlechter finde, ist, dass man die Mitarbeiter der Justiz, inklusive dieses Direktors, für rein kommerzielle Prozesse instrumentalisiert, die dazu dienen, die sogenannte „Staatskasse" zu füllen und es ihnen nicht bewusst ist. Deshalb kann ich dort auch keine Vorwurfshaltung machen. Das Einzige, was ich tun konnte, war, im Hintergrund vorab einen nahezu perfekten kommerziellen Prozess zu organisieren. Da bin ich auch sehr dankbar, dass ich das organisieren konnte, indem ich Schriftverkehr direkt an das Gericht und auch an die Staatsanwaltschaft richten konnte und auch an die entsprechenden Entitäten. Ich gehe also davon aus, dass auch dieser Direktor des Amtsgerichtes vorab informiert wurde, denn er wirkte zu Beginn sehr angespannt. Er entspannte sich dann während dieser Verhandlung zusehends und am Ende war er fast schon jovial mir gegenüber, so ein bisschen salopp, und ließ ein paar Äußerungen raus, wo ich mir nur dachte: Was sagt der da gerade? Was kommt da gerade von ihm?

Das bringt mich zu der nächsten Frage, die mich sehr interessiert: Als ich den Kommerz kennengelernt hatte, standen für mich der Kommerz und das Staatsrecht immer so ein bisschen im Kampf miteinander, als ob sich das überhaupt nicht miteinander vereinen ließe und einfach zwei komplett andere Sichtweisen wären. Während der Verhandlung, der Veranstaltung, fusionierte das irgendwie. Wenn du den Prozess kommerziell vorbereitet hattest, hatte das ja auch eine Auswirkung auf den üblichen staatsrechtlichen Blick auf diese Veranstaltung. Wie fand dann diese Fusion statt, woher kam die Verbindung, oder ist es gar nicht so, dass die sich gegenüberstehen?

In dieser Verhandlung ging es nicht eine einzige Sekunde um Staatsrecht. Es ging immer nur um Haftung. Immer nur: Wer übernimmt die Haftung? Der Wunsch der Staatsanwaltschaft war es, dass ich die Haftung für den Bond übernehme, und wenn ich einlenke, ist er bereit einzulenken. Das war einer der Kernpunkte. Das heißt: Der Ausgang dieser Veranstaltung lag auch daran, wie der Staatsanwalt mit seinem Bond aus der ganzen Geschichte herauskommt, denn er hatte als Emittent die Haftung dafür. Man muss die Vorgeschichte außerhalb dieser Verhandlung sehen, denn es gibt tatsächlich noch „Government Organizations" im Hintergrund, wie zum Beispiel ALEC (American Legislative Exchange Council) oder CUSIP (Committee on Uniform Security Identification Procedures). Da kann ich auch gerne noch etwas dazu sagen, aber diese beiden Organisationen sind „Government agencies". Die staatlichen Organisationen im Hintergrund gaben über die Jahrzehnte hinweg die Kontrolle ab, weil man sagte, betriebswirtschaftlich organisierte Organisationen arbeiten effektiver als staatliche. Deshalb wurde das Ganze reduziert auf rein kommerzielle, betriebswirtschaftliche Strukturen.

Es geht also darum: Ich verletzte aus der Sicht des Herausgebers der Person, bei der Nutzung der Person, deren AGB. Aufgrund dieses Verdachtsmomentes erweiterte der Staatsanwalt sicherheitshalber meinen Versicherungsschutz. Das ist der Bond. Mehr ist das ja nicht. Ein Bond ist eine Versicherung. Wenn ich jetzt darüber diskutiere, ob diese Versicherungserweiterung richtig oder falsch war, dann entehre ich damit den Staatsanwalt und ich entehre das kommerzielle System und dieses Gericht, das darüber entscheiden muss, ob es berechtigt war oder nicht – und das wollte ich nicht. Deshalb sagte ich auch: „Es ist kein Problem, ich nehme diesen Bond an."

Das kommt einem Schuldeingeständnis gleich, aber das ist ja für mich kein Problem, einen Bond einfach anzunehmen.

Die Einleitung von deinem Anwalt, von Cliff, war ja auch wirklich so an die Staatsanwaltschaft formuliert, dass du für diesen Schaden haftest.

Korrekt.

Das machte mich spitzhörig, weil ich durch dich gelernt hatte, dass es im Kommerz ständig um Haftungen und Versicherungen geht. Dass er eben den Ausdruck „Haftung" benutzte und nicht „du gestehst die Schuld ein", das fand ich interessant. Hattest du deinem Anwalt gesagt, dass er das so formulieren sollte?

Ja. Wir hatten vorher darüber gesprochen und ich hatte gesagt: „Wir machen kein Schuldeingeständnis, sondern eine ‚Haftungszusage', sodass im Prinzip alle an dem Verfahren Beteiligten entlastet sind, weil sie alle über ihre Haftpflichtversicherung arbeiten."
Ich war der einzige im Raum, als sogenannter „Angeklagter", der eine Haftungszusage machen konnte, ohne eine Versicherung in Anspruch zu nehmen. Deshalb hatte ich das vorher mit Cliff besprochen. Ich sage mal so, er ist jetzt nicht so tief im Thema drin, aber er vertraut mir in dem, was ich tue. Und dafür bin ich ihm auch sehr dankbar. Wir hatten vereinbart, dass wir nicht diskutieren, weil, da gibt es nichts zu diskutieren. Ich habe gesagt, ich übernehme die Haftung und damit ist jede Diskussion überflüssig.

Es war in dieser Veranstaltung ja auch das Ziel spürbar, dass du diese Haftung übernimmst, und ich hatte schon auch das Gefühl, wäre diese Haftung von dir nicht akzeptiert worden, wäre diese Veranstaltung anders ausgegangen.

Korrekt. Wenn ich angefangen hätte zu diskutieren und irgendwelche Autoritäten oder sonst irgendwelche Dinge in Frage zu stellen, dann wäre ich im Moment definitiv nicht hier.

Wenn man sich mit diesen kommerziellen Themen beschäftigt, wird ja oft gesagt, dass jedes Verhandlungsergebnis im Vorhinein feststeht. Ist es das, was man mehr oder weniger

darunter verstehen kann, dass man eigentlich schon weiß, wie es am besten für alle Parteien ausgeht?

Korrekt. Es ist an dieser Stelle anzumerken, dass der Staatsanwalt das Ergebnis der Verhandlung in seinem Plädoyer vorwegnahm. Woher wusste er es? Es stand nirgends, was der Richter entscheidet. Das heißt, der Richter hat sich 1:1 dem Wunsch der Staatsanwaltschaft angeschlossen. Natürlich hätte ich jetzt sagen können, dass ich damit nicht einverstanden bin, ich gehe jetzt in die Berufung. Das Problem bei dem Thema war jedoch, dass ich für die Dauer der Berufung in Untersuchungshaft geblieben wäre, also Landgericht, Oberlandesgericht, Bundesgerichtshof. Das hätte sich bis zu eineinhalb Jahre hinziehen können. Und ich hätte zusätzlich noch das System entehrt. Es war überflüssig, weil ich sagte, dass ich die Haftung übernehme, es gibt da keine Diskussionen. Die einzige Diskussion wäre die um meinen Körper gewesen, das heißt, meinen Körper für die Dauer dieses juristischen Prozesses quasi zu beschlagnahmen, als Sicherheit zu hinterlegen. Denn um etwas anderes geht es nicht. Sie haben diesen Bond. Dieser Bond ist nichts weiter wie ein Konto. Dieses Konto wird von der Justiz genutzt, um den Schaden, den ich verursacht haben soll, gegenüber dem System auszugleichen. Und sie wollten an meinen Körper, um ihn als Sicherheit für diesen Bond einzulagern.

Es geht auch darum, dass bei dieser Veranstaltung alles kommerziell zu betrachten und zu verstehen ist, und damit auch so zu begründen ist?

Genau. Und da ich gesagt hatte, dass ich auf eine andere Art und Weise die Haftung übernehme und es nicht erforderlich ist, meinen Körper einzulagern, wäre eine Einlagerung meines Körpers in ein Körperlager, auch „Gefängnis" genannt, eine kommerzielle Entehrung gewesen. Es wäre kommerzieller Hochverrat gewesen, und da hatten sie nämlich das Problem. Deshalb auch die vielen Provokationen zwischendrin.

Das ist aus meiner Sicht auch hervorzuheben, dass es bei der Verhandlung nur um dieses eine Verkehrsdelikt ging, um diese eine Verkehrssituation, die entstanden war. Die Themen, die du in deinen Briefen aus dem Gefängnis angesprochen hattest, die thematisierten ja der Richter, die Schöffen und die Anwälte nicht. Du wurdest in keine „Ecke" gestellt. Es ging

wirklich hauptsächlich um das Verkehrsdelikt, und das ist ja wirklich sehr positiv hervorzuheben. Denn ich denke mir, dass andere Richter oder andere Anwälte deine Sichtweisen mehr zum Thema gemacht hätten.

Ich muss an der Stelle auch sagen, dieses „argumentum ad hominem", das man sehr oft in diesen Verhandlungen hat, diese Beleidigungen und diese Denunziationen, hielten sich alle zurück. Selbst der Psychologe, den man hinzugezogen hatte, war etwas irritiert – ich glaube, das hast du gar nicht mitbekommen. Denn man wollte mich in diese radikal-neonazistische Ecke stellen, gewaltbereit und so weiter und so fort. Ich hatte ein Drei-Stunden-Gespräch mit dem Psychologen, das sehr positiv war. Wir hatten ein sehr angenehmes Gespräch, was mir der Psychologe auch bestätigte. Denn ich bin alles andere als gewaltbereit, ganz im Gegenteil, und ich bin auch nicht rassistisch oder antisemitisch oder was auch immer. Das bin ich alles nicht, und das hat ihn sehr überrascht. Denn nach Aktenlage wurde ich genauso eingestuft. Das ist auch einer der ganz wenigen Punkte, die ich bemängele: Wie kann man, ohne einen Menschen zu kennen, diesen so einstufen? Als gewaltbereit, als Neonazi, als rassistisch. Wie kommen diese Menschen dazu, so etwas zu tun, nur um ihre Haftung durchzusetzen? Wenn man offener und klarer das Ganze vorbringen und sagen würde, dass der Herausgeber der Person sich durch deine missbräuchliche Handlungen mit der Person bedroht fühlt, weil er droht, Haftungen zu bekommen, und wir müssen da eine Lösung finden, dann sage ich: „Okay, welche Lösung schlagt ihr vor?", und dann kommt: „Ja, wir müssen einen Bond herausgeben."
„Okay, alles klar, sagt mir ein Datum, ich komme vorbei und zeichne ihn gegen."
Dann wäre alles in Ordnung, und dann würden sie sagen: „Bitte vermeiden Sie das zukünftig, denn das bringt ja nichts, wenn Sie andauernd zum Unterschreiben kommen."
Daraufhin würde ich sagen: „Ja, ihr habt Recht, im Prinzip ist es Unsinn, ich verschleudere ja das allgemeine Kollateral."
Also, ich denke einfach so. Diese fehlende Transparenz in diesen ganzen Vorgängen und dieses scheinheilige „Staatsgedöns", was da so gemacht wird, wie „Ich bin ein staatlicher Richter" und „Das ist ein stattliches System", „Es geht um Recht und Unrecht", das ist Unsinn. Das hat nichts damit zu tun, dass ich kein Rechtsbewusstsein hätte, überhaupt nicht, aber es geht darum, dass diese Veranstaltung, und nichts weiter ist es, rein kommerziell ist.

Wir hatten ja in der vorherigen Serie auch schon darüber gesprochen: Was ist Recht und Gerechtigkeit? Ich denke, du hast darin sehr deutlich gemacht, dass es immer um diese Haftung gehen kann.

Genau.

Was ich noch gerne ansprechen möchte: Du hast über handgeschriebene Briefe sehr tief an deiner Situation im Gefängnis Anteil nehmen und in deine Gefühle einblicken lassen.

Willst du jetzt eine diplomatische oder eine ehrliche Antwort? Es ist einfach so, du sitzt dort den ganzen Tag herum und hast einfach nichts zu tun, außer über dich selbst nachzudenken. Du hast am Morgen eine Stunde Freigang draußen im Freien, dann hast du irgendwann einmal ein bis eineinhalb Stunden im Haus Freigang, und ansonsten bist du auf dich allein geworfen in so einer Zelle. Dann denkst du einfach auch viel über dich selbst nach. Das ist das eine. Es ist im Prinzip, ich sag es mal böse, auch ein bisschen Langeweile dabei, wenn man solche Sachen schreibt. Ich schrieb manchmal 15 bis 30 Seiten handschriftlich pro Tag. Meine Schreibwerkstatt, ich nenne es mal so, tippte sich schier tot bei dem, was ich alles schrieb. Es war mir wichtig, den Menschen einfach mitzuteilen, wie es mir ging. Auch deshalb, weil ich viele, viele Briefe bekam, von meinen Abonnenten, von meinen Freunden, von meinen Geschwistern in der Glaubensgemeinschaft, die mir einfach ihr Mitgefühl auf verschiedenste Art und Weise mitteilten. Ich hatte dann auch Phasen, in denen ich depressiv war, mir ging es nicht immer gut. Es ist nicht so, dass ich immer Sonnenschein hatte in diesem „schlechten Wellnesshotel". Es war einfach so, dass ich Kraft gefunden und das Gefühl hatte, ich möchte sie auch daran teilhaben lassen, dass es mir durch diese Briefe besser ging. Das war mir zum einen ein echtes Anliegen. Zum zweiten nutzte ich die Zeit, mich zu sortieren, auch innerlich zu sortieren, kommerziell zu sortieren. Das Ergebnis waren endlose Briefe. Ich schrieb in einer Woche einen ganzen Block voll. Das waren 50 Blätter, die reichten mir gerade eine Woche, dann waren die Blätter weg.

Ja, es wurde wirklich sehr viel in deinem Telegramkanal gepostet und ich glaube, es wurde nicht einmal alles gepostet. Wie hat das deine Verbindung zu deinen Abonnenten, den Lesern deines Kanals, verändert? Fühlst du sie mehr, ist die Verbindung

stärker geworden oder hat es die Intention verändert, mit der du deine Arbeit in dem Kanal auch machst? Hat dieses „Tief-Einblicken-Lassen" irgendwas mit dir gemacht?

Es hat auf jeden Fall für mich, aus meiner Sicht, die Arbeit mit den Abonnenten intensiviert. Ich nenne sie seit neustem auch „Freunde". Es hat uns nähergebracht. Ich bin nähergekommen. Ich habe auch das Gefühl, dass sie näher an mich herangerückt sind. Also wenn die Absicht bestand, mich durch diese Inhaftierung und durch diese Anklagepunkte, die zum Teil wirklich sehr fantasievoll waren, zu denunzieren oder meinen Ruf kaputt zu machen, dann hat es genau das Gegenteil erzeugt. Das lag aber einfach auch daran, dass ich so offen war. Ich bin kein Mensch, der mit einer Machete durch die Stadt läuft und irgendwelche Leute umbringt, das ist überhaupt nicht meine Art. Es ist auch nicht meine Art, respektlos mit anderen Menschen umzugehen. Aber ich habe ein gewisses Maß an Entschlossenheit, ein gewisses Maß an Durchsetzungsvermögen, auch energetisch, körperlich oder sprachlich, was man durchaus auch als Gewaltbereitschaft empfinden kann, wenn man schwach ist. Schwache Menschen können durchaus auch Angst vor mir haben, und ich kann definitiv auch entsprechend auftreten. Aber in der Regel achte ich den anderen, und wenn ich eine Schwäche bei dem anderen merke, trete ich einen Schritt zurück und gebe ihm Raum. Und das war auch in dieser Verhandlung der Fall. Mir war völlig klar, dass der Direktor, der die Verhandlung leitete, sehr unter Druck stand. Das spürte ich, das nahm ich wahr und gab ihm den Raum, damit er sich sortieren konnte, organisieren konnte, und im Prinzip seine Veranstaltung abschließen konnte. Dass er danach nichts mehr damit zu tun haben möchte, auch das ist mir klar. Ich trat ihm mit Respekt gegenüber, ich behandelte ihn als Mensch respektvoll, und ich bin sehr dankbar, dass er das zurückgab. Auch er zeigte im wesentlichen Respekt mir gegenüber, nicht nur vor meinem Werdegang, auch vor mir selbst als Mensch. Und die vielen kleinen Aussetzer, die er dann brachte, ich gehe einfach mal davon aus, es gab Instruktionen im Hintergrund und er musste seine Arbeit machen. Mir ist in solchen öffentlichen Veranstaltungen immer bewusst, dass diejenigen, die die Veranstaltungen ausführen, selbst wieder überwacht werden und keinen leichten Stand haben.
Ich möchte an dieser Stelle auch noch ergänzen: dieser Moment, als dann klar war, dass ich freikomme, war ebenso ergreifend für mich, wie die Reaktion der beiden Schweizer, die anwesend waren. Denn ich hatte mich definitiv bei diesen Schweizern, die betroffen waren,

im Ton vergriffen. Und ich habe Hochachtung und Respekt, denn ich habe sie alle beide um Verzeihung für meinen Ton gebeten. Beide haben diese Verzeihung angenommen. Dazu gehört Rückgrat und Mut.

An den Moment kann ich mich auch erinnern. Ich saß genau dem Richter und den zwei Schöffen gegenüber und ich beobachtete ganz bewusst auch die Anwälte, die Schöffen und den Direktor zwischendurch. Man bemerkte schon, dass sie dich während der Veranstaltung wirklich mehr und zunehmend anders anschauten. Diese Veranstaltung hatte also auch eine Entwicklung.

Es war keine Show. Ich meinte das absolut ehrlich. Wie gesagt, wenn ich einen Fehler begehe, dann stehe ich dazu, falls ich diesen Fehler tatsächlich begangen habe. Aber Fakt ist auch, ich habe das Recht, mich zu schützen. Und das tat ich. Ich schützte mich an diesem Tag selbst, und auch an diesem berühmten 8. Mai 2019. Aber dabei achtete ich auch darauf, dass ich niemandem die Ehre nehme, dass ich niemanden verletze und dass ich niemandem zu nahe trete. Das war mein Bemühen. Ich hoffe, es ist mir gelungen. Als mir dann meine Verlobte um den Hals fiel und ich immer noch mit meinen Fußketten da stand, merkte ich, wie peinlich das der Justiz war, und sie dann geflissentlich bemüht waren, mir meine Fußketten abzunehmen, ich muss sagen, es war eine sehr schöne Szene. Und als ich dann dieses Gericht verließ, mit diesen relativ geringen Auflagen, die man mir gemacht hatte, und ich die vielen Menschen gesehen hatte da draußen, war es für mich auch sehr ergreifend. Es hat mich zutiefst berührt, dass die Menschen an meiner Seite da waren. Und das habe ich im Gefängnis wirklich mitgenommen für mich, weil ich doch ein Mensch bin, der eher ein Einzelkämpfer ist.

Ich musste einfach feststellen: Ich bin nicht allein. Da gibt es Menschen an meiner Seite, die zu mir halten, die nicht jede Denunziation gleich glauben, sondern mir auch Glauben schenken. „Glauben schenken" ist ein Geschenk, das man nicht ablehnen sollte. Es hat mich zutiefst berührt, und für diese Erfahrungen, die ich dort machen durfte, bin ich auch sehr dankbar. Während der Zeit, die ich dort in diesem Gefängnis war, hatte ich oft das Gefühl, dass die Resonanz mit meinem Umfeld außerhalb dieses Gefängnisses stärker wurde. Je mehr meine Resonanz innerhalb dieses Gefängnisses nachließ, umso mehr stieg meine Resonanz mit dem Außen, mit Menschen, die genauso gesagt haben: „Es ist furchtbar, was man dir antut, aber es wird ein Weg sein, den musst du wahrscheinlich gehen."

Ich diskutiere nicht darüber, ob ich 139 Tage im Gefängnis war oder unter welchen Bedingungen ich wieder rausgekommen bin. Ich betrachte das Ganze als einen Weg von mir, der erforderlich war für mich selbst, für meine eigene Entwicklung, aber auch für die Entwicklung der Menschen außerhalb. Denn auch außerhalb hat sich unheimlich viel getan. Die Menschen im Außen, meine Regionalleiter, meine Assistenten, haben selbst von sich berichtet, dass es sie unglaublich weitergebracht hat. Sie waren plötzlich die ganze Zeit auf sich selbst gestellt und gezwungen, Dinge selbst zu entscheiden oder mussten sich für mich einsetzen. Und sie haben über das „sich für mich einsetzen" ihren Mut gefunden, ihren Mut, „NEIN" zu sagen.
Die wichtigste Botschaft, die ich überhaupt noch habe: Bitte sagt endlich: „NEIN!"
Und das konnten sie für sich selbst entdecken, über den Weg, dass sie mir geholfen haben. Und deshalb sage ich, dieser Aufenthalt war nicht nur negativ, er hat viel Positives gebracht. Und ich verharre nicht in Wut und Rachegedanken, da diese mir nur Zeit rauben, da es ein Teil meines Glaubens ist: Ich verbleibe nicht in der Vergangenheit, sondern ich schaue nach vorn, wie es weitergeht. Ich bin im Moment der Gegenwart und überlege mir: Wie sind meine nächsten Schritte? Wie gehe ich weiter? Ich verharre nicht in diesem, was hinter mir war, was mich nur belastet, sondern ich vergebe mir und ich vergebe denen, die mir etwas „angetan" haben, was ich aber nicht so empfinde.

Ich glaube auch, dass diese Zeit sehr wichtig war. Ganz allein aus dem Grund, dass du auch spüren kannst, dass hinter den Abonnenten (Anfang 2024: rund 55.000) auch Menschen stehen, die wirklich interessiert sind an dem, was du sagst. Es kann auch manchmal nur eine Masse an Menschen sein, denen du Botschaften gibst, aber dass es Menschen sind, die es auch ernst meinen und dir wirklich auch ihren Glauben schenken. Ich denke, das ist eine sehr wertvolle Erfahrung.

Es geht um mehr. Ich bekomme von Menschen die Rückmeldung, jetzt noch mehr als vorher: Da ich mich geöffnet habe, öffnen sie sich mir gegenüber auch, sodass sie Selbstbewusstsein bekommen haben. Sie treten selbstbewusster auf, mit offeneren Augen, mit wacheren Augen, ohne Wut, ohne Aggressivität. Denn das ist ja genau das, was auch Mahatma Ghandi immer gesagt hat: Wut führt uns nicht weiter, Gewalt erzeugt Gewalt. Und dieses Selbstbewusstsein von „Wer ich bin", diese Botschaft, die kam an in der Zeit, wo ich im Gefängnis war, und in der Zeit der Verhandlung und danach. Und es erfreut mich, dass Menschen aus eigener Kraft laufen können. Vielleicht bin ich ein bisschen vorausgelaufen, habe ein bisschen mit dem Fuß gekickt und ab und zu mal ein bisschen geschubst. Aber diese Menschen gewinnen. Und das ist ein Geschenk, ein echtes Geschenk! Wenn ich dieses Geschenk anderen machen konnte, war es mir eine große Ehre und eine große Freude.

Ich glaube, es hat wirklich viele Menschen nochmal dazu bewegt, ganz bewusst auch eigenständig aufzustehen.

Korrekt, und auch Verantwortung zu übernehmen für andere. Und das ist auch ein Punkt, denn, wenn ich beginne, Verantwortung für mich selbst zu übernehmen, komme ich irgendwann an den Punkt, dass ich mir überlegen muss, wieviel Verantwortung übernehme ich für andere, für meine Familie, für meine Freunde oder vielleicht für ein ganzes Volk. Darum geht es doch letztendlich. Das ist ja das, was man uns im System vorwirft, dass wir nicht bereit sind, Verantwortung zu übernehmen, nicht einmal für uns selbst. Dass man uns das abtrainiert hat, das lassen wir alles jetzt mal stehen. Ich entscheide zu jedem Zeitpunkt selbst. Wenn mir jemand etwas abtrainiert, dann gibt es auch immer jemanden, der das zulässt. Und wir haben es zugelassen. Wir müssen den Schritt schaffen, das zu überwinden, nicht nur für uns die Verantwortung zu übernehmen, sondern auch für andere, zum Beispiel auch für einen Landwirt, der sagt, ich nehme keine Subventionen an und verkaufe meine Sachen so. Ich riskiere Kopf und Kragen. Wenn ich nun sage: Ich gehe dahin und kaufe dort ein, gut, das ist teurer, ich muss weiter fahren, das ist mir auch egal, aber ich unterstütze diesen Mann auf seinem Weg, dann unterstütze ich damit auch meinen Weg. Und das hat sich in der Zeit verstärkt, als ich nicht da war.

Vielleicht noch einmal für alle, damit das klar ist: Was ist das Ergebnis der Veranstaltung?

Das Ergebnis von der Veranstaltung ist, dass man mich schuldig gesprochen hat, die Person missbraucht zu haben. Dass man mich im Prinzip verurteilt hat zu einem Jahr und zehn Monaten, aber dass man darauf verzichtet hat, meinen Körper einzulagern, sondern mir stattdessen die Auflage gemacht hat, dass man drei Jahre lang meinen Wohnort kennt, den Wohnort der Person. Das ist alles.

„Auf Bewährung" heißt das?

„Auf Bewährung" nennt man das. Ich habe das jetzt etwas umgangssprachlich formuliert. Das heißt, ein Jahr und zehn Monate Gefängnis, drei Jahre auf Bewährung, das ist die juristische Version davon. Wenn ich aus deren Sicht das gemacht habe, ist das Okay. Wenn ich nur einmal angefangen hätte zu diskutieren oder einmal auf die Provokationen eingestiegen wäre, hätte ich das wahrscheinlich verspielt. Denn das war genau der Punkt: Ich wollte nicht diskutieren, ich wollte weder über die Höhe der Strafe diskutieren noch über sonst etwas. Ich habe einfach gesagt, wenn ich anschließend meine Arbeit fortführen kann, wenn ich anschließend weiterarbeiten und den Menschen erklären kann, wie das System arbeitet, war das für mich in Ordnung. Ich habe gelernt daraus!

Ich kann mich erinnern, dass ich in meinen Notizen zu einem Anklagepunkt geschrieben habe: Verfahren wurde eingestellt. Wie kam es zur Einstellung des Verfahrens?

Korrekt. Das war der letzte Punkt, wo man mir Urkundenfälschung vorgeworfen hatte. Also, ich kann in meiner Hosentasche tragen, was ich will. Das interessiert niemanden und das geht auch niemanden etwas an. Wenn ich das herausziehe, es benutze und dies den Eindruck erweckt, dass ich etwas vortäusche, ist es Betrug. Ich hatte die Diplomaten-ID-Karte in meiner Tasche und einen alten Führerschein meiner alten Glaubensgemeinschaft. Diese beiden Dinge erweckten den Eindruck, dass ich etwas vortäusche, also Betrug begehe bezüglich der Person. Die benutzte ich aber nicht. Stattdessen gingen diese Leute hin und leerten meine Taschen, sie holten aus meiner Geldbörse diese Ausweise heraus, als Beweismittel. Ich zeigte sie aber nicht vor, das heißt, ich benutzte sie nicht und somit war es auch kein Betrug. Deshalb mussten sie den fünften Anklagepunkt einfach streichen. Auch das ist wieder Kommerz pur. Ich täuschte nichts aktiv vor, sondern ich hatte etwas bei mir, womit ich etwas hätte vortäuschen können. Ich tat es aber nicht.

Es gab ja auch den Punkt „Amtsanmaßung" beziehungsweise „Missbrauch von Titeln". Ich glaube mich zu erinnern, dass der Direktor darüber sprach, dass es in dieser Anklage nur um Titel und Ämter in der BRD, in Deutschland, ging. Der „OITC", deren Titel du ja anscheinend missbraucht haben sollst, dürf-

te für ihn eine reine Phantasiebehörde sein. Es gibt ja nichts, dass er darüber etwas weiß.

Es ist keine Behörde, es ist eine private, übergeordnete Organisation und der Direktor hat nicht die Autorität oder die Befugnis, überhaupt darüber zu urteilen, das mal vorab. Das zweite ist: Es ist korrekt, dass die Bundesrepublik Deutschland, also die Organisation, die sich so nennt, und deren beauftragte Gutachter, also Richter, nicht die Autorität haben, darüber zu befinden, ob ich irgendwelche internationalen Titel missbrauche. Das steht ihnen gar nicht zu. Das ist der International Criminal Court, der darüber entscheidet, auch das war ihnen bewusst.

Ich gehe deshalb auch davon aus, dass dieser Punkt „irgendwo" in der ganzen Verhandlung unterging. Es wurde nie groß darüber diskutiert, auch der Staatsanwalt hielt sich da zurück. Man konzentrierte sich im Wesentlichen auf die Verkehrsdelikte und auf diese sogenannte „Schutzgelderpressung", die man mir vorwarf, obwohl ich mich nie wie ein Schutzgelderpresser verhalten hatte, sondern einmalig etwas zu deftig aufgetreten war. Auch diesen Punkt konnten sie nicht aufrechterhalten.

Aber du hattest ja vorher schon treffend festgestellt: Das Urteil stand vorher schon fest, es war vorher schon ausgekartet. Warum ist das so? Ganz einfach, der Bond war herausgegeben, er war wahrscheinlich schon im Handel, und man konnte dann nichts mehr ändern. Also musste man die Haftungen genauso nehmen, wie sie sind, entsprechend die Lebenszeit darauf umrechnen und dann die entsprechende Berufung darauf ausrechnen. Das ist alles reine betriebswirtschaftliche Mathematik, mehr nicht. Der Direktor möge mir diese Äußerungen verzeihen, aber er konnte an der Höhe gar nichts mehr machen, das war gar nicht mehr möglich. Jede Diskussion von mir hätte nur zum Gegenteil geführt. Es ist sogar möglich, dass eine Berufung gar nicht mehr zu einer weiteren Verhandlung geführt hätte. Ich gehe davon aus, dass dieser „Prison Bond" (Gefängnis-Bond), wie man dazu sagt, längst im Handel war und deshalb dieses Ergebnis schon vorher feststand.

Sehr spannend, solche Prozesse aus der kommerziellen Sicht zu betrachten und logisch erklären zu können.

Es nimmt die Emotionen raus. Das heißt, ich sehe diesen Prozess nicht als einen „leibhaftigen Angriff" auf mich, auch nicht als einen „persönlichen Angriff". Ich kann aber einen „leibhaftigen Angriff" daraus machen, indem ich das System entehre, wenn ich darüber diskutiere, sodass sich der Herausgeber der Person bedroht fühlen würde. Dann mache ich eine Entehrung, und dann wird der Prozess leibhaftig, indem man nämlich meinen Körper in einem Gefängnis einlagert, in einem „Warenlager für Körper" sozusagen.

Vielen Dank für das Gespräch über die Verhandlung. Ich freue mich auf die weiteren Video-Clips (Anm.: die dem Buch zugrunde liegenden Videoserie „Ein Mensch kann nur als Mensch aufstehen" von Kamasha TV), die wir jetzt noch drehen werden.

... wo wir sicherlich auch noch über dieses Thema sprechen werden. Ich denke mir, es nimmt die Wut aus den Menschen, wenn sie mal wissen, wie die Hintergründe sind. Es ist meine Erfahrung von fast 10 Jahren Kommerz, dass die Wut verschwindet, wenn ich ins Wissen komme. Warum nutzen die Mitarbeiter der Justiz und der Exekutive nicht diese Möglichkeit der Aufklärung, um einfach korrekter zusammenzuarbeiten? Warum muss man ins Faustrecht gehen? Dass ist etwas, was mir die Justiz sicherlich nochmal irgendwann erklären könnte.

III. Gericht und Justiz

1. Nichts ist so, wie es scheint

Die Justiz. „Nichts ist so, wie es scheint" – auf den ersten Blick ein eigenartiger Titel. Faktum ist einfach eins: Wir haben eine bestimmte Vorstellung, was Justiz ist, was Rechtsprechung ist. Wir sprechen nun einmal darüber, was Rechtsprechung, wie wir sie täglich erleben, wirklich ist. Bevor ich aber damit beginne, möchte ich die Leser ein wenig sensibilisieren.
Wir müssen das Augenmaß bewahren. Diese Informationen sind jetzt nicht dafür gedacht, dass ihr auf die Richter und die Staatsanwälte losgeht und denen die Hosen runterzieht, denn da ist sowieso nicht so viel zu finden, lustigerweise, aber ihr müsst euch einfach prinzipiell die Situation einmal klarmachen:

Da gibt es zwei Streithähne, die nicht miteinander klarkommen, und jetzt soll der Richter entscheiden, wer Recht hat. Er soll die private und persönliche Haftung dafür übernehmen, dass zwei Leute sich nicht einigen können. Ist das fair? Nein. Das kann niemand von ihm verlangen. Es kann niemand verlangen, dass er die Verantwortung dafür übernimmt, wenn zwei nicht in der Lage sind, miteinander zu reden. Also bekommt er einen Schutz. Dieser Schutz, den er bekommt, nennt sich Immunität als Richter. Er geht also mit einer anderen Person in diese Verhandlung hinein, um sich zu schützen. Das ist legitim. Deshalb sollten wir nicht alle über diesen Richter herfallen, sondern uns einfach klarmachen, der Mann hat ein Recht auf seinen Schutz und dahinter versteckt er sich auch, berechtigterweise. Augenmaß bewahren.

Der zweite Punkt ist, die Firma, die sich Staat nennt, hat uns eine Person gegeben. Diese Person benutzen wir, und wir müssen uns immer darüber im Klaren sein: Wenn wir nicht bereit sind, für die Schäden aufzukommen, die wir bei der Nutzung der Person anrichten, dann haftet der Herausgeber, der Inhaber der Person, für die Schäden. Auch das ist klar, darüber haben wir schon oft genug gesprochen. Es ist ein ganz wichtiger Aspekt. Also muss ich dem Inhaber der Person das Recht zugestehen, sich gegen den Missbrauch der Person zu verteidigen, sich zu schützen. Wenn wir der Meinung sind, wir müssen irgendetwas durchsetzen, meinetwegen mit Gewalt, unter Gewaltanwendung, unter Drohung, Nötigung und Erpressung, dann muss ich dem Herausgeber das Recht zugestehen, dass er sich dagegen schützt. Denn er ist verpflichtet, uns diese Person zu geben. Da gibt es Verträge im Hintergrund. Auf der anderen Seite muss er sich insoweit gegen mich auch schützen, und das tut er über diese sogenannte Justiz.

Worum geht es denn bei der Justiz, bei der wir immer denken, es gehe um Rechtsprechung? Es geht nicht um Recht, es geht um Haftung. Auch darüber müssen wir uns im Klaren sein: Es geht ausschließlich um die Verlagerung von Haftungen zwischen Personenkonten, auch Obligationen genannt. Es geht immer nur um Haftungen. Welche dieser Parteien übernimmt jetzt die Haftung? Und wenn eine Person missbraucht wurde, wer hat die (versicherungstechnische) Haftung für den Missbrauch? Muss ich die Haftung übernehmen oder irrt sich vielleicht dieser sogenannte Staatsanwalt? Wir müssen das einmal reduzieren auf diese reine Haftung und uns von dem Gedanken verabschieden, dass es um Recht oder Unrecht nach unseren Vorstellungen geht. Darum geht es nämlich nicht, sondern es geht ausschließlich um Haftung. Und mit diesen Gedankengängen möchte ich beginnen, euch zu erklären, wie die einzelnen Elemente in der Justiz tatsächlich funktionieren.

2. Die Anwälte

Bei den Anwälten unterscheide ich zwischen dem Rechtsanwalt und dem Staatsanwalt. Beschäftigen wir uns zuerst einmal mit dem Rechtsanwalt. Der Rechtsanwalt ist jemand, der eigentlich für meine Interessen da sein sollte. Für diese Interessen braucht er zwei Dinge: erstens eine Lizenz und zweitens ein Mandat.

Das Mandat ist relativ leicht erklärt: Es autorisiert diesen Rechtsanwalt, in meinem Namen und auf meine Rechnung zu handeln, und zwar ohne Rücksprache. Das ist quasi die Übertragung, das ist schlicht und einfach ein Betreuungsverfahren. Wir müssen uns darüber im Klaren sein, dass der Anwalt uns nicht mehr fragen muss, wenn er von uns ein Mandat hat und wenn er mit dem Richter einen Deal macht. So ein Mandat gilt übrigens auch für den Steuerberater und für alle, die von meinem Konto abbuchen. Das sind alles Mandate. Das ist unbegrenzter Zugriff auf meine Werte, in meinem Namen und auf meine Rechnung. Darüber müssen wir uns einfach mal im Klaren sein.

Der nächste Punkt ist: Dieser Anwalt hat eine Lizenz. Das bedeutet, jeder Rechtsanwalt bekommt von der Anwaltskammer eine Lizenz, unter der er agiert. Das heißt, er hat Jura studiert, aber damit kann er noch lange nicht als Rechtsanwalt arbeiten. Er braucht also die Rechtsanwaltslizenz, um überhaupt arbeiten zu können. Bei dieser Lizenz gibt es einen Herausgeber und einen Nutzer. Der Herausgeber ist die Anwaltskammer, der Nutzer ist der Rechtsanwalt. Wenn der Rechtsanwalt Probleme bekommt und wirtschaftlich nicht mehr in der Lage ist, sein Leben auf die Reihe zu bekommen, also im Prinzip insolvent wird, dann nennt man das einen Vermögensverfall. Und im Falle des Vermögensverfalls entzieht man dem Rechtsanwalt lustigerweise die Lizenz. Das gleiche gilt übrigens auch für die Steuerberater. Ja, warum machen die so etwas? Ganz einfach: Der Rechtsanwalt haftet gegenüber dem Gericht für alle anfallenden Kosten. Wenn nun also der Rechtsanwalt im Insolvenzfalle weiterarbeiten würde und das Gericht würde Haftungsansprüche gegen den Anwalt stellen, haftet im Zweifelsfall die Anwaltskammer, der Herausgeber dieser Lizenz. Und deshalb verlieren Rechtsanwälte, die im Vermögensverfall sind, plötzlich ihre Zulassung. Das gleiche gilt auch für Steuerberater. Das nur mal zum Verständnis, in welcher Position diese sind.

Nun gibt es allerdings den Sonderfall des sogenannten Staatsanwalts. Was ist ein Staatsanwalt? Im Prinzip sagt uns das ja schon der Name: Der Staatsanwalt ist der Anwalt des Staates. Also vertritt der Staatsanwalt die Interessen des Staates, oder besser gesagt der Firma, die sich Staat nennt. Er ist nicht in dem Sinne ein direkter Angestellter dieser Firma, sondern er ist in einer Subentität, also in einem Subunternehmen der großen Firma, die sich Staat nennt. Diese Subentität nennt man Staatsanwaltschaft. Dieser Anwalt des Staates prüft Sachverhalte. Er schaut sich also etwas an und prüft, ob in diesem Fall tatsächlich ein Haftungsschaden für den Herausgeber der Person entstehen könnte, die wir nutzen. Also, ich habe eine Person, ich nutze diese Person in der Öffentlichkeit, also in der virtuellen Welt, und nun droht durch diese Anwendung von mir, der Person, ein Haftungsschaden für den Herausgeber, weil ich die Versicherungsbedingungen, die ABGs, nicht eingehalten habe. Ich habe also gegen die Gesetze verstoßen, gegen die ABGs, gegen die Nutzungsbedingungen, und damit begehe ich eine Ultra-Vires-Handlung, also eine nicht versicherte Handlung. Es droht dadurch ein Haftungsschaden für den Herausgeber der Person, und der Staatsanwalt hat die Aufgabe, zu prüfen, ob wirklich ein Haftungsschaden droht. Wenn ja, hat der die Aufgabe, dies zu verfolgen. Er hat also ein Verfahren einzuleiten, das sogenannte Strafverfahren, nach dem Strafgesetzbuch, das ihn bei dieser Aufgabe versichert. Das ist seine Aufgabe.
Das bedeutet also: In dem Moment, wenn dem System durch den Nutzer einer Obligation, einer Person, ein Schaden droht, muss der Staatsanwalt eingreifen, das Ganze prüfen und dann entscheiden, ob er etwas unternimmt oder nichts unternimmt. Das ist alles, worum es geht. Es geht also nicht um Recht und Unrecht, sondern es geht um Haftung. Das nennt sich „öffentliche Interessen".

Nun gibt es zwei Fälle bei dem Ganzen: Der eine Fall ist eine Anzeige bei der Staatsanwaltschaft, das kennen wir alle. Ich erstatte Anzeige. Der Staatsanwalt schaut sich das Ganze an und sagt: „Das könnte etwas sein, aber nicht so richtig." Und dann kommt die Rückmeldung vom Staatsanwalt, dass kein öffentliches Interesse besteht.

Das öffentliche Interesse ist das Interesse des Herausgebers der Person, das Interesse der Firma, die sich Staat nennt. Deshalb: kein öffentliches Interesse, wenn kein Haftungsschaden droht. Das verstehen wir immer falsch, denn wir denken immer, öffentliches Interesse ist allgemeines Interesse. Das ist Unsinn. Es geht immer um die

Interessen der Firma, die sich Staat nennt, denn der Staatsanwalt ist indirekt Angestellter des Staates. Deshalb weisungsgebunden gegenüber dem Justizministerium.

Der zweite Fall ist, ich stelle einen Antrag auf Strafverfolgung, der beinhaltet: Lieber Staatsanwalt, schau mal nach, ob das eine Straftat ist, ich übernehme die Haftung. Das ist ein Antrag. Und damit kann der Staatsanwalt sofort ein Aktenzeichen herausgeben und ein Konto eröffnen. Das große Problem, welches diese Leute haben, ist folgendes: Sie haben 30 Mitarbeiter, und diese Mitarbeiter müssen kontenbezogen abrechnen wie in der Anwaltskanzlei auch. Eine Sekretärin bei einem Rechtsanwalt muss sagen: Ich habe heute am Fall A, am Fall B, am Fall C gearbeitet, daran drei Stunden, daran eine Stunde, daran zwei Stunden. Sie müssen also ihre Arbeitszeit einem Fall, einem Konto zuordnen, damit diese Arbeitszeit sauber abgerechnet beziehungsweise zugeordnet werden kann. Das ist bei der Staatsanwaltschaft identisch. Solange die kein Konto haben, können sie nicht abrechnen. Das bedeutet, wenn ich jetzt einen Antrag stelle, ist das ein Antrag auf eine Kontoeröffnung bei der Staatsanwaltschaft, sodass die Firma Staatsanwaltschaft ihr Ermittlungsverfahren abrechnen kann. Somit ist die Staatsanwaltschaft verpflichtet, im Falle eines Antrages auf Strafverfolgung das auch tatsächlich zu bearbeiten. Eine Anzeige können sie unter den Tisch fallen lassen, interessiert nicht, einen Antrag auf Strafverfolgung nicht. Das ist ein ganz großer Unterschied.

Wenn der Staatsanwalt unter eigener Haftung einen Fall prüft, dann macht er es unter einer Art „Wild Card". Wenn er den Fall geprüft hat, dann entscheidet er, ob er ein Ermittlungsverfahren, eröffnet. Dieses Ermittlungsverfahren benötigt ein Aktenzeichen, das ist eine Kontoeröffnung, sodass seine Mitarbeiter, die daran beteiligt sind, ihre Arbeitszeit auf dieses Konto eintragen können. Diese Arbeitszeiten können damit abgerechnet werden, denn irgendjemand muss ja die Rechnung irgendwann bezahlen.

Immer daran denken: Eine Staatsanwaltschaft ist eine Firma, die umsatz- und gewinnorientiert arbeitet. Sie muss also betriebswirtschaftlich arbeiten und somit muss alles abgerechnet werden. Das heißt, sie braucht ein Konto. Wenn sie ein Konto hat, dann darf es nur aufgrund internationaler Vorgaben eröffnet werden, das heißt, wenn ein Sicherungsgeber für dieses Konto da ist. Es muss also jemand etwas für dieses Konto hinterlegt haben, und erst dann kann das Konto eröffnet werden. Es muss also eine Sicherheit vorhanden sein in Form einer Sicherheitshinterlegung. Das ist ein Bond. Ein Bond ist eine Versicherung, nichts weiter. Der Staatsanwalt gibt also einen Bond heraus, und wenn er nun auf Antrag eine Strafverfolgung macht, dann gibt es jemanden, der die Haftung für den Bond übernimmt, nämlich den, der den Antrag gestellt hat. Es ist für den Staatsanwalt dann leichter. Wenn er aufgrund einer Strafanzeige oder im eigenen Interesse ermittelt, dann muss er diesen Bond unter eigener Haftung herausgeben. Und wenn ihm das Verfahren um die Ohren fliegt, weil das vor einem Richter nicht durchgegangen ist, ihr kennt das sicher aus amerikanischen Filmen, dann geht der Staatsanwalt mit dem Richter ins Richterzimmer und der Richter bekommt einen Scheck. Das kennt ihr bestimmt. Das sind die Gebühren für den Bond. Er muss die nämlich bezahlen, diese Gebühren. Das ist die Gefahr die ein Staatsanwalt bei der Emission eines Bonds eingeht. Und wenn einem Staatsanwalt das öfter unterläuft, kann er sich einen neuen Job suchen. Er ist nur Angestellter, mehr ist er nicht.

Also, der Staatsanwalt gibt einen Bond heraus, und mit diesem Bond wird dann gearbeitet. Nun ist die Aufgabe des Staatsanwaltes, genug Argumente zu suchen, dass derjenige, den er anklagt, auch die Haftung für den Bond übernimmt. Das heißt, es gibt also einen Angeklagten, gegen den ermittelt wird. Und wenn dieser Angeklagte nun dummerweise ein Mann ist, der aus dem tiefsten Afrika kommt, ohne Pass, ohne Personalien, dann kann für diesen Mann kein Konto eröffnet werden, denn die Wahrscheinlichkeit, dass dieser Mann eine Haftung übernehmen kann, ist null, da ist kein ausreichender Kollateralanspruch da. Also würde dieser Staatsanwalt dem Richter die Haftung später für die Verhandlung (Strafprozess) übertragen und der Richter sagt: „Was soll der Unsinn? Denn selbst, wenn ich ein Urteil spreche, bleibe ich auf der Haftung sitzen." Denn der Richter geht mit einem Urteil in die Ersatzerfüllungshaftung (verbriefte = versicherte Forderung).

Da komme ich später auch noch drauf, wenn ich über den Richter spreche. Der kann kein Verfahren eröffnen, denn es gibt in diesem speziellen Falle niemanden, der die Haftung übernehmen kann, es gibt kein sogenanntes Kollateralvermögen. Deshalb wird gegen diese Menschen, die ich immer „Kulturimporte" nenne, kein Verfahren eröffnet, weil sie keine Haftung übernehmen können. Es geht nicht.

Deshalb werden alle Strafverfahren gegen diese Menschen, die aus fremden Landen zu uns kommen, fallengelassen. Kein öffentliches Interesse, denn da ist nichts zu holen. Das ist eigentlich ganz einfach.

Wenn nun der Staatsanwalt fertig ermittelt und einen Angeklagten gefunden hat, wenn alles fertig ist, die Beweise vorliegen, dann übergibt der Staatsanwalt diesen Bond, also diese Haftung, an ein Gericht. Das kann ein Amtsgericht oder ein Landgericht sein, je nach Höhe der Summe. Damit ist der Staatsanwalt erst einmal aus der Haftung draußen, denn jetzt muss jemand anderes entscheiden, wer die Haftung übernimmt. Der Staatsanwalt, weil er dummerweise den Bond herausgegeben und nicht richtig geprüft hat oder der Angeklagte, weil das Ermittlungsverfahren berechtigt war.

Das ist das ganze Spiel, das von Seiten des Staatsanwaltes abläuft. Es ist rein eine Prüfung der Haftungsfrage und der Wahrscheinlichkeit des Gewinnens. Besteht keine Aussicht darauf, dass der Staatsanwalt gewinnt, wird er kein Verfahren eröffnen, weil nichts dabei rumkommt und nichts daraus generiert werden kann, also keine Haftung. Das ist wichtig zu wissen, bevor wir uns überlegen und darüber urteilen, warum der Mann aus Afrika oder aus dem arabischen Raum, der hier ein Verbrechen begeht, immer laufen gelassen wird.

3. Wie arbeitet ein Gericht?

Bevor ich auf das Gericht als solches eingehe, müssen wir erst einmal wissen, was für Arten von Prozessen es gibt. Es gibt auf der einen Seite den sogenannten Zivilprozess, und dann gibt es den sogenannten Strafprozess. Um zu begreifen, wie ein Gericht arbeitet, muss ich diese beiden Fälle trennen, weil sie elementar unterschiedlich sind.

Der Zivilprozess ist relativ einfach zu erklären. Es gibt eine Partei, die hat Recht, und die andere Partei behauptet das Gegenteil. Es gibt also zwei Parteien, die im Prinzip um Haftungen streiten. Relativ einfach zu sagen: Es gibt einen Rechtsanwalt, der formuliert eine Klage und reicht diese Klage ein. Alles kein großes Problem. Dann gibt es eine Verhandlung und der Richter entscheidet, welche von diesen Parteien die Haftungszusage für dieses Verfahren bekommt. Die Partei, welche dieses Verfahren gewinnt, bekommt eine „verbriefte Forderung". Das ist nichts weiter wie ein Titel, etwas, das ich vollstrecken kann. Durch die Verbriefung versichert der Richter die Forderung. Er geht in die Ersatzerfüllungshaftung, wenn der Verurteilte nicht zahlen kann oder zahlen will.
Das heißt, es gibt eine Forderung von einer Seite und es gibt eine Partei, die behauptet, diese Forderung sei nicht berechtigt.
Und diese beiden setzen sich hier auseinander. Es wird verhandelt. Man sagt ja auch „Verhandlung" dazu. Es wird hier im Sachrecht immer um Haftungen verhandelt, und der Richter muss entscheiden, welcher Partei er den Zuschlag für diese Haftung gibt. Die eine Partei muss eben die Haftung erfüllen, und die andere hat ein Recht auf diese Haftung. Der Richter arbeitet in diesem Falle als Vermittler zwischen diesen Parteien. Das Wichtige bei dem Ganzen ist: Warum drängen Richter immer auf Vergleiche? Das werde ich euch erklären, sobald wir den Richter besprechen. Es ist ein ganz wichtiger Umstand.

Das Wichtigere ist das Strafrecht. Viele wissen gar nicht, was in diesem Strafrecht eigentlich abläuft, denn da passieren die seltsamsten Sachen. Dazu ist es wichtig, zu begreifen, dass es einen Rechtskreis gibt, der 2000 Jahre alt ist. Dieser Rechtskreis kommt aus dem Römischen und nennt sich „crimina ordinaria" und „crimina publica". Das ist das öffentliche Strafrecht und das öffentliche Verfahrensrecht. Die Römer haben erkannt, dass es nicht wichtig ist, eine Straftat zu verfolgen, sondern dass es wichtig wäre, durch restriktive Maßnahmen im Vorfeld bereits zu verhindern, dass eine Straftat geschieht. Wenn ich jemandem sage: „Wenn du jetzt nicht das Maul hältst, komme ich morgen Abend vorbei und schlage dir den Schädel ein", dann ist das die Ankündigung einer Straftat. Die Ankündigung einer Straftat ist bereits eine Straftat. Diesen Umstand nennt man „Willensstrafrecht". Ich bekunde den Willen, eine Straftat zu begehen. Das wäre also insoweit nicht so schlecht.

Wenn man jetzt die Geschichte noch ein wenig weiter betrachtet, stößt man auf eine Gruppe, die sich ein bisschen mit crimina publica und crimina ordinaria beschäftigt hat und daraus einen richtigen Rechtskreis generierte – ein Strafgesetzbuch mit allem Drum und Dran, einer Strafordnung und so weiter. Diese Gruppe hat das alles fertiggemacht, verarbeitet, und als eine Rechtsgrundlage herausgegeben, nach der die Juristen europaweit heute noch arbeiten. Das war im Zeitraum zwischen 1935 und 1937. Der Vorsitzende dieser Gruppe hieß Roland Freisler. Damit ist, glaube ich, alles gesagt. Der Hintergrund dessen war, dass man damit eine Grundlage schaffen wollte, um gegen eine bestimmte Glaubensgemeinschaft schon im Vorfeld vorgehen zu können, auch wenn sie noch gar nichts gemacht hatte. Dieses Willensstrafrecht ist heute in Europa noch rechtsverbindlich, das heißt, es wird also auch heute noch angewendet. Das StGB aus dem vorletzten Jahrhundert ist zwar geltend, aber über dieses StGB wird dieses Willensstrafrecht darüber gestülpt und nach diesem wird auch verhandelt. Deshalb spielt es keine Rolle, ob ich eine Straftat begehe. Und so nebenbei gesagt: Das StGB ist nur dazu da, den Staatsanwalt für die Herausgabe von Bonds zu versichern. Er bekommt durch das StGB einen versicherten Rahmen, in dem er arbeiten kann.

Bei dem Zivilprozess muss ich noch etwas ganz Wichtiges ergänzen. Wir denken immer, wir sprechen von Recht oder Unrecht. Es gab einen Fall, da führte ein Rentner-Ehepaar einen Prozess gegen die Deutsche Bank und alles, was drum herum war, denn sie wurden nachgewiesenermaßen um Geld geprellt. Dieses Rentner-Ehepaar verlor bei diesem Betrugsfall alles, seine gesamten Ersparnisse. Es hat im Landgericht Recht bekommen, im Oberlandesgericht Recht bekommen und im Bundesgerichtshof verloren. Der Bundesgerichtshof hat entschieden, dass das Recht der Deutschen Bank zugesprochen wird, weil die wirtschaftlichen Interessen der Deutschen Bank den wirtschaftlichen Interessen des Rentner-Ehepaars überzuordnen sind. Das war die Begründung.

Fragt ihr mich jetzt: „Was soll denn der Unsinn?"
Nein, es ist korrekt. Es geht um Haftungen und diese Rentner sind nicht strukturrelevant. Die Deutsche Bank ist strukturrelevant. Wenn der Bundesgerichtshof gegen die Deutsche Bank entschieden hätte, hätte es Folgeprozesse gegeben und im Rahmen dieser Folgeprozesse hätte der Deutschen Bank eine Insolvenz gedroht. Und damit war ein strukturrelevantes Unternehmen in Gefahr, und somit wurde Unrecht zu Recht. Es geht um Haftungen und um Strukturrelevanz, das müssen wir uns klarmachen. Wir denken immer, die Gerichte handeln nach Recht und Unrecht und so weiter. Nein, es geht um Haftungen und um die Entscheidung: Was ist für das fiktive kommerzielle System besser?
Darüber kann man denken, wie man will. Aber Faktum ist einfach eines: Wir haben keine Justiz, wie wir sie uns vorstellen. Und wenn nun dieser Richter da hineinkommt und ein Urteil spricht, dann müssen wir uns darüber im Klaren sein, dass er abwägen muss. Er muss immer abwägen zwischen den Interessen des lebenden Menschen, der dort sitzt und eine Person mitgebracht hat, und der anderen Partei, die viel größer ist, vielleicht sogar viel stärker ist. Und er muss abwägen: Was hat das Urteil für Folgen im gesamten System? Deshalb sollten wir mit einer Verurteilung dieser Menschen oder Personen nicht zu vorschnell sein.

4. Der Richter

Der Richter hat eine ganz besondere Position in dieser ganzen Konstruktion, nämlich, dass er für Recht entscheiden muss. So sagt man das ja immer so schön. Faktum ist: Er muss Haftungen verteilen. Diese Haftungen können zum Teil sehr hoch sein, und deshalb wurde irgendwann einmal vor langer, langer Zeit entschieden, dass man die Richter-Position besetzt. Es gibt also eine Person, die sich Richter nennt, eine Obligation. Das ist ein Vertrag, der irgendwann geschlossen wird zwischen dem Mann, der dort als Richter die Richter-Person nutzen will, und dem Herausgeber dieser Richter-Person. Natürlich wurde diese Richter-Person auch von jemandem herausgegeben, es gibt also einen Emittenten, einen Inhaber, und es gibt einen Nutzer.
Die Richter-Person wird natürlich wieder unter AGB herausgegeben. Das heißt, es gibt wieder Richtlinien beziehungsweise Nutzungsbedingungen für diese Person. Und es gibt auch Regeln für den Missbrauch. Nur haben diese Regeln nichts mit Deutschland oder mit Frankreich oder Italien oder den USA zu tun. Es ist ein komplett eigener Rechtskreis, und somit ist diese Richter-Person immun gegen das rechtliche System, in dem sie Verhandlungen führt. Das hat den Vorteil, dass der Richter natürlich „unabhängiger" ist. Deshalb kommt ja auch immer dieser berühmte Satz: „Der Richter ist in seinen Entscheidungen frei und nur dem Gesetz unterworfen."
Ich habe bis heute nicht rausbekommen, welchem Gesetz der Richter unterworfen ist, denn das sagt niemand. Ich habe es versucht. Vergesst es, ihr werdet nie eine Antwort bekommen.

Faktum ist auf jeden Fall, dass der Richter, wenn er diese Person nutzt, immun ist. Ihr könnt euch das vorstellen wie bei Avatar. Er steigt in seine Robe hinein, wie in den blauen Körper bei Avatar, nutzt diese Robe für die Zeit, in der er diese Person nutzt, dann zieht er die Robe wieder aus, geht also aus diesem blauen Körper raus, und ist wieder in seinem normalen Körper drin. Genau das Gleiche passiert hier im Gerichtssaal, und deshalb tragen die auch diese Robe. Das heißt, sie signalisieren nach außen: Ich nutze nun eine andere Person. Und wenn sie die Robe ausziehen, sind sie sozusagen wieder in der normalen Rolle, in ihrem normalen Leben und nutzen wieder die normale juristische Person wie alle anderen Personennutzer auch.
Man nennt diese Personen auch öffentliche Personen oder Personen des öffentlichen Rechts, was aber nichts darüber aussagt, unter welcher „Verfassung" diese herausgegeben wurden. Das gibt dem Richter

eine sogenannte Immunität, denn es ist unmöglich, die Person eines Richters nach dem StGB anzuklagen. Das geht nicht. Denn das StGB ist nur dafür da, dass wenn ich eine Person missbrauche, die unter deutschem Recht emittiert wurde, der Herausgeber das Recht hat, Regress-Ansprüche gegen mich zu stellen. Aber da die Person des Richters nicht von diesem Herausgeber ist, kann der Herausgeber das auch nicht machen. Deshalb ist der Richter außerhalb und benötigt, damit er im Rechtskreis von Deutschland agieren kann, einen Vertrag, den Begebungsvertrag. Es ist alles klar und sauber geregelt. Die einzige Ausnahme ist: Wenn der Richter das Verfahren eröffnet hat, dann befindet er sich mit der Richter-Person im Rechtskreis des Auftraggebers. Wenn der Richter nun im Rahmen dieses Auftrags gegen das Recht des Auftraggebers, oder besser gesagt gegen die wirtschaftlichen Interessen, verstößt, kann er mittels StGB verurteilt werden. Siehe Maskenurteil gegen einen Richter.

Der Richter bekommt also diesen Begebungsvertrag und bekommt das Verfahren. Er bekommt also eine Haftung in Form eines sogenannten Bonds. Das heißt, wenn jemand die Klage einreicht, ob das jetzt ein Rechtsanwalt ist oder ein Staatsanwalt, es gibt einen Bond im Hintergrund.

Für uns ist es jetzt zukünftig einfacher, über die Strafverfahren zu sprechen, weil es dort klarer erkennbar ist.
Wir sprechen also von einem Strafverfahren, und der Staatsanwalt hat für dieses Verfahren einen Bond herausgegeben, um dieses Verfahren zu sichern. Die Haftung für diesen Bond, oder besser gesagt für die Erfüllung dieses Bonds, dieser Versicherung, wird für die Dauer der Verhandlungen dem Richter übertragen, und der Richter muss nun schauen, dass er die Haftung wieder los wird, denn bis dahin ist diese Haftung bei ihm. Er ist ja auch versichert, das heißt, der Richter hat auch wieder eine Versicherung, die in diesem Fall außerhalb Deutschlands ist. Da diese Versicherung außerhalb von Deutschland ist, belastet sie quasi weder das Amtsgericht noch die Bundesrepublik Deutschland noch sonst irgendjemanden in dieser Handelszone. Der Richter verhandelt also unter einer außerhalb bestehenden Versicherung und kann damit alles bearbeiten. Dann geht das wieder zurück in die Handelszone. Somit entstehen keine Haftungen während der Verhandlungen und für das Urteil. Es ist eine Drittpartei, die für Recht oder Unrecht, für Haftung hier oder Haftung dort entscheidet, mehr nicht.

Wenn wir nun in diesem Falle eine Haftung haben, die sehr, sehr hoch ist, dann kann es passieren, dass der Richter Probleme bekommt, denn er hat nur eine bestimmte Versicherungssumme. Ein Richter hat Aufträge, denn ein Begebungsvertrag ist ein Dienstleistungsauftrag für das Gericht, mehr ist das nicht. Deshalb gibt es auch einen Geschäftsverteilungsplan. Es ist Dienstleistung, mehr nicht. Das heißt, wenn die Summe zu hoch wird, kann der Richter den Auftrag gar nicht annehmen. Das Gericht muss also prüfen, ob dieser Richter diesen Auftrag überhaupt noch machen kann. Und wenn das nicht geht, kann er diesen Auftrag aus versicherungstechnischen Gründen nicht erfüllen. Deshalb hat mancher Richter 30 Fälle und erstickt an Arbeit, und ein anderer hat nur zwei Fälle und legt die Füße auf den Schreibtisch. Das kann passieren, das gibt es sehr häufig in Gerichten. Es hängt von der Summe ab, die im Hintergrund steckt, also vom Streitwert. Und je höher der Streitwert ist, umso mehr wird die Versicherung des Richters belastet.
Hier ein Beispiel: Ihr habt ein Haus. Dieses Haus ist versichert, Hausversicherung, Gebäudeversicherung mit 50.000 Euro. Die Versicherung schaut sich das Ganze an und sagt, dass das Haus aber eine halbe Million wert sei und ihr unterversichert seid. Dann sagt ihr: „Das ist doch mir egal."
Die Versicherung entgegnet: „Aber uns nicht. Da Ihr Haus unterversichert ist, erhöhen Sie entweder die Versicherungssumme oder wir kündigen die Versicherung, weil der Haftungsschaden für diese Versicherungssumme für uns zu groß ist. Denn wenn wir Ihnen nur 50.000 Euro auszahlen, laufen wir Gefahr, dass Sie klagen. Das wollen wir nicht. Also kündigen wir die Versicherung, wenn Sie nicht eine höhere Versicherungssumme eingehen."
Und das Gleiche ist es hier auch. Das heißt, die Versicherung steigt aus, wenn die Haftungsgefahr auf dieser Versicherung zu hoch wird.

Der Richter bekommt jetzt zum Beispiel einen Fall mit Strafverfahren, in dem es um schwere Körperverletzung geht, auf jeden Fall ein hochwertigeres Verfahren mit sehr hohen Haftungsschäden. Bei dem Mann, der hier verurteilt werden soll, besteht entweder Fluchtgefahr, das heißt, er setzt sich ab, entzieht sich der Haftung, oder er hat keinen festen Wohnsitz, es besteht keine Möglichkeit, auf ihn, auf die Person zuzugreifen. Die dritte Variante ist, dass er völlig uneinsichtig und vielleicht sogar gemeingefährlich ist. Was macht der Richter? Er nimmt diesen Körper und lagert ihn irgendwo ein, um sicherzustellen, dass er nicht weg ist, wenn es darum geht, am Ende die Haftung zu übernehmen. Oder es gibt ein Strafverfahren und jemand erscheint gar nicht zur Verhandlung, weil er das Ganze nicht ernst nimmt. Es ist ein fataler Fehler, zu einem Strafverfahren nicht zu erscheinen, denn der Richter vermutet dann, dass sich der Angeklagte eventuell absetzen möchte. Und auch dann lagert er den Körper dieses Angeklagten ein, um sicherzustellen, dass sich der potenzielle Haftungsübernehmer nicht aus dem Staub macht. Es ist eine Sicherung des Körpers, mehr nicht. Das ist übrigens die sogenannte Untersuchungshaft.

Ab und zu gibt es sehr hohe Klagesummen, wie zum Beispiel im Fall von Mord. Wenn jemand einen anderen ermordet, dann besteht die Gefahr, dass die Summen so hoch werden, dass die Bondsumme des Richters, also die Versicherungssumme des Richters, platzt. Also macht man einen kleinen Trick, in dem man die Klage in verschiedene Punkte unterteilt und für jeden einzelnen Klagepunkt einen eigenen Bond herausgibt, sodass der Richter immer nur einen Klagepunkt bearbeitet und dann am nächsten Tag den nächsten Klagepunkt und so weiter. Somit übernimmt er temporär für die Verhandlungszeit diese Klagepunkte. Dann zieht er die Robe aus, zieht die Robe wieder neu an – neue Verhandlung. Immer wenn er die Robe auszieht und wieder anzieht, beginnt eine neue Verhandlung, bei jedem Roben-Wechsel. Das ist ganz wichtig zu wissen. Wenn jetzt ein Richter aus dem Gerichtssaal hinausgeht und kommt innerhalb von 21 Minuten zurück, dann hat er in der Regel die Robe gewechselt, dann gibt es eine neue Verhandlung. Kommt er nach 21 Minuten nicht zurück, hat er Pech gehabt, dann ist die Verhandlung automatisch beendet, wenn der sogenannte Angeklagte das weiß und entsprechend handelt. Das weiß nur niemand.

Es gibt also diese sehr hohe Summe und der Richter kann sie nicht tragen, dann wird Punkt für Punkt verhandelt. Am Ende wird dieser Mann verurteilt und der Schaden bei einem Toten beträgt mehrere Milliarden Dollar. Also lagert man sofort den Körper dieses Mannes ein und verurteilt ihn, in den USA vielleicht sogar zum Tode durch die Spritze. Jetzt würde jeder normale Mensch sagen: „Verdammt noch mal, warum wird er jetzt auch noch durchgefüttert? Jetzt lebt dieser Mann 15 Jahre mit Todesurteil im Gefängnis. Warum tötet man ihn nicht gleich?"
Relativ einfach. Wenn man diesen Körper des Mannes nimmt und in ein Gefängnis packt, wird quasi der Körper in ein Haus eingelagert. Er bekommt eine Inventar-Nummer, eine Lagerplatz-Nummer, und

das führt dazu, dass dieser Körper des Mannes und seine immer noch potenzielle Arbeitskraft beleihfähig wird. Man kann ihn also in den sogenannten Obligationshandel bringen, in den Leistungsversprechen-Handel. Der Begriff passt aber überhaupt nicht, deshalb Obligationshandel. Man kann also mit diesem Körper nun Geld verdienen, während der Körper eingelagert ist, und zwar so lange, bis der Schaden beglichen ist, den er angerichtet hat. Und danach wird er getötet. Diese Körper, die dort eingelagert sind, stellen ein Asset dar, also ein Anlagevermögen der Firma, die sich Staat nennt. Die hat ja einen Körper sichergestellt, um einen Schaden abzusichern, und damit gilt es als Anlage. Man kann nun diesen Körper auch nehmen und als Sicherheit für Schulden hinterlegen. Es ist schließlich Anlagevermögen, und das wird in den USA so gemacht. Deshalb nennt man in den USA die Gefängnisse auch gerne „warehouses", Warenhäuser, weil sie dort Körper einlagern, und diese dazu genutzt werden, um das ganze Geschäftsmodell Rechtsstaat abzusichern. Pikanterweise ist zu sagen, dass 2016 sämtliche Strafgefangene der USA als Sicherheit für die Staatsschulden der USA in China hinterlegt waren. Also alle Insassen von Gefängnissen waren als Sicherheit in China hinterlegt. Wenn man so etwas hört, dann wird dieses kommerziell arbeitende System so abstrus, dass es schon unmenschlich wird. Und dort ist der Punkt erreicht, wo wir darüber nachdenken sollten, ob das jetzt wirklich sinnvoll ist oder nicht.

Der Richter an sich trifft einfach nur eine Entscheidung unter seiner Versicherung. Danach ist für ihn der Fall abgeschlossen. Wenn es nun in einem Zivilprozess einen Vergleich gibt, ist er sofort draußen. Das heißt, die Haftung ist sofort von ihm weg. Wenn der Körper eingelagert wurde, ist die Haftung auch weg, denn dann gibt es ja diesen Körper, und der Bond wird auf diesen Körper gebucht. Das heißt, der Richter kann wieder neue Verhandlungen annehmen. Wenn es nun aber durch den Rechtsanwalt im Zivilprozess oder im Strafprozess zu einer Berufung kommt, dann bleibt die Haftung auf dem Bond des Richters so lange bestehen, bis das Verfahren vollumfänglich abgeschlossen ist. Deshalb vermeiden Richter Urteile und versuchen immer in den Zivilprozessen, aber auch in Strafprozessen (Schuldeingeständnisse), Vergleiche zu erwirken. Warum? Der Vergleich beinhaltet keine Berufungsmöglichkeiten und damit ist die (Ersatzerfüllungs-)Haftung für den Richter sofort weg. Dabei sind die Richter manchmal nicht unbedingt zimperlich. Das hat einfach den Hintergrund, dass, wenn die verbleibende Haftung zu groß würde, sie zu Hause bleiben und nicht mehr weiterarbeiten könnten. Dann bekämen sie Ärger mit ihrem Chef. Damit erklären sich viele Situationen, zum Beispiel, warum es in einem Gerichtssaal manchmal zugeht wie in einem türkischen Basar. Ja, es ist manchmal erschreckend, aber wenn ihr euch das anhört und klarmacht, dass es nur um Haftung geht, dann erklärt sich vieles und wir gehen relativierter in solche sogenannten rechtsstaatlichen Verfahren hinein.

5. Das Gericht

Wir sprechen jetzt über das Gericht. Ich nutze diesen Begriff „Gericht“ hier als Sammelbegriff, also für das Amtsgericht, Landgericht, Oberlandesgericht, es spielt keine Rolle. Wie arbeitet ein Gericht? Bei einem Gericht müssen wir uns erst einmal darüber im Klaren sein, wer der Auftraggeber ist. Es gibt dort also eine Organisation, die sich „staatlich“ nennt, es ist aber eine Firma. Diese Firma bekommt Aufträge, so eine Art Vermittlungsaufträge für Gutachter-Dienstleistungen. Das heißt, da kommt ein Rechtsanwalt oder ein Staatsanwalt zu einem Gericht und sagt: „Ich habe hier einen Vermittlungsauftrag.“ Wir haben zwei streitende Parteien. In einem Fall sind es zwei Personen, Zivilrecht, und im anderen Fall ist es eine Person und der Herausgeber dieser Person, vertreten durch den Staatsanwalt, Strafrecht. Das heißt, der Emittent der Person, also derjenige, der die Person herausgibt und Inhaber der Person ist, sagt: „Da ist etwas passiert.“ Da gibt es eine Person und einen Mann, der sie genutzt hat. Und jetzt wird hier verhandelt, wer die Haftung übernimmt. Das sind die Aufträge, die ein Gericht bekommt.

Das Gericht hat nun die Aufgabe, die Klage, die Sachlage zu prüfen. Bitte immer daran denken, dass ein Gericht im Sachrecht arbeitet. Hier geht es nicht um Menschen, hier geht es um Sachen. Und hier geht es konkret sogar um Haftungen. Das hat überhaupt nichts mit Rechtsprechung zu tun, wie wir es verstehen und gewöhnt sind. Das ist die Gehirnwäsche, die wir haben, dass wir denken, in einem Gericht geht es um Recht oder Unrecht. Das ist Blödsinn. Jeder, der zum ersten Mal im Gericht war, ist völlig irritiert, denn man simuliert uns in diesen komischen Fernsehserien, dass es um Recht oder Unrecht geht. Wir sind so programmiert im Kopf, dass wir gar nichts anderes wissen wollen.

Nachdem das Gericht diese Klage, die Sachlage, geprüft hat, wird als Nächstes erst einmal geschaut, welches Personal zur Verfügung steht, und zwar externes Dienstleistungspersonal. Dieses Gericht ist gar nicht hoch genug versichert für diese ganzen Fälle. Also brauchen sie externe Dienstleister, die unter ihrer eigenen Versicherung arbeiten. Die nennt man auch Richter. Das heißt, es gibt jemanden, der eine Dienstleistung zur Verfügung stellt und das entsprechende Personal hat, sprich die entsprechenden Personen, über die dieser Dienstleister agiert. Ihr könnt es euch vorstellen wie in einer großen Firma. Eine große Firma hat einen Sachbearbeiter für Buchhaltung, einen Sachbearbeiter im Lager, einen Sachbearbeiter für Service. Es sind verschiedene Sachbearbeiter. Und genauso ist es bei diesem Dienstleister auch. Es gibt einen Dienstleister, der hat eine Buchhaltung mit allem Drum und Dran, und ein paar davon sind im Außendienst, die nennen sich Richter. Und diese Personen im Außendienst werden von einer Organisation emittiert, die nannte sich früher Vatikan. Der ganze juristische Bereich war früher in den Händen des Vatikans. Das war zum Teil dann auch der Bischof, das war jemand in der Personalunion, der Bischof oder Pfarrer, und da wurde die Rechtsprechung gemacht. Diese Rechtsprechung, die früher erfolgte, war natürlich sehr stark religiös gefärbt, weil die Firma, die sich Vatikan nannte, nur ihre wirtschaftlichen Interessen durchsetzen wollte.

Ich überspringe jetzt einfach mal diese Phase, wo die Preußen versucht hatten, dieses zu kippen und so weiter. Faktum ist auf jeden Fall, dass der Vatikan diese Emission von Personen eingestellt und sich aus der Haftung zurückgezogen hat. Das war diese ominöse Veröffentlichung des Papstes, dass er sich aus der Haftung sozusagen zurückzieht. Das wurde interpretiert als die Aufhebung der Immunität der Richter und Staatsanwälte. Völliger Blödsinn. Da hat sich nur der Herausgeber zurückgezogen, es wurde ein neuer Herausgeber bestimmt. Das war lange Zeit sozusagen ein Staatsgeheimnis, es war geheim. Der neue Herausgeber von Personen für die Justiz ist die International Association for Court Administration (IACA). Es ist eine Organisation, die nichts weiter macht, als die Justiz zu verwalten, sie zu administrieren. Sie verwaltet weltweit alle Gerichte und sorgt dafür, dass entsprechendes Personal zur Verfügung steht. Mehr nicht.
Diese Organisation gibt also diese Richter-Obligation, diese Richter-Person heraus, und irgendein Mann oder irgendein weibliches Wesen bekommt diese Obligation und agiert dann mithilfe dieser Obligation und führt die Dienstleistungsaufträge aus, die das Gericht vergibt. Das heißt, das Gericht beauftragt diese Organisation namentlich mit diesem Richter, mit der Verhandlung über die Haftung einer Obligation, eines Bonds, einer Haftungszusage. Deshalb gibt es einen Geschäftsverteilungsplan. Nun hat jeder Richter eine begrenzte Versicherung. Je höher die Richter-Position ist, also Landgericht, Oberlandesgericht, Bundesgerichtshof, umso höher ist seine Haftungssumme, umso höher ist seine Versicherung, umso höhere Haftung kann er eingehen. Deshalb gibt es ja auch diese Stufung, bei Kleinstfällen geht es ans Amtsgericht, dann geht es an das Landgericht. Auch das ist völlig erklärbar.

Zum Beispiel hat ein Richter am Amtsgericht 50 Millionen Euro Versicherungs-Haftungszusage. Wenn nun die Haftungssumme des Richters durch zwei große Fälle, die beispielsweise jeweils 25 Millionen Streitwert haben, ausgereizt ist, dann kann das Gericht ihm keinen weiteren Auftrag mehr geben. Es geht nicht. Er hat also nur diese zwei Fälle und langweilt sich im Büro zu Tode. Dann gibt es den anderen Richter. Der hat 30 Bagatellfälle und immer noch 25 Millionen Haftungssumme frei. Der arbeitet sich halbtot im Büro, von morgens bis abends, und kommt auf keinen grünen Zweig mehr. Das ist übrigens eine hervorragende Möglichkeit, um Richter zu disziplinieren, wenn sie nicht richtig spuren. Man gibt ihnen nämlich nur Bagatellfälle, nur so ganz nebenbei, für die, die über Richter schimpfen, weil Richter können nämlich auch erzogen werden, dass sie so funktionieren, wie es gewissen Leuten gefällt.

Diesem Richter wird nun diese Haftung mit dem Begebungsvertrag übertragen, also dem Vertrag, durch den die Richter-Obligation in den Rechtskreis des Gerichtes ausnahmsweise versichert gehen kann. In diesem Moment ist das Gericht aus der Haftung raus. Der Richter hat die alleinige Haftung und verhandelt die Haftung nun unter seiner Versicherung. Somit ist der Richter in seinen Entscheidungen frei und nur dem Gesetz unterworfen. Das heißt, der Direktor des Amtsgerichts hat dem Richter nicht zu sagen, wie er Recht zu sprechen hat, denn er würde sonst in einen fremden Rechtskreis eingreifen, in eine fremde Versicherung, und dafür hat er keine Prokura. Er hat also keine Zeichnungsberechtigung, um in die fremde Versicherung einzugreifen. Das ist ganz, ganz wichtig. Deshalb darf der Richter „machen, was er will", solange er sich an seine eigenen Regeln hält, die seine Versicherung ihm wiederum vorschreibt, die wir jedoch nicht kennen, weil es andere AGB für die Nutzung der Person sind.

Der Richter kann nun also völlig frei entscheiden und niemand kann ihn dabei beeinflussen, außer der Herausgeber dieser Person und die Versicherung im Hintergrund. Der Richter bearbeitet diesen Fall und gibt dann ein Urteil heraus. Dieses Urteil ist sozusagen die Bestätigung einer Forderung des Emittenten in Vertretung durch den Staatsanwalt. Im zivilen Bereich ist das relativ klar. Es gibt jemanden, der hat eine Forderung, und ein anderer bezahlt die Forderung nicht. Der Richter erklärt für Recht, dass er die Forderung bezahlen muss. Es wird also eine verbriefte Forderung daraus, eine versicherte Forderung. Der Richter hat geprüft und festgestellt, es stimmt, der Beklagte muss bezahlen. Und der Richter übernimmt die Haftung dafür, dass die Forderung rechtens ist. Er versichert die Forderung, und das nennt man eine verbriefte Forderung oder auch einen Titel.

Ihr dürft hundertprozentig sicher sein, dass der Richter diese verbriefte Forderung, dieses Urteil, unterschrieben hat. Das unterschriebene Urteil geht sofort in die Buchhaltung des Gerichtes, von der Buchhaltung des Gerichtes zum entsprechenden Rechenzentrum und dann sofort in den Wertpapierhandel. Man versucht damit, sofort Geld zu verdienen. Ihr als Kläger in einem Zivilprozess oder als Beklagte in einem Strafprozess bekommt nur eine sogenannte Ausfertigung. Das heißt, ihr bekommt ein Urteil, das kopiert wurde, bevor es unterschrieben wird. Da gibt es irgendjemanden, der macht die Stempel drauf, und dann unterschreibt irgendjemand. Böse Stimmen sagen, es ist mittlerweile die Putzfrau, denn niemand will die Haftung mehr übernehmen. Früher hieß es „im Auftrag", heute unterschreiben die einfach nur noch so. Das heißt, die Leute, die unterschreiben, haben keine Ahnung, denn sonst würden sie hinschreiben „im Auftrag" oder „auf Anweisung" oder sonst irgendwas. Tun sie aber nicht mehr. Diese vollstreckbare Ausfertigung ist nur deshalb vollstreckt, weil die Leute daran glauben, sonst nichts. Denn wenn das Original-Urteil mit der Unterschrift des Richters beglaubigt kopiert würde (das heißt ja nur, dass derjenige, der die Kopie anfertigt, mit seiner Versicherung dafür einsteht, und derjenige, der die Haftung für das Original-Papier übernimmt, einverstanden ist, dass seine Haftung dupliziert wird), dann hat die Kopie den gleichen Wert wie das Original. Das ist ganz wichtig zu wissen. Wenn mir als Kommerzler so etwas in die Hände fällt, ein original unterschriebenes Urteil bzw. die beglaubigte Kopie davon, gehe ich damit sofort in den Wertpapierhandel und verdiene dann im Wertpapierhandel unter der Haftung des Richters Geld. Es ist eine Obligation, eine Leistungszusage, die von einem Richter versichert wurde. Ist genial, was Besseres gibt es gar nicht mehr. Es gibt Leute, die investieren auf so etwas, die investieren auf Erfüllung oder Nichterfüllung. Das ist ein Gezocke wie im Casino.
Das gibt es tatsächlich, und wir müssen uns von dem Gedanken verabschieden, dass das Ziel, welches ein Gericht verfolgt, Recht und Unrecht sei. Das ist Unsinn. Es geht nur darum, in einem betriebswirtschaftlich ausgerichteten Unternehmen, das sich staatliche Einrichtung nennt, solche Papiere zu generieren, um mit diesen Papieren wiederum Kredite zu produzieren und diese zu nutzen, um das System aufrecht zu erhalten. Mehr nicht.

6. Nachwort

Das Beste kommt zum Schluss: die Unabhängigkeit der Justiz. Alle Leute sprechen von der Unabhängigkeit der Justiz. Betrachten wir doch einmal die einzelnen Entitäten. Da gibt es das Gericht, welches ein Subunternehmen der Bundesrepublik Deutschland ist. Das lasse ich einfach mal so dahingestellt, denn da wurde eine gemeinnützige Stiftung dazwischen geschoben. Dabei belasse ich es. Dann gibt es einen Staatsanwalt, der, wie der Name schon sagt, der Anwalt des Staates ist. Somit ist der Auftraggeber des Staatsanwaltes die Firma, die sich Staat nennt. Geht aus dem Namen schon hervor. Dann haben wir einen Richter, der einen Dienstleistungsauftrag vom Gericht erhält, das wiederum im Auftrag der Firma arbeitet, die sich Staat nennt. Wie abhängig oder unabhängig er dieses betreibt, das lasse ich auch mal dahingestellt. Dann gibt es noch den Rechtsanwalt, einmal im Zivilrecht und einmal im Strafrecht, und auch noch den Pflichtverteidiger. Dieser Rechtsanwalt ist verpflichtet, dem Gericht zuzuarbeiten, denn der Rechtsanwalt ist ein sogenanntes Organ der Rechtspflege. Das bedeutet, er muss die Regeln des Gerichtes einhalten, und er wird sich hüten, die Regeln des Gerichtes zu verletzen, auch wenn es eventuell im Sinne des zu Verteidigenden wäre. Aber auch hier lasse ich es dem Betrachter offen, wie weit er dem Ganzen folgen kann, dass der Rechtsanwalt tatsächlich bis zum Letzten die Interessen seines Mandanten wahrnehmen kann.

IV. Strafvollzug als Geschäftsmodell

1. Teil 1

Bevor wir uns jetzt mit diesem Thema Staatsanwalt, Bond und so weiter beschäftigen, möchte ich erst ein Beispiel vorabschicken:

Jetzt stellt euch einfach mal vor, Egon ist Multimilliardär und hat überhaupt keine Lust mehr, sein riesiges Vermögen selbst zu verwalten. Also überträgt Egon es an eine Treuhandverwaltung und sagt: „Hey Leute, ich will mich um nichts mehr kümmern. Ihr bekommt von mir Handlungsfreiheit, ihr bezahlt alle Rechnungen von mir."
Egon hat dann einfach Lust, ein schönes Wochenende in New York zu verbringen und fliegt mit einigen Mädels dorthin. Er macht sich ein schönes Wochenende und hat den Treuhänder, wie es sich gehört, vorher informiert. Der Treuhänder bekommt dann, wie angekündigt, die Rechnungen über 1,5 Millionen.

Nun demoliert aber Egon in New York dieses Hotel etwas, das war natürlich nicht geplant. Daraufhin kommt das Hotel im Nachhinein und sagt: „Hör mal, der Egon hat das Hotel demoliert."
In diesem Hotel ist Egon bereits bekannt, weil er das öfter macht. Daher setzt sich das Hotel mit dem Treuhänder direkt in Verbindung und teilt mit: „Egon hat das Hotel demoliert, die Reparatur hat 30.000 Dollar gekostet."
Der Treuhänder antwortet: „Ja, das kennen wir schon. Okay, alles klar, schickt eine Rechnung, wir bezahlen das."
Egon bekommt also überhaupt nicht mit, dass da irgendwo ein Schaden entstanden ist und dass er diesen bezahlen musste. Das heißt, der Treuhänder hatte die Aufgabe, dafür zu sorgen, alle Rechnungen zu bezahlen. Dafür ist er Treuhänder. Er schaut auch, dass das Vermögen investiert wird, aber es ist ein ganz klares Auftragsverhältnis: Treugeber, Treuhänder, und begünstigt ist auch der Egon.

Nun demoliert aber Egon dieses Hotel nicht nur, sondern er demoliert es so, dass es abbrennt. Jetzt ist dieses Hotel zerstört und die Hotelleitung beauftragt einen Gutachter, denn die können jetzt nicht einfach zum Treuhänder sagen: „Egon hat das Hotel niedergebrannt und wir reden jetzt über einen Schaden von fünf Millionen US-Dollar."
Jetzt brauchen sie Gutachter, denn sie müssen es beweisen, dass Egon

tatsächlich dieses Hotel niedergebrannt hat. Der Gutachter macht ein Gutachten, und als Ergebnis stellt der Gutachter fest: Egon hat das Hotel niedergebrannt. Es gibt ein Gutachten, welches dem Treuhänder vorgelegt wird, der Treuhänder sagt: „Okay, alles klar, wir akzeptieren das, es gibt ein Gutachten. Aufgrund dieses Gutachtens bezahlen wir die fünf Millionen US-Dollar zum Wiederaufbau des Hotels."

Egon kommt nach ein paar Jahren auf die Idee, sich das alles mal anzuschauen und stellt fest: „Hey, ihr habt fünf Millionen für dieses Hotel bezahlt. Ich habe doch gar nichts gemacht."
Dann kommt der Treuhänder mit dem Beweis in der Hand: „Wir haben hier ein Gutachten, dass du diesen Schaden angerichtet hast. Wir mussten es bezahlen, denn wir haben den Auftrag, alles zu bezahlen, was du brauchst, was du tust und was du beschädigst."

Das ist genau die Situation, die wir haben. Wir haben einen zentralen Treuhänder. Diese Einleitung mit dem Hotel war einfach nötig, um zu begreifen, wie dieses System tatsächlich arbeitet. Es gibt also einen zentralen Treuhänder, das Department of the Treasury, das Bundesschatzamt. Dieses Department of the Treasury ist verpflichtet, den Herausgeber der Person schadfrei zu halten. Das heißt, auf der einen Seite ist der Lizenznehmer, das ist die Firma, die sich Staat nennt, verpflichtet, aufgrund von Verträgen mit dem Department of the Treasury und der UN und so weiter und so fort, uns eine Person zu geben, damit wir wertschöpfend tätig sein können. Auf der anderen Seite ist dieser Treuhänder verpflichtet, dafür zu sorgen, dass er den Herausgeber dieser Person entschädigt, wenn ich irgendetwas anstelle, manchmal sogar ohne, dass ich das erfahre. Der Treuhänder ist dazu verpflichtet.

Wenn ich auf das Beispiel aus einem anderen Gespräch zurückkomme, wo ich auf der Straße kontrolliert werde, ob mit oder ohne Maske, es gibt ein Handgemenge und ein bisschen Ärger, und ich haue dem einen Mitarbeiter ein blaues Auge, dann ist das genau diese Situation. Ich habe eine Ultra-vires-Handlung begangen, habe angefangen zu diskutieren und bin sogar handgreiflich geworden. Nun wird die Staatsanwaltschaft eingeschaltet, denn der Herausgeber dieser Obligation muss nun hochwertiger versichert sein. Wir reden jetzt hier von anderen Summen. Das Ordnungsamt ist begrenzt, darüber haben wir ja schon gesprochen. Nun wird die Staatsanwaltschaft eingeschaltet, weil diese definitiv höhere Bonds herausgeben kann und

genau dafür zuständig ist. Die Staatsanwaltschaft prüft diesen Vorgang, stellt fest, es ist öffentliches Interesse vorhanden, weil Angriff auf Staat, Angriff auf die Staatsordnung, Angriff auf die Ordnungsbeamten und so weiter und so fort. Ob das jetzt Beamte sind, spielt gar keine Rolle. Man gibt dem Hund einen Namen und lässt den laufen. Lassen wir das so stehen. Fakt ist auf jeden Fall, ich habe nicht nur eine Ultra-vires-Handlung begangen, sondern auch zusätzlich noch weitere Ultra-vires-Handlungen, indem ich die Leute jetzt auch noch angegriffen habe, die dafür sorgen, dass ich eine neue Versicherung, eine Ergänzung, bekommen muss.
Nun hat also dieser Staatsanwalt einen Bond herausgegeben und bietet mir diesen Bond und die Emissionskosten an. Diese liegen zum Beispiel bei 3.000 Euro. Also wurde durch die Staatsanwaltschaft ein Bußgeld von 3.000 Euro eingeleitet und ich sage: „Nein, ich zahle das nicht."
Also passiert jetzt Folgendes: Da ich kein Einverständnis gebe für die Bezahlung dieses Bonds, muss nun ein Gutachter her.

Der Gutachter muss sich also diesen Vorgang als Drittpartei anschauen. Er wird also zur Begutachtung beauftragt. Der Staatsanwalt gibt den Vorgang zu einem Amtsgericht. Das Amtsgericht gibt ihn weiter an einen Richter, und der Richter wird vom Amtsgericht beauftragt, den sogenannten Geschäftsbesorgungsauftrag im Rahmen des Geschäftsverteilungsplans durchzuführen. Über diesen Weg wird der Richter vom Staatsanwalt mit der Begutachtung des Bonds beauftragt. Er ist also in einer Art Gutachterposition. Es kommt also zu einer Gerichtsverhandlung in ganz normalem Durchlauf. Der Beklagte erscheint und fängt wieder an, herumzudiskutieren. Wieder diskutiert er und wieder war er alles nicht, und der Richter kommt zur Ansicht, dass der Staatsanwalt Recht hat, dass es sich hier um einen unbelehrbaren „Querulanten" handelt. Dieser unbelehrbare Querulant wird nun vom Gericht dazu verurteilt, die 3.000 Euro Geldstrafe zu bezahlen.

Was ist jetzt passiert? Es gibt nun also ein Gutachten für den Ultra-vires-Schaden, den der Nutzer der Person angerichtet hat. Mit diesem Gutachten und dem Bond der Staatsanwaltschaft kann nun der Herausgeber der Person zum Treuhänder gehen, dem Department of the Treasury, und Erfüllung dieses Schadens einfordern. Jetzt ist es aber so, dass man natürlich von uns fordert, diese 3.000 Euro zu bezahlen. Und wenn wir diese 3.000 Euro nicht bezahlen, die Emissionskosten nicht mit Cash bezahlen, dann nehmen die unseren Körper als Pfand. Das ist der Haken an der ganzen Geschichte. Und dort setzt ein Geschäftsmodell ein, das sehr komplex ist und über das ich in einem erweiterten Clip[4] noch einmal sprechen möchte. Wir werden im nächsten Teil in Ebenen einsteigen, die sehr komplex und buchhalterisch sehr schwer zu verstehen sind. Aber es ist sehr wichtig zu begreifen, wie dieses System arbeitet und warum Strafvollzug zu einem Geschäftsmodell wurde, ohne dass es der Staatsanwalt weiß, ohne dass der Richter es weiß – und wir schon gar nicht.

---

[4] Anm: In der dem Buch als Basis dienenden Videoserie mit Gabriel namens „Ein Mensch kann nur als Mensch aufstehen" von Kamasha TV.

2. Teil 2

Die nachfolgenden Ausführungen sind etwas komplexer und ich bitte euch, euch einfach mal hineinzufühlen und darüber nachzudenken. Wenn ihr eine Versicherung abschließt, wenn euch irgendjemand einen Auftrag erteilt, dann schaut ihr euch die AGB genau an. Dann betrachtet ihr das vorher und wollt genau wissen, worum es geht. Ihr unterschreibt nicht blind irgendetwas. So in dieser Art sehe ich jetzt die folgende Komplexität, weil ich mir erlaube, euch damit in einen der tiefsten, tiefsten Punkte des Karnickelbaus zu führen.

Es geht letztendlich darum, dass der Herausgeber der Person in seiner Sorgfaltspflicht, die unterstelle ich ihm jetzt einfach mal, bereit ist, einen relativ hohen Bond herauszugeben. Dazu muss ein Staatsanwalt eingeschaltet werden. Der Staatsanwalt ist also autorisiert, unter seiner Versicherung (StGB) diesen Bond zu emittieren. Nun bekommt ihr von der Staatsanwaltschaft einen Bescheid über 3.000 Euro Geldstrafe und sagt, dass ihr das nicht bezahlen wollt. Der Staatsanwalt hat nun keine andere Möglichkeit, weil mit dieser Aussage „Nein, will ich nicht", kann er nicht zum Treuhänder gehen. Das funktioniert so nicht. Das heißt, der Treuhänder wird sagen: „Nein, das zahle ich nicht, denn ich brauche das Einverständnis dieses Mannes, dieses Treugebers, andernfalls wird es nicht ausgeglichen." Also geht der Staatsanwalt in seiner „Verzweiflung" zu einem Amtsgericht und reicht Klage gegen euch ein. Das Amtsgericht sucht sich einen geeigneten Gutachter, der sich auch Richter nennt. Das heißt, entsprechend einem Geschäftsverteilungsplan schaut sich dieses Amtsgericht an, welcher Richter noch ein freies Versicherungs-Kontingent hat, wo er das platzieren kann, und vergibt diesen Auftrag in Form eines Begebungsvertrags.

Somit wird also der Richter beauftragt. Es gibt ein Gerichtsverfahren. Der sogenannte Beklagte erscheint zu diesem Gerichtsverfahren und wehrt sich mit Händen und Füßen gegen diesen Strafbefehl des Staatsanwalts. Er diskutiert herum und entehrt damit die guten Absichten des Herausgebers der Person. Das lassen wir jetzt auch einmal so dahingestellt, denn es ist ja eigentlich die gute Absicht und nicht schlecht, eine Handlung nachträglich zu versichern. Dass da natürlich etwas anderes dahintersteckt, sehen wir gleich.

Der Richter hört sich das Lamentieren an und entscheidet: Okay, er entehrt mich, er entehrt das System, ich stimme dem Staatsanwalt

zu, und die Strafe wird ausgesprochen. Somit wird also der Bond herausgegeben und der Mann wird bestraft, 3.000 Euro zu bezahlen. Punkt. Das ist das, was im Vordergrund passiert.
Im Hintergrund wird ein Bond herausgegeben und mit dem Gutachten des Richters beim Department of the Treasury eingereicht. Das Department of the Treasury wird angewiesen, diesen Bond mit Substanz zu versehen, das heißt, dieser Bond ist wertlos, solange keine Substanz da ist. Substanz heißt, es wird Kollateralanspruch zu diesem Bond dazu gebucht. Dann landet dieser Bond, so wie er ist, bei der Federal Reserve Bank.
Ohne die Zubuchung von Substanz kann der Bond nicht in den Handel gebracht werden und das Department of the Treasury benötigt das Gutachten (Urteil) zur Absicherung.

Nun ist es so, dass dieser Bond aktuell öffentlich wertlos ist, da es ein privater Bond ist. Wenn dieser Bond normal laufen würde, müsste der Mann jetzt einfach die Emissionsgebühren bezahlen, was einer Akzeptanz gleichkommt. 3.000 Euro, und dann wäre alles erledigt. Das tut der Mann aber nicht, der Mann wehrt sich weiterhin und zetert herum. Irgendwann holt man ihn halt einfach ab und er wird in die sogenannte Ersatzhaft gesteckt. Das heißt, man lagert seinen Körper für die Dauer von 3.000 Euro ein. Das ist so ungefähr ein halbes bis ein dreiviertel Jahr. Das heißt, man nimmt seinen Körper und lagert ihn als Ersatzhaft-Häftling ein, so lange, bis der Bond, dieses angebliche Bußgeld, ausgeglichen ist.

Aber was passiert denn wirklich? Wir kommen jetzt in einen Bereich, der kaum jemandem bekannt ist:
Dieser Bond ist ein privater Bond und darf nicht in den Handel. Er muss zuvor registriert werden. Diese Registrierung kann nur dann erfolgen, wenn er vom Haftenden oder jemandem, der die Haftung ersatzweise übernimmt, unterschrieben ist. Vorher geht das nicht. Diese Regel stammt aus dem Ende des 17. Jahrhunderts und wurde von einem Crown Court, also von einem Gericht der Krone, herausgegeben. Das nennt sich die 144 Holders Rule, also die 144-Halter-Regelung. Nach dieser Regel darf der private Bond nicht sofort in den Handel gegeben werden, sondern darf erst nach einem halben Jahr teilweise (ca. 15 bis 20 % vom Nominalwert) gehandelt werden. Erst von diesem Moment an kann überhaupt etwas mit dem Bond gemacht werden, denn ab da wird dieser Bond erst gezeichnet. Da sich der Verursacher des Schadens weigert, die Haftung zu übernehmen,

gibt es eine Organisation, die heißt CUSIP, Committee on Uniform Security Identification Procedures, die den Bond gegenzeichnet und ihn anschließend hält.

CUSIP ist eine Agency of Government Organization, also eine Agentur einer Regierungsorganisation. Diese CUSIP gibt dann diesen Bond über verschiedene Wege weiter in den Handel. Die Unterzeichnung dieses Bonds ist problematisch, denn diejenigen, die diesen Bond unterzeichnen, gehen in die Ersatzerfüllungshaft für diesen Bond. Ersatzerfüllungshaft heißt: Wenn der Verursacher dieses Schadens nicht bereit ist, die Haftung zu übernehmen oder die Haftung nicht übernehmen kann, also wenn er zum Beispiel stirbt, dann geht derjenige, der die Unterschrift geleistet hat, in die Ersatzerfüllung. Das bedeutet, er braucht eine Haftpflichtversicherung. Somit ist es also erforderlich, dass eine Firma, zum Beispiel ein Börsenunternehmen oder eine Bank oder eine Versicherung, für den Verursacher dieses Schadens in die Haftung geht. Deshalb nennt man diese Organisationen, die so etwas machen, Surety Companies. Das sind Sicherungsfirmen, die die Haftung ersatzweise für den bockigen Nutzer der Person übernehmen.

Mit dieser Unterschrift kann dann dieser Bond endlich in den Handel gehen. „In den Handel" heißt nichts weiter, als dass dieser Bond zum Beispiel als sogenannte „Mortgage Backed Security" eingebucht wird. Mortgage Backed Security bedeutet „substanzbasierende Sicherheit". Da der Körper eingelagert wurde, gibt es also Substanz, die als Sicherheit eingebucht wird, um die Versicherung für die Laufzeit des Bonds abzusichern. Somit gibt es also den Bond auf der einen Seite als eine Art Kreditzusage, und auf der anderen Seite musste der Bond in der Buchhaltung als Sicherheit für diese Kreditzusage eingebucht werden. Dies muss immer existieren -> Aktiva – Passiva. Somit kann diese Firma, die sich Staat nennt, diesen Bond als Aktiva 1. Grades nutzen. Sie kann dann diesen Bond umsetzen, Kredite aufnehmen, damit in den Handel gehen, kann diese Liquidität also nutzen.

Es entstehen Gewinne auf diesen Bond und der im Gefängnis Sitzende, dieser Verursacher, ist der alleinige Verfügungsberechtigte über die Erträge und Gewinne aus diesem Bond. Diese Erträge und Gewinne bleiben stehen, aber der, der im Gefängnis sitzt, weiß von all dem nichts. Deshalb werden diese Gewinne und Erträge, die auf das Subunternehmen (JP) gebucht werden, genutzt, damit diese Firma, die sich Staat nennt, ihre eigene Buchhaltung damit abgleicht. Denn diesen

Firmen fehlt allen die Liquidität, um ihren Geschäftsbetrieb aufrechterhalten zu können. Somit nutzen sie diese ungenutzten Gewinne, um damit ihre eigene Buchhaltung in Ordnung zu bringen. Das ist ein Weg.

Man bucht zum Beispiel diesen Bond auch gerne als sogenanntes Asset (Anlagevermögen) bei der Organisation CPA, der Correction Corporation of America, ein. Das ist eine Organisation, die Geschäftsanteile hat, also Shares oder Aktien. Diese Aktien gehören allen Nationen dieser Welt. Somit sind alle Nationen dieser Welt an der CPA beteiligt. Diese nutzt jetzt diese Bonds als Assets, als Liquidität 2. Grades, das heißt, sie wandelt den Bond als Lagerbestand um. Damit ist das alles noch mehr versteckt. CPA nutzt das quasi, um weitere Shares, weitere Aktien auszugeben und somit die Bilanzsumme zu erhöhen. Auch über diesen Weg wird Geld gemacht. Das ist eine weitere Variante.

Die dritte Variante ist, dass die Firma ALEC, American Legislative Exchange Council, diese Mortgage Backed Securities nimmt und an Foundations bringt.[5] (ALEC ist eigentlich eine Government Organisation). Eine Foundation ist zum Beispiel Reid Trinity Venture. Reid Trinity Venture nimmt diese Bonds, bringt sie in das Foundation-Vermögen ein, und dann kann man wiederum in diese Foundation investieren. Dort fallen dann Namen wie zum Beispiel die BIZ, die Cornell Corporation und so weiter. Da sind wir in der richtigen Hochfinanz. Dort werden ganz gezielt diese privaten Bonds in großen Foundations eingelagert und für Investoren genutzt. Investoren, die noch nicht einmal wissen, dass sie in Jail Bonds bzw. Prison Bonds investieren, sondern sie sehen nur, da gibt es eine Investmentmöglichkeit, in die man Geld investiert und aus denen man dann Renditen bekommt. Das sind diese ganzen Gelddruckmaschinen, die im Hintergrund laufen und diesen Ausfall von Staatsanleihen ausgleichen. Denn eine Staatsanleihe zu verkaufen, ist eine Sache, so einen Prison Bond zu generieren, ist eine andere Sache. Es ist die Möglichkeit dieser Firma, die sich Staat nennt, an liquide Mittel zu kommen, außerhalb des normalen Staatsanleihe-Geschäfts oder durch Emission von irgendwelchen Papieren.

Man nutzt also diese privaten Prison Bonds/Jail Bonds, gesichert durch die Körper der Menschen, die in einem Gefängnis sitzen, um dann wieder Investmentpapiere zu schaffen, Mortgage Backed Securities.

---

[5] Gabriel verwendet viele amerikanische Ausdrücke, weil diese aus dem Wertpapierhandel in der englischen Sprache stammen.

Diese bringt man dann wiederum in den Handel, um Geld einzusammeln, um den Geschäftsbetrieb aufrechtzuerhalten. Der Einzige, der davon nichts weiß, ist der, der in einem Gefängnis sitzt und dessen Körper im Prinzip als Sicherheit genommen wird. Deshalb nennt man im Amerikanischen die Gefängnisse auch „warehouses", denn es sind Warenhäuser.

An der Stelle möchte ich noch bemerken, dass die gesamten US-amerikanischen Gefangenen in Gefängnissen in den Jahren 2014 bis 2016 als Sicherheiten für die Staatsschulden der USA in China hinterlegt waren.

Hier auch noch der Hinweis, dass die sogenannten Gefängnisse in der Regel privatrechtliche Organisationen, also ganz normale Firmen sind. Als Beispiel eine Recherche von mir: Das Gefängnis in Budapest, in dem man meinen Körper eingelagert hatte, wird von einer französischen Firma im Elsass, in Cedex betrieben, einem gewinnorientierten Unternehmen. Das sieht man am Essen und an vielen anderen Dingen. Dort wird ein gigantisches Geld gemacht. Es gibt Aussagen, dass in Ungarn bis zu 15.000, 20.000 Dollar und in deutschen und Schweizer Gefängnissen, also den hochwertigeren Gefängnissen, 30.000, 40.000, 50.000 Dollar pro Monat erwirtschaftet werden.

Das mag für euch völlig abstrus klingen, aber ihr müsst euch mal überlegen: Es ist ein substanzgesicherter Kredit, den ihr quasi gewährt, weil ihr angefangen habt, vor einem Gericht wegen einem Bond zu diskutieren, den man eigentlich nur für eine Handlung herausgegeben hat, die ihr begangen habt und die nicht versichert war. Diese ganze Struktur läuft im Hintergrund ab, völlig ungesehen, niemand weiß davon. Es liegt an uns, ob wir diese Strukturen in dieser Form akzeptieren oder nicht.

Letztendlich ist es einfach so: Normalerweise sollten wir vor einem Gericht nicht diskutieren. Normalerweise sollten wir vor einem Gericht diesen Bond, wie er ist, akzeptieren und ihn gegenzeichnen. Damit würde dieser ganze Komplex „Surety Company" und so weiter wegfallen. Normalerweise wären die Emissionskosten per Accepted for Value auszugleichen. Auch das wäre dann gleich erledigt, aber dann wäre der Zweck ja nicht erfüllt. Der Zweck ist ganz einfach der, dass die Firma, die sich Staat nennt, über diesen Weg weitere Kreditvolumen sichert und zusätzlich noch Liquidität von uns einsammelt, um ihren Geschäftsbetrieb aufrechtzuerhalten und das alles ohne unser Wissen.

V. Das Steuermärchen

1. Einleitung

Die Finanzen sind ein weites Thema. Wir müssen erst einmal klären, worum es geht: Es ist eine Glaubensfrage. Wir sprechen immer vom Glauben. Wir glauben zum Beispiel an den Rechtsstaat, wir glauben an die Demokratie, wir glauben an den Sozialstaat und wir glauben an den Klapperstorch.

Was wir hier in diesen Interviews machen? Wir versuchen uns ein Bild davon zu verschaffen, was tatsächlich ist, was die Realität ist. Wie sieht es denn wirklich aus? Haben wir diesen Rechtsstaat? Fliegen uns wirklich die gebratenen Tauben in den Mund?

Wir haben das Verständnis gewonnen, dass wir zu IKEA oder wem auch immer gehen und dort etwas auf Kredit kaufen, immer auf Kredit, immer auf Ratenzahlung. Wir haben den Blick für das Wesentliche verloren, und das Wesentliche ist tatsächlich: Wo kommen diese Werte her? Wer schafft diese Werte? Wir haben dieses Gefühl von unbegrenzten Ressourcen, von unbegrenztem Wachstum, all diese Dinge. Aber diese platzen gerade, sie werden gerade in diesem Pandemie-Wahnsinn, in diesem Umweltkatastrophen-Wahnsinn, in diesem Kriegs-Wahnsinn, der gerade produziert wird, zerstört. Die Menschen werden in die Angst, in die Ohnmacht getrieben. Sie fühlen sich ohnmächtig und werden jetzt gerade wütend. – Das ist der falsche Weg.

Wir wollen ja mit diesen Interviews erreichen, dass die Menschen anfangen, nachzudenken, dass sie innehalten und sagen: „Stopp! Was passiert gerade mit mir? Wie werde ich gerade manipuliert?"

Wir müssen uns darüber klar sein: Die ganze Welt ist eine Firma! Die ganze Welt ist eine Bank! Wir werden wie eine Obligation, wie ein Wertpapier verwaltet, mehr nicht. Unsere Arbeitskraft stellt einen Wert dar und dieser Wert wird verwaltet. Die Frage ist: Was machen wir daraus? Denn wir sind der Wert, unsere Welt ist der Wert. Worum es letztendlich geht, ist, sich das bewusst zu machen, wo dieser Wert tatsächlich ist. Wenn wir diese ganzen Interviews hier machen, geht es nur darum, uns klarzumachen: Wo ist unser Wert und wie wird dieser Wert eingesetzt? Das sind unsere Finanzen, das sind unsere Finanzmittel. Die entstehen nicht aus dem Nichts, sondern die entstehen aus der Tatsache heraus, dass wir potenziell die Fähigkeit haben, Werte zu schaffen. Und diese potenzielle Wertschöpfung ist unser tatsächlicher Wert, der in den Handel verbracht wird, der dazu genutzt wird, das alles aufzubauen. Das heißt: Auf der einen Seite gibt es eine zentrale Werteverwaltung, die wir irgendwann einmal als Treuhänder unserer Wertschöpfung akzeptiert haben, und dann haben wir diese ganzen Strukturen, die drumherum arbeiten, von der WHO bis zur Weltbank und so weiter. Über diese haben wir ja bereits gesprochen.

Diese Strukturen verwalten nur eines: Einerseits die Fähigkeit von uns, Werte zu schaffen, und andererseits die Verwaltung der bereits vorhanden Werte, die dann genutzt werden, um wiederum Liquidität bereit zu stellen, damit das System weiterarbeiten kann und neue Werte schaffen kann. Diesen ganzen Kreislauf, den haben wir noch nicht begriffen. Es geht in diesen ganzen Interviews nur darum, Klarheit zu schaffen, wie dieses System arbeitet. Dass eben das Geld nicht aus dem Nichts entsteht, und dass diese Kredite eben nicht auf Bäumen wachsen, wie man so schön sagt. Wir müssen uns darüber im Klaren sein, dass alles in dieser Welt zentral verwaltet wird, wirklich alles, dass alles unter einer Obligationsverwaltung ist, unter einer Bank. Das heißt, dort werden diese Werte rein buchhalterisch verwaltet und rein buchhalterisch wieder genutzt, um neue Liquidität zu schaffen, um neue Werte zu schaffen. Das geht alles über uns hinweg, ohne unser Wissen.

Das Problem ist nicht das System. Das Problem ist, dass wir nicht wissen, wie es arbeitet, und dass wir nicht wissen, wie das alles zusammenhängt. Die Leute, die das verwalten, haben uns sozusagen ein Rundum-sorglos-Paket geschnürt. Wir haben uns in diese soziale Hängematte gelegt und denken, das Geld wächst auf den Bäumen. Wir haben uns dem hingegeben, wir haben im Prinzip die Verantwortung und die Kontrolle über dieses System abgegeben. Das ist das, was wir im Moment mit, ich sage mal, brutaler Härte spüren. Wir fühlen uns ohnmächtig gegenüber diesen scheinbar mächtigen Regierungen, die über uns hinweg entscheiden. Und wenn wir nicht mitspielen, werden wir strafbewehrt irgendwo vor Gericht gestellt. Das heißt, man bestraft uns dafür, dass wir deren Regeln für die Nutzung von deren Versicherungsscheinen (juristische Person) nicht einhalten, obwohl wir diejenigen, die die Regeln machen, überhaupt nicht kennen. Denen sind wir nie begegnet. Das sind die, die das System im Hintergrund strukturieren und behaupten, ohne diese Regeln wären wir nicht in der Lage, das Ganze beziehungsweise diese Welt ordnungsgemäß zu führen. Wir sind quasi entmündigt worden, und wir haben dieser Entmündigung bis heute, bis zur Pandemie zugestimmt, weil wir gedacht haben, das ist doch alles klasse. Wir bekommen alles gemacht. Wir bekommen Straßen, wir bekommen Häuser, Brücken, schöne Schwimmbäder, Hallenbäder. Es ist doch alles da, es ist doch wie im Schlaraffenland. Die gebratenen Tauben flogen uns in den Mund. Und plötzlich „bumm", nichts mehr.

Nun kann man über diese Strukturen, über die Verwaltung, über die Leute, die diese Verwaltung repräsentieren, schimpfen. Ich sage aber: „Nein, wir schimpfen nicht über sie. Wir sind ihnen dankbar, dass sie uns darauf gestoßen haben, dass wir die Kontrolle abgegeben haben, freiwillig."
Das vergessen wir immer: freiwillig. Wir haben das alles angenommen. Wir haben angenommen, dass wir dem Staat Steuern geben, wir dachten das zumindest. Das Sozialsystem ist steuerbasierend, das Arbeitssystem ... Das wird alles mit Steuern gemacht – das hat man uns erzählt und wir haben alles geglaubt. Heute wachen wir auf und stellen fest: Da stimmt etwas nicht.

Wir haben uns in diesen Gesprächen zum Ziel gesetzt, das aufzudecken, den Leuten zu erklären, wie es tatsächlich funktioniert. Dass eben keine Straßen und Brücken mit Steuergeldern gebaut werden, sondern dass das alles über Kredite funktioniert, über sogenannte Strukturkredite, und dass wir nur eines nicht mehr haben: Wir entscheiden nicht mehr darüber, sondern es entscheiden Leute darüber, die wir nicht einmal kennen. Und diese Leute beauftragen diejenigen, von denen wir glauben, dass sie entscheiden, die sogenannten Regierungen. Nur, diese Leute entscheiden nichts, sie sind nur Ausführende. Unsere Wut richtet sich gegen diese Leute, die nur ausführen, und wir vergessen dabei, dass wir nur die Kontrolle abgegeben haben. Wir verhalten uns wie Geschäftsführer, die nach 20 Jahren in die Firma zurückkehren und feststellen, dass es mittlerweile ein „Sauladen" ist. Aber anstatt diesen Sauladen aufzuräumen, schimpfen wir und meckern und nörgeln, anstatt die Ärmel hochzukrempeln und zu sagen: „Leute, geht mal einen Schritt beiseite, ich bin wieder da und jetzt wird hier aufgeräumt."

Meine Intention bei dem Ganzen ist nun, dass wir anfangen, damit aufzuhören, zu schimpfen und stattdessen sagen: „Wir nehmen das Ganze in die Hand."
Wir müssen uns darüber im Klaren sein: Wir sind diejenigen, die die Sicherheiten für dieses System stellen. Das ist Kommerz. Wir sind diejenigen, die dafür sorgen könnten, wenn wir es denn wollten, dem, was gerade geschieht, Einhalt zu gebieten. Denn ohne uns können sie im Moment noch nichts tun. Sie brauchen immer unser Einverständnis.

Für die Menschen, die gerade verzweifelt sind und denken, dass es hoffnungslos sei, dass es aussichtslos sei, dass die doch alle Macht und alle Kontrolle hätten: Wenn die so mächtig wären, ist eine große Frage: Warum geben sie sich dann so viel Mühe, uns zu manipulieren? Warum machen die sich so viel Arbeit, uns alles Mögliche zu erklären, damit wir freiwillig ihrem Treiben zustimmen?
Daran erkennen wir, dass es eben nicht „mächtig" ist, was die da oben machen, sondern eher „ohnmächtig", dass wir eher an dem Punkt sind, an dem wir uns Gedanken machen müssen, wo unsere Macht liegt. Unsere Macht liegt in dem, aktuell mal „NEIN" zu sagen und uns darauf zu besinnen, dass ich für mich und mein Leben selbst verantwortlich bin, und dass ich dem anderen, der aktuell über mich und mein Leben bestimmt, diese Verantwortung wieder entziehe. Das heißt, ich hole die Haftung für das, was ich tue, wieder zu mir zurück. Das ist der erste Schritt, und dann kann ich anfangen und erkennen, dass eben die Annehmlichkeiten, die wir in dieser Struktur haben, nicht gottgegeben sind und nicht von irgendwelchen „Hochkopferten" gegeben werden, sondern dass es von uns ist. Wir sind die Geldgeber, wir sind die Kreditgeber dieses Systems. Es wird auf unserer Lebenskraft aufgebaut, und mit diesem Bewusstsein sollten wir uns die nächsten Videoclips ansehen (Anm.: die nächsten Buchkapitel lesen).

2. Die öffentliche Einrichtung

Alles, was wir im Öffentlichen sehen, ist nicht mit Steuergeldern finanziert. Das ist ein weit verbreitetes Märchen, das aufrechterhalten wird, um uns zu erzählen, was der sogenannte Staat mit dem sogenannten Staatshaushalt macht. Die Nationen, die sich Staaten nennen, bekommen nicht nur eine Lizenz für die Verwaltung der Region, in der sie sich aufhalten, monopolistisch wohlgemerkt, sondern sie haben auch die Pflicht, die Peripherie aufrecht zu erhalten. Zur Peripherie gehören z. B. Straßen, Brücken, öffentliche Einrichtungen bis hin zu Hallenbädern oder Landratsämtern und so weiter. Diese werden nicht mit Steuergeldern gebaut, sondern es werden von unserem zentralen Treuhandverwalter, dem Department of the Treasury, dem Bundesschatzamt, Mittel zur Aufrechterhaltung der Peripherie zur Verfügung gestellt. Das heißt, der zentrale Treuhänder stellt den Nationen Strukturkredite zur Verfügung, damit diese Dinge gebaut werden können, sofern sie erforderlich sind. Das ist ganz einfach.

Man betrachtet zum Beispiel den Berliner Flughafen, der jetzt seit ca. 20 Jahren gebaut wird. Wieso dauert so etwas so lange? Das kann man doch schneller bauen.

Diese Mittel werden im Prinzip generiert. Das bedeutet, der Treuhänder stellt diese Gelder zum Ausbau eines Flughafens zur Verfügung. Nennen wir mal eine Summe: Eine Milliarde Euro werden jetzt zur Verfügung gestellt. Das ist Geld, das tatsächlich unter regionaler Belastung erzeugt wird, indem von den in diesem Land, in dieser Region lebenden Menschen das Kollateralkonto mit einem Kredit belastet wird. Aufgrund dieser Belastung entsteht dann das Geld. Das heißt, es werden sogenannte Obligationen herausgegeben. Obligationen in diesem Zusammenhang deshalb, weil es eine einseitige Haftungszusage gibt, die der Treuhänder für uns ausspricht, und aufgrund dessen wird von der FED Geld produziert. Dieses Geld wird dann der Nation, den regionalen Untertreuhändern, zur Verfügung gestellt, zum Bau von diesen peripheren Einrichtungen wie Straßen, Brücken, Häusern, Flughäfen, um die Wertschöpfung aufrecht zu erhalten. Es geht darum, eine Produktion aufrecht zu erhalten, mehr nicht.

Nun wird dieses Geld also zur Verfügung gestellt. Jetzt sollte man denken, wenn die das Geld haben, fangen sie gleich an zu bauen. Das tun sie aber nicht, sondern da wird erst einmal geplant, 1, 2, 3, 5, 6, 7, 10 Jahre. Und dann wird irgendwann einmal angefangen, ein bisschen zu bauen.

Warum läuft das so schleppend? Relativ einfach: Man nimmt diese Gelder, platziert sie im Investmentmarkt, ein wenig mit Risiko, und verdient auf diese Weise eine Menge Geld, bevor man mit den tatsächlichen Baumaßnahmen beginnt. Bis man dann wirklich anfängt, hat man im Risiko-Investment das x-Fache verdient und kann dann mit diesem Geld arbeiten. So kann man Geld produzieren. Das heißt, die Firmen, die Nationen, die sich Staaten nennen, nutzen im Prinzip diese Finanzspritze dazu, um erst einmal spekulativ ihre Finanzen zu erweitern, Geld zu verdienen, um dann erst mit diesem Geld diese Baumaßnahmen durchzuführen. Ich kenne das selbst, denn ich war früher in Deutschland auf den Autobahnen unterwegs. Was habe ich mich drüber aufgeregt: Autobahnbaustelle, da war monatelang, wenn nicht sogar jahrelang die Autobahn halbseitig gesperrt und es hat kein Mensch gearbeitet. Da habe ich mich immer gefragt: Warum ist das so? Das ist eine gute Erklärung dafür. Das Geld ist da, man beginnt die Baumaßnahme durch die Absperrung, und niemand kann sagen, sie hätten nicht angefangen. Aber letztendlich ist das Geld da und wird erst einmal spekulativ genutzt.
Und so wird komplett alles aufgebaut, sei es die Oper oder das neue Bundeskanzleramt. Es geht immer darum, dass diese Gelder zentral zur Verfügung gestellt werden und keine Steuergelder genutzt werden. Denn die Steuergelder werden anderweitig genutzt, aber das ist ein anderes Kapitel.

Fakt ist auf jeden Fall eines: Die Nationen an sich sind insolvent. Jede Nation weltweit befindet sich im ständigen Staatskonkurs und hat keine eigenen Mittel. Das heißt, die Nationen haben kein Eigenkapital, sie brauchen also ständig Kapital, brauchen ständig Kredite. Im Falle der Strukturkredite bekommen sie diese vom zentralen Treuhänder genehmigt, der diese Gelder zur Verfügung stellt. Das erfahren wir nie, das hören wir nicht, das ist alles zentral verwaltet. Die andere Möglichkeit, an Gelder zu kommen, ist dann wiederum auf unsere individuell gestellten Anträge hin.

Kern ist auf jeden Fall eines: Das wird nicht mit unseren Steuergeldern gemacht, sondern mit uns als Sicherungsgeber. Das heißt, wir stellen über unsere Ansprüche an diese Welt die Sicherheiten zur Generierung von Strukturkrediten. Ich kann keinen Kredit generieren ohne Sicherheiten, es geht nicht. Also brauche ich eine Sicherheit. Und wir, die Bürger, die Bundesbürger, die Staatsbürger, deshalb nennt man uns ja auch so, wir bürgen quasi mit unserem

Kollateralanspruch für diese Kredite. Das ist nicht negativ, jetzt mal nicht wütend sein oder sonst irgendwas, es ist gut. Ich finde es eine gute Lösung, wie man die Peripherie aufrechterhält, wie man solche Baumaßnahmen finanziert. Was dann spekulativ noch läuft, ist ein anderes Thema.

Fakt ist: Mit jeder Baumaßnahme, die gemacht wird, erhöht sich unser Kollateralvermögen. Jedes Mal, wenn ein neues Gebäude gebaut wird, bekommen wir etwas dazu, denn es ist ja unser Gebäude, das der regionalen Gemeinschaft gehört (buchhalterisch). Wenn ihr zukünftig unterwegs seid und euch umschaut, dann überlegt euch mal: Es ist meine Autobahn. Es ist mein Zug. Es ist mein Flugzeug. Es ist mein Flughafen. Es ist mein Landratsamt und so weiter.
Wir können stolz sein auf unseren Besitz, denn es gehört doch alles uns. Wir sind doch die Inhaber von allem. Wenn ich einen Jugendlichen sehe, der in einem Zug zum Beispiel in einen Sitz etwas reinritzt, dann sage ich zu ihm: „Warum machst du meinen Besitz kaputt? Das gehört mir, dieser Zug gehört mir, und dir übrigens auch, und ich bin dagegen, dass du unseren Zug kaputt machst."
Oder wenn irgendwo auf der Straße etwas zerstört wird: Ich bin ein absoluter Gegner davon, Dinge zu zerstören, denn es ist ja auch mein Besitz. Wenn ich mit diesem Gefühl durch die Straßen gehe und mit diesem Gefühl in eine Behörde gehe, dass alles meins ist, dann fühle ich mich deutlich besser als ein Schuldner, dem ewig eingeredet wird: Du bist nur Schuldner, du bist nur Bittsteller und wir müssen deine Steuer nehmen, um alles zu bauen. Das ist Unsinn. Wir, die lebenden Menschen, sind die Kreditgeber von allem, was hier und überall in dieser Welt gebaut wird. Wenn wir uns dieses bewusst machen, uns dieses Gefühl bewusst machen, laufen wir anders durch diese Welt, und ich denke, es ist es wert, darüber nachzudenken.

3. Der Sozialstaat

Nun geht es um das nächste Märchen, das lautet: Sozialstaat. Wir haben diesen Sozialstaat und der sorgt für uns, wenn wir mal in Not geraten sind. Ich finde es immer faszinierend. Das Ergebnis von diesem Märchen ist, wir haben alle ein schlechtes Gewissen. Ich beantrage Arbeitslosengeld und habe ein schlechtes Gewissen. Ich beantrage Sozialhilfe oder Hartz IV und habe ein schlechtes Gewissen. Ich belaste ja die Gemeinschaft damit, wie furchtbar. Es ist ein Märchen, schlicht und einfach ein Märchen.

Es gibt den sogenannten Antrag. Der Antrag ist eines der Schlüsselelemente in diesem System. Der Antrag ist die Bestellung von Liquidität, also die Bestellung von Geld. Diese Bestellung von Liquidität hat im Amerikanischen oder im Englischen eine spezielle Bezeichnung. Es nennt sich Bill of Exchange. Das heißt auf gut Deutsch: Es ist ein Wechsel. Immer wenn ich einen Antrag ausfülle, ist das Bestellung von Liquidität. Ist ja auch logisch. Ich bin Sozialhilfeempfänger, ich bestelle für mich Liquidität, denn ich habe kein Geld zum Leben. Nun wird uns erzählt, der Staat gibt uns die Sozialhilfe von seinen Steuergeldern. Man erzählt uns dann sogar, dass man von der Benzinsteuer Renten und Sozialversicherung bezahlt. Da hat man irgendwann sogar einmal eine Erhöhung ausgeführt, angeblich genau aus diesem Grunde.

Es ist eine riesengroße Lüge, denn es passiert Folgendes: Wenn ihr einen Antrag stellt, und es ist wirklich völlig gleichgültig, wo ihr diesen Antrag stellt, wird dieser Antrag zu einer Obligation. Das heißt, ihr beansprucht eine Leistung, ihr wollt eine Leistung haben und beauftragt einen Wertpapierhändler, der nennt sich zum Beispiel GERMANY oder Europäische Union. Ihr beauftragt diesen Devisenhändler damit, diesen Antrag, diese Bestellung von Liquidität, umzuwandeln, sodass euch tatsächlich Liquidität ausgezahlt wird. Dieser Antrag wird dann zum Department of the Treasury geschickt, also dem Bundesschatzamt, der zentralen Verwaltung eurer Kollateralansprüche, dem Treuhänder. Der bucht dann einen Teil eures Kollateralanspruches auf dieses Papier, auf diesen Antrag. Damit wird der Antrag werthaltig, das heißt, es ist ein Wert dahinter, ein Anspruch auf Anlagevermögen, Assets oder auch Kollateralansprüche. Das ist im Prinzip ein Wert. Dies wird im Englischen Mortgage Backed Security genannt.

Ihr gebt also einen Teil eurer Ansprüche an diese Werte in dieser Welt ab. Die werden dort von eurem Treuhänder draufgebucht, und er gibt es dann der Federal Reserve Bank. Das ist die zentrale Bank, die das Geld druckt, und sonst niemand. „Geld drucken" bedeutet nicht, auf Papier zu drucken, sondern dass ein Konto Aktiva–Passiva im Buchhalterischen eröffnet wird, worauf dann das Geld draufgebucht wird. Es entsteht quasi neues Geld. Das nenne ich immer das „weiße Geld". Dieses weiße Geld wird dann zum Beispiel im Falle von Deutschland von der Federal Reserve Bank an die Bundesbank übertragen. Es gibt eine Zentralbank in jeder Nation und die erhält dann dieses Geld zum Verteilen. Diese Zentralbank gibt das Geld dann entweder an die Bank (Kreditantrag) oder sie gibt das Geld an die Sozialversicherer. Diese Sozialversicherer zahlen das Geld dann aus.

Das wäre ja wunderbar. Ich finde das klasse. Das heißt, ich arbeite, lebe, zahle Geld auf mein Kollateralkonto ein, die Nation nutzt meine Kollateralansprüche, es entstehen Renditen für mich, die auch auf mein Kollateralkonto gehen, und wenn ich dann in Not gerate, beantrage ich dieses Geld. Alles wunderbar. Toll! Wenn es so nur funktionieren würde.

Das Problem ist aber, dass die Konvertierung von Kollateral in Liquidität Gebühren verursacht, relativ hohe Gebühren von 90 bis 95 Prozent des Betrages. Das heißt, wenn sie euch 10.000 Euro generieren, bleiben nur 500 bis 1.000 Euro übrig, der Rest fällt an Gebühren weg. Das verbleibende Geld fließt dann an die Sozialversicherer, an diesen Sozialversicherungsverband, der es euch dann auszahlt. Da bleibt aber wieder einiges liegen, denn die haben ja auch wieder Gebühren.

So passiert es, dass zum Beispiel die Sozialversicherer im Jahre 2015 ungefähr 13.650 Euro pro Monat für Hartz IV ausbezahlt bekamen und dann davon 400 Euro an euch, oder besser gesagt an die juristische Person, ausbezahlt haben. Der Rest waren Gebühren. Das habe ich von einer hohen Mitarbeiterin in der Finanzverwaltung bestätigt bekommen. Das heißt: Diese ganzen Antragsgeschichten sind extrem hoch mit Gebühren belastet.

Aber das viel Wichtigere für euch ist: Sie zahlen euch euer eigenes Geld aus! Das ist nicht vom Vater Staat und von einem Sozialsystem auf Umlagebasis, sondern es sind nichts weiter als Börsenaktivitäten. Denn euer Antrag auf Hartz IV, auf Rente oder worauf auch immer,

landet im Wertpapierhandel an der Börse. Deshalb nennt man eure Rentenanträge auch „Rentenpapiere".
Was ist das für ein Begriff? Wo kommt das her? Es sind eure Anträge, mehr nicht, und diese Anträge werden quasi von der Federal Reserve in Liquidität umgewandelt. Damit es nicht so viel Liquidität im Markt gibt, sonst würden nämlich der Markt beziehungsweise die Währungen kollabieren, weil zu viel Währung im Umlauf wäre, wird dieses Papier in den Markt, an Investoren, gebracht. Diese Investoren investieren dann Liquidität mit einer Rendite in die Rentenpapiere und die FED sammelt damit die Liquidität wieder ein und sie fließt wieder zurück. So schafft man diesen Kreislauf von Geld. Denn die Mitglieder des Vorstands der Federal Reserve Bank sind gleichzeitig auch die Leiter der Zentralbanken. Das weiß nur niemand. Das ist ein großes System, das darauf achtet, dass wenn ein Antrag auf Liquidität von uns kommt, ein Kreditantrag, dieser Antrag bearbeitet, und Geld produziert wird. Aber damit nicht so viel Geld produziert wird, erhöht man mal kurz den Leitzins, so dass derjenige, der das Geld über seine juristische Person beantragt, nicht so viel beantragt. Das heißt, man blockiert diese Antragstellung etwas durch die Höhe der Zinsen.

Ungeachtet dessen zahlt dieser sogenannte Sozialstaat keine Steuereinnahmen in Form von Sozialversicherung oder Arbeitslosenversicherung oder Rente aus. Es ist euer eigenes Geld, das ihr selbst erarbeitet habt, das ihr über euer Kollateralkonto selbst erspart habt. Das einzige Problem dabei ist, dass für jede 1 000 Euro, die sie euch auszahlen, mindestens 10.000 Euro in dem Säckle von irgendeiner Organisation landen, und ihr bekommt davon überhaupt nichts mit. Das bedeutet, die Gebühren für diese Konvertierungen sind extrem hoch. Und wie heißt der Wechsel genau? Bill of Exchange. Das ist eine Rechnung ohne Austausch. Das bedeutet, die Belastung auf unseren Kollateralkonten bleibt bestehen und sie werden immer mehr belastet, in dem quasi immer mehr Liquidität generiert wird.

Stellt euch das einfach so vor: Ihr habt ein Haus und wollt von eurer Bank Liquidität haben. Da sagt die Bank: „Ja, können wir machen, Sie müssen Ihr Haus als Sicherheit hinterlegen."
Wir hinterlegen also unser Haus als Sicherheit und die Bank sagt: „Okay. Das Haus ist eine Million Euro wert und wir geben Ihnen eine halbe Million Euro Liquidität."
Wir freuen uns, wunderbar. Die halbe Million ist schnell verbraucht und bei einer weiteren Anfrage sagt die Bank: „Nein, es gibt keine

weitere Liquidität mehr, weil das Haus ausgereizt ist. Es sind keine Sicherheiten mehr da."
Genau das gleiche Problem sehe ich aktuell, weil einfach viel zu viel Liquidität auf sogenannte Offshore-Konten abgezogen wurde und deshalb viel zu starke Kredit-Belastungen auf den Kollateralkonten sind. Das ist der Moment, wo keine Sicherheiten mehr gestellt werden können, und das ist der Punkt, wo wir uns wirklich überlegen müssen: Geld wächst nicht auf Bäumen, sondern wir müssen uns darüber im Klaren sein, dass wir jedes Mal, wenn wir einen Kreditantrag stellen, wenn wir irgendwo einen Antrag stellen, ein Konto eröffnen. In diesem Konto sind unsere Sicherheiten, und unsere Sicherheiten sind diese Welt. Wir verpfänden mit jedem Antrag unsere Welt, zumindest den Teil, auf den wir Ansprüche haben. Und wenn uns das klar ist, können wir mit diesen Dingen auch viel bewusster umgehen. Kein Vorwurf, sondern es ist Klarheit. Es ist unsere Welt, und wir entscheiden, was damit geschieht. Es ist unsere Verantwortung, was wir damit machen. Aber wir haben ein Recht darauf, diese Anträge zu stellen. Und der Staat ist kein Sozialstaat, sondern nur ein Obligationsdealer, der mit unseren Anträgen in den Wertpapierhandel geht und damit Geld erwirtschaftet.

4. Wie entstehen Steuern?

Bevor wir darüber sprechen, wie Steuern entstehen, müssen wir erst einmal klären, was Steuern eigentlich sind. Steuern bezeichne ich auch als Lizenzgebühren, mehr nicht. Da diese Nationen, die sich Staaten nennen, einen Unterverwaltungsauftrag von der zentralen Treuhandverwaltung haben, müssen sie für diese ganzen Verwaltungsaufgaben auch Lizenzen entrichten. Die Lizenzgeber nutzen unsere Kollateralvermögen, um Renditen zu erwirtschaften, und dafür haben wir, die Treugeber, einen Anspruch auf die Renditen, und zwar wir, die das zur Verfügung stellen. Das heißt, sie, die Lizenznehmer, müssen für die Nutzung der Kollateralwerte Lizenzgebühren bezahlen, denn sie bekommen ja auch Kredite zur Verfügung gestellt, damit sie das alles bauen können. Sie haben also keine eigenen Kosten. Es ist also kein Firmeninventar sozusagen, sondern sie nutzen fremdes Inventar für ihre Geschäftstätigkeiten, und das ist lizenzpflichtig. Und deshalb sind diese Lizenzen Steuern. Diese Steuern werden uns lebenden Menschen gutgeschrieben. Das sind unsere Renditen, von denen wir nie etwas erfahren.

Die anderen Renditen sind die individuellen Renditen. Das heißt, wir begehen auch Wertschöpfungstätigkeit. Was das genau ist, spielt keine Rolle. Ob wir jetzt Arzt sind, Künstler oder Automechaniker, es spielt keine Rolle. Wir haben eine Art von Wertschöpfung. Unsere Arbeitskraft stellt einen Wert dar. Deshalb wird unsere Arbeitskraft bereits bei der Geburt beliehen, indem bereits bei der Geburt Papiere, sogenannte Zertifikate, herausgegeben werden. Und auf diese Papiere kann man investieren, wie auf ein Pferd auf der Rennbahn. Gewinnt es oder gewinnt es nicht? Wird es an Wert gewinnen oder nicht? Genau das Gleiche passiert auch mit uns. Diesen Vorgang nennt man die „Vorbeleihung der Arbeitskraft". Wenn wir nun also irgendwann in die Berufstätigkeit gehen und Wertschöpfung begehen, also berufliche Tätigkeiten ausüben, entweder als Selbstständige oder als Unselbständige, dann entstehen Steuern. Bei Selbstständigen und bei jenen mit mehreren Tätigkeiten nennt sich das Einkommenssteuer, bei Unselbständigen nennt sich das Lohnsteuer.

Viele von euch wissen: Für Lohnsteuer bin ich nicht dazu verpflichtet, eine Erklärung abzugeben, weil diese der Arbeitgeber für mich macht. Die Einkommenssteuer hingegen muss ich unter Nutzung der Firma (juristische Person) selbst erklären, weil das Finanzamt einen Überblick über alle Einnahmequellen braucht. Denn dafür gibt es keine Verzeichnisse und niemanden, der die treuhänderische Ver-

antwortung für die Erstellung dieser Einkommensteuererklärung hat. Deshalb müssen wir dies selbst tun. Es ist für uns, den lebenden Menschen, die Herausgabe einer Anspruchstellung gegenüber dem Herausgeber der regionalen juristischen Person.
Wobei an der Stelle angemerkt werden muss, dass das Finanzamt uns beim Anschreiben und dem Hinweis, wir hätten eine Lohnsteuererklärung abzugeben, immer die Möglichkeit lässt, um ankreuzen, dass wir nicht verpflichtet sind, eine Einkommenssteuererklärung abzugeben. Da kann man ein Kreuzchen machen und kann sogar etwas hinschreiben. Man kann sogar erklären, warum wir nicht dazu verpflichtet sind. Das Problem dabei ist: Das Finanzamt muss diese Einkommenssteuererklärung für die juristische Person machen.

Worum geht es denn? Wir arbeiten, wir bringen unsere Energie ein und unsere Kreativität. Das muss irgendwo abgerechnet werden, denn das wird im Prinzip unter Nutzung unserer juristischen Person in das System hineinkonvertiert. Das heißt, wir, die lebenden Menschen, sind Substanz, also privat. Wir konvertieren unsere Arbeitskraft als Wert in die Fiktion hinein. Auch Arbeitskraft ist privat. Ich kann aber in der Fiktion nicht mit Substanz arbeiten, also muss ich mit sogenannten Obligationen arbeiten, mit Wertpapieren, die quasi meinen Wert, meine Arbeitskraft und das, was ich leiste, widerspiegeln. Das sind Obligationen, das sind die Wertpapiere, das ist die Beleihung der Arbeitskraft. Und dann entstehen aus diesen Obligationen, aus diesen Wertpapieren, Renditen.

Ich habe also zum Beispiel einen Arbeitsvertrag. Dieser ist eine Obligation auf Gegenseitigkeit, eine Leistungszusage auf Gegenseitigkeit, denn ich sichere dem Arbeitgeber Arbeitskraft zu, kreative Arbeitskraft, und mein Arbeitgeber sichert mir die Auszahlung der Renditen zu sowie die Versicherung und den Arbeitsplatz und alles Drum und Dran. Das ist also ein Vertrag auf Gegenseitigkeit, eine Obligation. Diese Renditen stehen mir zu. Und diese Renditen werden quasi dem Finanzamt weitergeleitet. Das ist die Lohnsteuererklärung. Wenn ich nun keinen Arbeitgeber habe, also keinen Arbeitsvertrag habe, gibt es keine Obligation, die abgerechnet wird, dann muss ich das über die Einkommenssteuererklärung selbst und eigenverantwortlich machen. Ich bin aber dazu nicht verpflichtet. Der Arbeitgeber ist verpflichtet, ich als Selbstständiger zum Beispiel nicht. Wenn ich es aber nicht tue, schätzt mich das Finanzamt, denn das Finanzamt muss für mein Konto gegenüber der internationalen Steuerbehörde eine Erklärung in Form einer Bilanz abgeben.

Das heißt, Steuern entstehen durch die Tatsache, dass ich von der Substanz, von mir als lebender Mensch, eine Wertschöpfung in das System einbringe, und dabei entstehenden Lizenzgebühren für mich, den lebenden Menschen, unter Nutzung des Abrechnungskontos natürliche Person. Das Finanzamt selbst rechnet alle Kollateralnutzung mit der Firma ab, die sich Staat nennt. Auch dort entstehen Renditen, und auch diese werden abgerechnet, und das ergibt eine Gesamt-Steuererklärung für meine Steuernummer. Und diese nennen wir Einkommenssteuer oder Lohnsteuer. Dazu kommt dann noch der Teil, den wir nicht erwirtschaften, der im Hintergrund erwirtschaftet wird, was wir jedoch nicht erfahren und was uns verborgen bleibt. Dieser Teil wird aber 100-prozentig beim Department of the Treasury bzw. bei der internationalen Steuerbehörde IRS, Internal Revenue Service, eingereicht. So entsteht das ganze Steuersystem erst einmal.

Dann gibt es noch andere Steuern, die berühmte „Märchensteuer", andere sagen auch Mehrwertsteuer oder Umsatzsteuer dazu. Die ist im Prinzip dazu gedacht, die Verwaltungstätigkeit mitzufinanzieren. Diese Umsatzsteuer wird von Unternehmern, wenn sie vorsteuerabzugsberechtigt sind, so nennt man das, treuhänderisch verwaltet. Das bedeutet, der Unternehmer treibt die Umsatzsteuer von seinen Kunden ein, indem er ihnen Rechnungen schreibt. Darüber hinaus tätigt er selbst Einkäufe, für die er selbst Mehrwertsteuer bezahlen muss. Er kann dann die Mehrwertsteuer, die er bezahlt hat, von dem, was er selbst an Mehrwertsteuer eingenommen hat, abziehen. Das nennt sich Vorsteuerabzugsberechtigung. Der Differenzbetrag gehört dem Finanzamt. Somit ist der vorsteuerabzugsberechtigte Unternehmer in der Position der Treuhandverwaltung von Fremdkapital. Das heißt, er hat also Geld eingetrieben von seinen Kunden, hat selbst Steuern bezahlt, und den Differenzbetrag führt er ab. Und wenn er dazu keine Erklärung abgibt, die Vorsteuererklärung oder die Umsatzsteuererklärung, dann begeht er Treuhandbruch. Damit gilt er als nicht zuverlässig und deshalb entzieht man ihm die Gewerbezulassung wegen Unzuverlässigkeit. Es ist alles logisch. Das Geld gehört ihm im Prinzip nicht, er muss es abführen. Es gibt viele Leute, die machen „Accepted for Value" mit Umsatzsteuer. So ein Unsinn! Das geht so nicht. Wir müssen uns über die Natur von Steuern im Klaren sein. Umsatzsteuer hat eine Sonderfunktion. Ob die sinnvoll ist oder nicht, darüber diskutieren wir jetzt nicht, nur über die Tatsache, wie diese Steuer zu handhaben ist. Die Einkommenssteuer selbst geht einen anderen Weg, weil diese eine ganz andere Position hat.

5. Wie werden Steuern verbucht?

Es gibt also die Einkommenssteuer und die Lohnsteuer. Die regionalen Verwaltungen, die sogenannten Nationen, dürfen nicht auf die zentralen Konten, sprich unsere Kollateralkonten, zugreifen. Das Kollateralkonto ist im Prinzip ein Asset-Konto, also ein Anlagevermögen-Konto, mit tatsächlichen substanziellen Werten, nicht Liquidität. Da können sie nichts drauf buchen. Das ist nicht zulässig, denn sie sind nicht die Konteninhaber. Nur der Inhaber darf auf seinem Konto buchen, sonst niemand. Es gibt einen Verfügungsberechtigten und der entscheidet, was gebucht wird oder nicht. Das ist bei jedem Konto so.

Es gibt regionale Konten. Da wir uns diese regionalen Konten unmöglich merken können – also ich kann mir keine 12- oder 13-stellige Zahl merken – hat man das sehr findig gelöst, indem man diesen Konten einen Namen gegeben hat. Dieser Name ist die juristische Person, und die juristische Person führt mit Geburtsdatum des Menschen zur Steuernummer, in diesem Falle zur Steuer-ID-Nummer. Und das ist dieses Konto.

Der Konteninhaber ist das Finanzamt, das heißt, die zentrale Steuerverwaltung in der sogenannten BRD ist der Inhaber dieses Kontos, aber ich bin der Verfügungsberechtigte. Das ist ganz wichtig zu wissen. Warum bin ich der Verfügungsberechtigte? Weil ich der Kontoeröffnung zugestimmt habe. Sie müssen dieses Konto anlegen und haben gar keine andere Wahl, andernfalls können sie nichts verbuchen. Zum Zweiten bin ich der Sicherungsgeber dieses Kontos, und deshalb bin ich der Verfügungsberechtigte, da ich die Sicherung dieses Kontos zur Verfügung stelle. Also ohne mein Einverständnis dürfen sie auf diesem Konto nichts buchen. Deshalb schicken sie mir ja auch einen Einkommenssteuerbescheid. Das heißt, sie teilen mir mit, auf diesem Konto gibt es einen Betrag. Nun schicken sie mir sinnigerweise den Schuld-Betrag der juristischen Person, denn was ich, der lebende Mensch, unter Nutzung der natürlichen Person für ein Guthaben habe, geht sie überhaupt nichts an. Aber die Person, der Repräsentant dieser Firma, die sich Staat nennt, ist eine juristische Person. Es ist ein Subunternehmen des Hauptunternehmens, das sich Bundesrepublik Deutschland nennt. Dieses Hauptunternehmen mit den Subunternehmen darf nur auf interne Konten innerhalb dieses Hauptunternehmens zugreifen. Somit ist diese internationale Steuernummer nichts weiter wie ein Subkonto, oder auch Unterkonto genannt, innerhalb dieses Unternehmens. Und dafür ist die Firma, die sich Staat nennt, Inhaber, und deshalb dürfen sie auch drauf buchen. Aber der einzig Verfügungsberechtigte für dieses Konto bin ich. Punkt.

Sie schicken mir nun also einen Bescheid zu, und dieser ist die Schuld der juristischen Person. Was anderes können sie mir nämlich nicht schicken. Kontenmäßig gesehen ist es die Passiva-Seite, die Haftung, denn die Buchung, die Lizenzgebühr, ist für die juristische Person eine Schuld. Es muss eine Schuld sein, weil es ja die Kollateralnutzung ist, das heißt, meine Arbeitskraft gilt als Kollateral, gilt als Fähigkeit, Kollateral zu schaffen, und deshalb ist das privat, das ist der lebende Mensch. Und der Zugriff auf diese Arbeitskraft ist die juristische Person, und auf diese juristische Person läuft dann auch diese Steuernummer. Deshalb können sie mir vom Finanzamt nur eine Schuld schicken, niemals einen Bonus, sondern immer nur den Malus. Wenn sie mir diesen Bescheid geschickt haben, habe ich die Möglichkeit es mit Liquidität auszugleichen. Ich kann denen also Geld schicken.

Ein Beispiel: Das Finanzamt schickt mir, oder besser gesagt der juristischen Person, einen Bescheid über 10.000 Euro. Es ist immer ein Plus davor, und dazu schreiben sie nur Steuerschuld oder Steuerguthaben. Da tricksen sie dann nämlich herum, denn Aktiva und Passiva sind immer positiv. Wenn sie negativ wären, gäbe es ein Riesenproblem in der Bilanz. Es muss also immer positiv sein.
Sie senden mir nun also den Bescheid zu und aufgrund dessen habe ich nun die Möglichkeit, Liquidität zu schicken. Was passiert nun? Dieses Steuerkonto ist ausgeglichen, das heißt, Aktiva und Passiva sind gleich, denn sie haben mir jetzt auf diesem Konto auf der einen Seite die Schuld der juristischen Person geschickt, das ist die Passiva, und auf der Aktiva-Seite ist mein Guthaben der natürlichen Person gebucht. Das heißt, das ist im Prinzip das, was ich zur Verfügung habe. Die beiden sind gleich.

Wenn ich nun auf dieses Konto 10.000 Euro überweise, steigt die Aktiva-Seite an, ohne dass die Passiva-Seite ansteigt. Das ist unzulässig, das ist buchhalterisch nicht möglich. Deshalb wird dieses Geld, die 10.000 Euro, weggebucht. Normalerweise müsste es so sein, dass diese Einkommenssteuer oder Lohnsteuer direkt an die IRS abgeführt wird. Da gibt es auch Verträge und alles Mögliche. Es wird halt nicht gemacht. In der Regel bucht man das Geld weg auf das Verrechnungskonto, in die sogenannte Nebenkontenbuchhaltung, und von dort verschwindet es auf Offshore-Konten.

Wenn es sauber gebucht würde, müssten Aktiva mit Passiva verrechnet und dann das Konto auf null gesetzt werden. Das heißt, Aktiva 10.000 Euro, Passiva 10.000 Euro, dann ist das Konto wieder auf null. Denn wenn eine Schuld auf der Person, einem Subunternehmen, lastet, dann wirkt diese Schuld auch auf das Hauptunternehmen, weil das Subunternehmen nur ein Unterkonto des Hauptunternehmens ist. Die Summe aller Konten sind dann die Schulden des Hauptunternehmens. Deshalb sagt man in der Enzyklopädia Britannica: Die Staatsschulden sind die Schulden, die der Staat bei seinen Bürgern hat. Nichts weiter.

Nun haben wir die Situation, dass natürlich auch ein Guthaben von mir, dem lebenden Menschen, unter Nutzung der natürlichen Person, existiert. Und dieses Guthaben des lebenden Menschen kann ich nun verbuchen, verrechnen lassen. Sie können nicht verrechnen, weil ich der alleinige Verfügungsberechtigte von diesem Konto bin. Das kennt ihr vielleicht auch von dem Umstand, dass wenn ihr irgendwo ein Guthaben habt, bei Amazon zum Beispiel, und noch eine Rechnung habt, dann sagt ihr: „Ja, verrechnet doch einfach."
Und Amazon antwortet: „Ja gut, wenn Sie das sagen, dann tun wir das."
Wenn die korrekt arbeiten, dann muss ich als Kunde sagen: „Verrechnen." Sonst dürfen sie das nicht. Sie brauchen die Verbuchungserlaubnis beziehungsweise Erlaubnis zur Verrechnung von Bonus und Malus. Das ist der Accepted for Value.

Wenn ich also jetzt sagen würde: „Die Einkommensteuer der juristischen Person ist eine Schuld, die Einkommenssteuer des lebenden Menschen ist ein Guthaben, verbucht das bitte", dann ist das Konto auf null und die Staatsschulden würden sinken. Das nennt sich Accepted for Value. Das ist dieses Zauberwort: Accepted for Value.

Wenn also alle Staatsbürger „Accepted for Value" für die Steuern machen würden, wenn alle öffentlichen Forderungen in dieser Form ausgeglichen würden, dann gäbe es keine Staatsschulden mehr. Deshalb ist es wichtig für uns zu begreifen, dass alles, was hier gebucht wird, auf interne Konten gebucht wird. Diese internen Konten führen dazu, dass überhaupt Staatsschulden entstehen. Die Verbuchung jeder Einkommenssteuer oder Lohnsteuer führt zu einer Erhöhung der Staatsschulden, wenn wir nicht korrekt kommerziell arbeiten.

Auch wenn es vielleicht ein bisschen kompliziert ist und ihr erst erstmal einen Knoten im Kopf bekommt von dem ganzen Zeug, ist es wichtig zu begreifen: Wir, die lebenden Menschen, sind die Gläubiger und dieses kommerzielle System ist unser Schuldner. Jedes Mal, wenn die nicht korrekt arbeiten, obwohl wir Anweisungen geben, ist es nicht zulässig, was hier geschieht. Und man kann Steuern in der doppelten Buchführung nicht mit Liquidität begleichen. Das geht nicht.

6. Wo fließen die Steuern hin?

Jetzt ist das Konto vorhanden und wir haben diese Steuern auf das Konto gebucht, und irgendjemand hat auch überwiesen, oder auch nicht. Dazu vorab noch eine wichtige Info: Wenn Steuern auf ein Konto gebucht werden, als eine Forderung des Finanzamtes gegen euch, dann wird der Chef des Finanzamtes – das ist ein Verwaltungsunternehmen, mehr nicht – in der Buchhaltung des Finanzamts als Ersatz-Erfüllungsschuldner eingebucht. Das gilt übrigens für jeden Geschäftsführer eines Unternehmens. Der Chef eines Unternehmens wird immer als Erfüllungsschuldner eingebucht und dieser Geschäftsführer oder Erfüllungsschuldner haftet bis zum Beweis der Uneinbringlichkeit für diese Schuld, also solange bis er bewiesen hat, dass dieses Geld nicht eingetrieben werden kann.

Aus diesem Grund sind sie bei den Steuerschulden so pervers und brutal bei der Eintreibung, weil der Geschäftsführer dieses Finanzamtes nur eine begrenzte Haftpflichtversicherung hat und sie im Prinzip die Haftung der Steuerschuld bei ihm auf die Haftpflichtversicherung buchen. Wenn also zu viel Steuern offenbleiben, dann blockiert das bei ihm die Haftpflichtversicherung und sie müssen eventuell die Haftpflichtversicherung erhöhen. Deshalb treiben die Finanzämter dieses Geld manchmal mit Brachialgewalt ein und schrecken auch vor Sippenhaftung nicht zurück, also dass sie mal kurz die Ehefrau mit reinziehen. Auch das ist mittlerweile üblich geworden. Warum? Der Geschäftsführer dieses Unternehmens Finanzamt muss hingehen und Vollstreckungsmaßnahmen einleiten. Er braucht eine sogenannte „Vermögensauskunft" für den Beweis der Uneinbringlichkeit. Die Vermögensauskunft reicht dann wiederum aus, weil sie die Freigabe der Veräußerung für alles beinhaltet, was ich unter Nutzung der juristischen Person an Geschäften abgewickelt habe. Die Ergebnisse dieser Geschäftsvorfälle gebe ich zur Liquidierung frei. Eine Vermögensauskunft bedeutet, sie dürfen alles liquidieren, um diese Steuerschuld der juristischen Person zu begleichen. Denn für alle Rechtsgeschäfte sind ja Guthaben beziehungsweise Werte da, die ich quasi unter Nutzung der juristischen Person erworben habe. Und jetzt ist eine Schuld da, und diese können sie natürlich mit dem Verkaufserlös der Werte der juristischen Person begleichen. Damit ist dann alles intern geregelt – aber das jetzt nur so ganz nebenbei. Dazu eine Ergänzung vor Erscheinen des Buches 2024: „Sie werden nichts besitzen und glücklich sein."
Wie wahr. Schon jetzt.

Es gibt die sogenannte House Joint Resolution 192, HJR 192. Dies ist eine Regelung von 1933 bei der Reorganisation der Finanzmärkte. Die kennt nur keiner. Diese House Joint Resolution 192 wurde vom Internationalen Währungsfonds im Jahre 2012 überarbeitet, das ist der Chicago Plan 2012 Revisited. Das ist ein Arbeitspapier und keine Vorschrift und auch kein Gesetz, nur ein Arbeitspapier. Und in diesen beiden Resolutionen wird festgehalten, dass es nicht gewünscht ist, dass Steuerschulden und öffentliche Forderungen mit Liquidität ausgeglichen werden. Warum? Wir wissen ja inzwischen, wie Liquidität entsteht: Durch die Tatsache, dass wir Sicherheiten hinterlegen und dann Liquidität produziert werden kann.

Ich kann mit Liquidität keine Steuerschulden begleichen. Das ist unmöglich, das geht nicht. Das Konto ist nämlich ausgeglichen. Ich kann ein ausgeglichenes Konto nicht durch Zufügen von Liquidität ausgleichen. Es geht nicht. Ich müsste stattdessen diesen Ausgleich vornehmen, indem ich Accepted for Value mache, die Freigabe zur Verrechnung, das heißt die Schulden der von mir genutzten juristischen Person und mein Guthaben verrechnen.
Aber stattdessen habe ich jetzt 10.000 Euro überwiesen. Also sind die 10.000 Euro drauf, und die werden weggebucht auf ein Verrechnungskonto. Nun passiert etwas völlig Verrücktes. Wenn das Geld auf dem Verrechnungskonto liegt, das eigentlich dann zur IRS fließen müsste, theoretisch zumindest, landet es stattdessen auf einem zuordnungsfreien Konto. Das heißt, das Geld hat keine Zuordnung mehr und das Finanzamt findet in regelmäßigen Abständen zufällig Geld auf Verrechnungskonten, das anscheinend keiner haben will. Also melden sie dieses Geld bei der IRS, bei der internationalen Steuerbehörde, mit dem sogenannten Recoupment File, und machen ein sogenanntes „Action in Recoupment", Bergungsrecht im Seerecht: Wir haben Geld auf einem Konto gefunden, das niemand haben will. Das Konto wird gemeldet, die Summe wird gemeldet, und wenn sich innerhalb von drei Jahren niemand meldet, können sie dieses Geld einsacken. Oder sie schieben das Geld auch gleich weg auf Offshore-Konten. Dann ist es unversteuertes Geld. Mit solchen Geldern werden irgendwelche Operationen finanziert, die nicht in der Öffentlichkeit erscheinen dürfen. Also jedes Mal, wenn wir Steuern mit Liquidität bezahlen, finanzieren wir Black Ops, Chemtrails, all das, was wir kennen. Ja, ich weiß, es ist alles Verschwörungstheorie. Lustigerweise haben sich alle Verschwörungstheorien der letzten 20 Jahre als real, als Wahrheit erwiesen, und wurden nie revidiert, dass es eben keine waren.

Es ist im Moment einfach so, dass wir unwissentlich genau diese vielen Dinge durch die Tatsache finanzieren, dass wir nicht hinschauen, uns nicht damit beschäftigen und es nicht wissen. Normalerweise müsste dieses Geld, diese 10.000 Euro, auf unser Kollateralkonto fließen. Wir hatten das ja schon, dass wir Liquidität produzieren, indem wir Anträge auf Liquidität stellen. Dann wird Liquidität produziert unter Belastung unseres Kollateralkontos, das heißt, wir haben auf unseren Assets, unserem Anlagevermögen, Kreditbelastungen. Und wenn wir jetzt 10.000 Euro einzahlen würden, dann sinken die Kreditbelastungen wieder, und das wäre positiv. Wenn ich jetzt mit Bargeld bezahlen würde, mit Liquidität bezahlen würde, das wäre nicht unbedingt schlecht, sofern diese Liquidität tatsächlich dorthin fließen würde, was sie aber nicht tut. Es liegen Summen auf Offshore-Konten, die unsere Vorstellungskraft sprengen. Das sind Summen von 1040 (10 hoch 40) bis 1050 (10 hoch 50) US-Dollar. Das sind keine Nullen und Einsen, sondern unsere Ansprüche an die Werte dieser Welt, an die Kollateralwerte dieser Welt. Die werden dort gesammelt und verbucht.

Lange Rede, kurzer Sinn: Normalerweise müssten Steuern, die wir in bar, in Liquidität bezahlen, zur IRS fließen. Punkt. Das würde unsere Kollateralkonten entlasten. Gleichzeitig müsste es als Accepted for Value gewertet werden. Sie müssten es also normalerweise, wenn wir das bezahlt haben, weiterleiten an die IRS und gleichzeitig die individuellen, regionalen Personen-Konten auf null setzen. Damit wäre das Thema der Staatsschulden auch geregelt. Das wird aber alles nicht gemacht. Und da das nicht gemacht wird, da sie diese beiden Konten nicht verrechnen und auf null setzen, müssen wir davon ausgehen, dass diese Gelder, die wir denen geben, in Form von Liquidität, weggebucht werden auf Schwarzgeld-Konten, Offshore-Konten, und dann für Sachen benutzt werden, die wir definitiv nicht haben wollen. Also finanzieren wir letztendlich mit unseren Steuern Dinge, die wir definitiv nicht haben wollen, weil wir nicht wissen, wie es tatsächlich laufen müsste. Was können wir als Kleine dort überhaupt tun? Das ist die große Frage. Es gibt Möglichkeiten, Meldungen zu machen, jedoch ist hier meine Erfahrung, dass niemand darauf reagiert. Ich denke mir, dass wir viel bewusster mit diesen Dingen umgehen müssen, viel klarer, und uns dann Stück für Stück erarbeiten müssen, wie wir zukünftig mit diesem System und mit dem Thema Steuern umgehen.

Eine lustige Geschichte noch zum Abschluss dieses Steuerthemas. Man bietet uns Steuersparmodelle an, was bedeutet, dass man uns

Menschen anbietet, Lizenzgebühren einzusparen, die unsere Renditen sind. Weil man uns dazu gebracht hat, von morgens bis abends zu arbeiten, um Steuern zu bezahlen, bietet man uns jetzt an, unsere Renditen zu schmälern, indem wir Steuersparmodelle fahren, obwohl das ja unsere Renditen sind.

Ich finde das einigermaßen lustig, das ganze Thema. Es geht jetzt auch im Moment nicht darum, dass wir jetzt eine Lösung haben, dass wir jetzt sofort sagen können: „Okay, ab morgen ändere ich etwas." Wir können Dinge ändern, natürlich. Wir können bewusster mit den Dingen umgehen, mit Krediten, mit dem Autokauf, mit dem Hauskauf, mit vielen Dingen können wir viel bewusster umgehen.
In diesem Bereich müssen wir schauen, wie eine Änderung auch von oben stattfindet. Je mehr Menschen einfordern, dass diese Dinge geändert werden, dass wir diese Steuerschulden per „Accepted for Value" ausgleichen, wie es der Internationale Währungsfonds vorgesehen hat, umso größer wird der Druck auf das System. Denn der Internationale Währungsfonds versichert jede Nutzung von Liquidität. Je mehr Liquidität genutzt wird, um zum Beispiel öffentliche Forderungen auszugleichen, umso höher ist die Haftungsproblematik beim IWF. Und es war schon mal kurz davor, dass der IWF keine Deckungszusage mehr geben konnte, sodass nahezu alle Währungen fast kollabiert wären. Das war ein Punkt, wo die Chinesen im Prinzip in allerletzter Sekunde eingesprungen sind. Das war Anfang 2018. Die Chinesen haben den IWF mit einer massiven Kapitalanlage gerettet.
Das System ist extrem empfindlich und wir lebenden Menschen sollten wissen, wie es funktioniert. Man hat es uns leider in der Schule nicht erklärt. Man hat es uns auch bis heute nicht erklärt. Man enthält uns dieses Wissen vor. Doch wenn wir es wissen, können wir bewusster damit umgehen. Und dann können sie auch keine Liquidität mehr klauen, dann könnten sie keine Offshore-Konten mehr haben und auch keine Black Ops mehr finanzieren. Aber mit jedem einzelnen Menschen, der begreift, wie es funktioniert, wird sich etwas ändern. Das ist sicher.

7. Der Wert des Menschen, die Be-WERT-ung des Menschen

Was ist denn der Mensch wert? Wie will man den Wert eines Menschen einschätzen? Ihr habt jetzt die ganzen Steuerclips angeschaut und zum Abschluss möchte ich einfach noch ein paar Worte dazu sagen. Das Steuersystem ist der verzweifelte Versuch dieses Systems, euren Wert buchhalterisch zu erfassen, mehr nicht. Um etwas anderes geht es nicht. Es ist der verzweifelte Versuch, euch bzw. euren Wert in Zahlen zu fassen. Ihr seid alle unendlich wertvoll. Wie will ich das erfassen? Deshalb wird nur die Wertschöpfung in das Ganze mit einbezogen. Man versucht euch zu klassifizieren, einzustufen, einzuschätzen, aber letztendlich seid ihr unendlich viel wert, jeder Einzelne von euch. Die Frage, die sich an dieser Stelle stellt: Was sind wir denn wirklich wert? Das ist der Wert, den wir uns selbst geben, das sind wir wert.
Dieses System versucht mit allen möglichen Tricks, alle möglichen Dinge abzubilden. Man versucht also, die ganze Peripherie aufzubauen. Man versucht, alles zu verrechnen, das über Papiere abzubilden, sogenannte Obligationen, alles Mögliche. Es entstehen Zahlen, da träumt ihr in dunklen Nächten davon. Ihr könnt euch diese Zahlen nicht mal mehr vorstellen. Diese Zahlen sind so riesig, dass ihr sie nicht mal auf ein Blatt Papier bekommt, egal wie klein ihr das schreibt. Und was ist es? Nichts. Es ist im Prinzip nichts als der verzweifelte Versuch, unseren Wert darzustellen, mehr nicht. Wir können jetzt darüber diskutieren, wie sie alle möglichen Tricks anwenden, um an diese Gelder dranzukommen, damit sie diese Gelder für Dinge einsetzen können, von denen wir nichts mehr mitbekommen sollen, wie zum Beispiel irgendwelche Machterhaltungs-Aktivitäten oder Machterweiterungs-Aktivitäten. Aber letztendlich ist es so:

Wir sind der Wert, wir stellen den Wert dar und wir könnten, wenn wir es wollten, unseren Wert wieder übernehmen. Wir könnten wieder ein Wert sein, wenn wir dazu stehen, dass wir wertvoll sind. Und wenn ich das System anschaue, ist das Ganze darauf ausgelegt, unseren Wert zu mindern. Das ist alles, worum es geht.
Man versucht uns also einzureden, dass wir Steuerschuldner sind, dass wir Gebührenschuldner sind, dass wir Bußgeldschuldner sind. Überall wo wir sind, sind wir immer nur Schuldner. Lustigerweise sind wir die Einzigen, die offensichtlich etwas bezahlen können, denn sie kommen ja immer nur zu uns. Und wir können uns überlegen, wo wir uns selbst einstufen. Bei all diesen riesigen Zahlen, bei all diesen

vielen Modellen bleibt immer nur eines: Wir sind die Menschen und wir, ganz allein, können uns überlegen, wo es hingeht. Wir haben ein System, das nicht schlecht ist. Es könnte wirklich gut sein, es könnte auch für die Menschen gut sein. Es ist unvorstellbar, was wir für ein gigantisches Vermögen besitzen. Wir könnten diese Vermögen einsetzen, es gäbe keine hungernde Dritte Welt, es gäbe keine Krankheit, es gäbe auch keine Not mehr, aber nein, das ist ja gewünscht.

Ich sehe das immer wie einen Baum, einen Apfelbaum. Ich sitze unter einem Apfelbaum und schaue nie nach oben. Also werde ich nie erfahren, wie der Apfelbaum aussieht. Ab und zu mal, wenn ich unter dem Apfelbaum sitze, fällt mir ein Apfel in den Schoß und ich freue mich: „Oh toll, da hat mir Gott einen Apfel geschenkt."
Wenn ich nach oben schauen würde, würde ich sehen, das war der Apfelbaum. Okay, es ist die Schöpfung, aber es war der Apfelbaum, der mir diesen Apfel geschenkt hat. Ab und zu fällt er mir auf den Kopf – Schläge auf den Kopf sollen das Denkvermögen stärken.
Aber letztendlich, wenn ich nicht nach oben schaue, wenn ich nicht wahrnehme, wo dieser Apfel herkommt, werde ich immer denken, der Apfel kommt von Gott oder vom tollen Staat, der für mich sorgt. Der Apfel, sinnbildlich für die Sozialhilfe, sinnbildlich für die Hallenbäder, sinnbildlich für alles, was ihr in der Fiktion seht, kommt nicht von nirgendwo, von nichts, sondern es kommt von einem Gebilde, und dieses Gebilde ist die Schöpfung, und wir sind Teil der Schöpfung. Der Apfel kam nicht aus dem Nichts, er fiel uns in den Schoß, das ist richtig, aber viele Äpfel fallen links und rechts von uns herunter, und wir sehen sie nicht einmal. Deshalb wird es Zeit, dass wir aufstehen, dass wir als Mensch aufstehen und erkennen, dass wir mehr sind als nur Steuersklaven.

VI. Die Börse

1. Das Spekulationsgeschäft

Viele von uns fragen sich immer wieder: Wie kann man an der Börse eigentlich Geld verdienen? Wie funktioniert das? Der einfachste Weg ist, zu gewinnen. Denn letztendlich ist es doch so: Ich kaufe zum Beispiel eine Obligation, ein Wertpapier. Hinter der Obligation steht ein Haus mit einem Wert von einer Million US-Dollar, und diese Obligation repräsentiert dieses Haus. Jetzt habe ich die Erwartung, dass der Preis für Immobilien weiter steigt, also habe ich quasi diesen Anspruch auf dieses Haus erworben und es ist eine Million US-Dollar wert. Also kaufe ich diese Obligation für eine Million mit dem Gedanken, es könnte ja steigen. Nun treffe ich dich und ich erzähle dir: „Hey du, ich habe eine Obligation gekauft, die steigt hundertprozentig mit mindestens 20 Prozent im nächsten halben Jahr. Willst du es nicht kaufen?"
Daraufhin antwortest du: „Ja toll, super."
Du kaufst diese Obligation für 1,2 Millionen von mir, weil du genau weißt, es steigt ja mit der Zeit. Dann denkst du dir: Menschenskind, das war ja super, was der mit mir gemacht hat. Jetzt können wir ja weitermachen. Und dann findest du noch jemand, dem erzählst du: „Die Obligation steigt mit Sicherheit nochmal um 50 Prozent."
Das heißt, nur dieser Glaube, dass der Wert von dieser Obligation, diesem Wertpapier, immer weiter steigt, führt dazu, dass diese Leute dafür Geld ausgeben. Investoren nehmen tatsächliche Liquidität, um diese Obligation zu erwerben. So geht es quasi von einem Investor zum anderen, und jeder zahlt ein bisschen mehr, und irgendwann platzt diese Obligation, weil man feststellt, die hat diesen Wert überhaupt nicht. Das ist 2008 bei Lehman Brothers passiert. Man hat also eine Obligation, die eigentlich nur 10.000 US-Dollar wert war, mit 500.000 US-Dollar in den Papieren geführt. Das war dann im Handel mit 200.000, 300.000, 400.000 US-Dollar, und keiner hat hingeschaut, was wirklich an Sicherheiten dahintersteckt. Dann fiel dieses ganze Kartenhaus in sich zusammen. Das ist diese Gier, die im Obligationshandel entsteht.

Jetzt gibt es aber noch etwas anderes, wo man auf fallende Kurse setzen kann. Es ist relativ einfach, wie es funktioniert. Hier ein Beispiel: Ein Sack Reis kostet heute 100 US-Dollar. Nun sage ich: Okay, der Sack Reis kostet 100 US-Dollar. Du hast 100 Säcke. Ich kaufe dir diese im August für insgesamt 10.000 US-Dollar ab. Aber mit dem Wissen, dass der Preis fallen wird, sage ich dir, ich gebe dir keine 10.000 US-Dollar dafür, weil der Preis für Reis fallen wird. Ich gebe dir jetzt nur 8.000 US-Dollar. Wenn ich nun Glück habe, fällt der Preis nicht auf 8.000 US-Dollar, sondern nur auf 9.000 US-Dollar. Dann mache ich 1.000 US-Dollar Plus, denn ich gebe dem Mann nämlich nur 8.000 US-Dollar, und zahle erst zu dem Zeitpunkt, den wir vereinbart hatten, also im August. Jetzt kann es aber passieren, dass der Preis noch weiter runterfällt. Dann verliert derjenige, der diesen Optionskauf gemacht hat, dabei Geld. Das heißt, es geht nun für mich darum, dafür zu sorgen, dass diese Schere möglichst klein bleibt, so dass mein Spekulationsgewinn möglichst groß wird. Ich kann also auf Fallen setzen, indem ich sage, dass ich annehme, dass der Preis dort und dort hinfällt. Der Mann, der mir das verkaufen will, sagt: Oh je, ich verkaufe das mal lieber jetzt schon zu diesem Preis, den ich dann später bezahlt bekomme. Und dann fällt der Kurs tatsächlich, aber nicht so tief.

So kann ich im Prinzip spekulieren, indem ich zum Beispiel hingehe und den gesamten Reisvorrat dieser Welt aufkaufe, die gesamte Reisernte, und behaupte, der Reispreis fällt. Damit prelle ich die Produzenten und die Zwischenhändler, kaufe den Sack Reis dann für 100 US-Dollar, und wenn ich im Besitz des gesamten Reises bin, geht der Preis plötzlich hoch, weil ich künstlich eine Verknappung herbeiführe. Und plötzlich kostet Reis zu dem entsprechenden Zeitpunkt dann 200 US-Dollar, und dann kann ich richtig Geld machen. Und das ist das, was im Moment an der Börse passiert.

Letztendlich ist es also so, dass der ganze Bereich Börse und Spekulation darauf basiert, dass ich in irgendeiner Form mit einem Minimum an Risiko Geld machen möchte. Jetzt geht es darum, die Börse über entsprechende Handlungen zu manipulieren. So wird an der Börse mit einem relativ geringen Aufwand Geld verdient.

Die Frage ist nur die: Wie funktioniert das bei diesen ganzen Anträgen, Rentenanträgen? Es ist doch im Prinzip genau das gleiche, nur auf einer anderen Ebene. Dort wird eben nicht mit Ware und nicht mit Substanz gehandelt, sondern mit Ansprüchen gegen uns. Und diese Ansprüche gegen uns sind entweder werthaltig oder weniger werthaltig, und die Werthaltigkeit bestimmt auch hier der Markt. Auch hier wirken ganz normale Marktregularien, und wir Menschen denken immer, wir seien etwas Besonderes. Nein, wir sind Handelsware bezüglich unserer potenziellen Arbeitskraft, und diese potenzielle Arbeitskraft steckt hinter unseren Obligationen. Damit geht man in den Handel und damit wird auf uns gewettet, so, wie man auf irgendwelchen Reis wettet, wie man auf ein Rennpferd wettet oder auf das Fußballspiel am nächsten Wochenende.

2. Gewinner und Verlierer

Nun entsteht natürlich im Zusammenhang mit den Börsen immer wieder die Frage nach dieser wunderbaren Geldvermehrung. Wo kommt das Geld eigentlich her? Da gibt es Leute, die gewinnen Geld, und es gibt Leute, die verlieren Geld. Wir bewegen uns jetzt rein im öffentlichen Bereich. Der öffentliche Bereich ist der Bereich, in dem diese Liquidität unterwegs ist, und zwar nicht in Form von bunten Papier-Zettelchen, sondern tatsächlich in Form von Fiat-Geld/Giral-Geld. Das bedeutet, da gibt es jemanden, der hat eine Million Giralgeld liegen und möchte es irgendwo investieren, weil er momentan Strafzinsen bei seiner Bank bezahlt. Also investiert er es in ein Wertpapier, damit das Geld nicht mehr in Liquidität da ist, sondern in Form eines Wertpapiers. Jetzt wird er das natürlich nicht in irgendetwas investieren, durch das er Geld verliert, zumindest nicht bewusst, denn so dämlich ist niemand. Also wird er es in etwas investieren, bei dem er Geld damit verdient, und zwar möglichst viel Geld. Er möchte also möglichst viel Geld mit möglichst geringem Risiko. Das geht nicht.
Es gibt Hochrisiko und es gibt Geringrisiko. Bei Geringrisiko-Investment verdient man vielleicht ein bis drei Prozent im Jahr oder fünf Prozent, wenn man Glück hat, mehr nicht. Und dann geht es bis in den Hochrisikobereich hinein, bei dem man bis zu 5.000 Prozent pro Monat verdienen kann. Das gibt es tatsächlich, das ist der sogenannte Private-Placement-Bereich. Damit kann man so schnell Geld verlieren, so schnell kann man gar nicht schauen.

Jetzt kommt das große „Aber“: Was ist das für Geld? Wo kommt dieses Geld her? Es wird eingesammelt vom Markt. Man bringt diese Wertpapiere, diese Investments, in den Markt, um wieder Liquidität einzusammeln. Es geht darum, dass von der Federal Reserve Bank Liquidität emittiert wird. Das muss wieder eingesammelt werden, weil sonst zu viel Liquidität im Umlauf ist. Und das sammelt man über solche Wertpapiere ein. Damit nimmt man es wieder vom Markt. Die Leute, die das investieren, verfügen über Liquidität, verfügen über Bankkonten, Sparguthaben, was auch immer. Sie investieren das in irgendwelche Investments, um Geld zu verdienen.

Ein Beispiel: Ein Investor hat etwas für eine Million US-Dollar gekauft. Er verkauft es nach einem Jahr wieder für 1,1 Millionen US-Dollar, das heißt, er hat 10 Prozent Gewinn gemacht. Das war für ihn ein gutes Investment. Warum? Weil ein anderer bereit ist, diesem Investor 1,1

Millionen US-Dollar für sein Investment zu bezahlen. Das heißt, da gibt es jemanden, der hat ein bisschen mehr gespart, und der kauft dieses Investment für 1,1 Millionen US-Dollar. Jetzt hat derjenige aber Pech, denn es stellt sich heraus, dass diese Immobilie, für die er den Anspruch erworben hat, diesen Wert eben nicht hat. Sie ist nämlich nur eine halbe Million US-Dollar wert. Das heißt, wenn er es verkaufen würde, würde er nur 500.000 US-Dollar bekommen und verliert also von seinen Ersparnissen 600.000 US-Dollar. Er hat also Liquidität hineingegeben, das Geld ist irgendwo gelandet, aber er bekommt es von einem anderen Investor nicht.

Das geschieht alles im öffentlichen Bereich, unter Nutzung der Person, und in diesem öffentlichen Bereich ist im Prinzip ein Kommen und Gehen zwischen den Investoren. Das ist nur eine, ich nenne es einfach mal, Umverteilung. Die tatsächliche Geldvernichtung findet durch die sogenannte Inflation statt bzw. durch die Tatsache, dass man für seine Waren einfach kein Geld mehr bekommt. Alles, was an der Börse verloren geht, ist ein reiner Umverteilungsvorgang zwischen den Investoren, in der Hoffnung auf höhere Gewinne.

VII. Wichtiges, Aktuelles und Vertiefendendes

1. Spannende Einblicke zu Aufträgen, die Gabriel als Diplomat erhielt

Welche Art von Aufträgen wurde an dich herangetragen und von wem?

Über das „von wem" darf ich definitiv nicht sprechen. Wie gesagt, OITC, das nichts weiter ist als ein Büro, eine Exekutive mit einem Büro. Es war früher ein Mann, jetzt sind es mittlerweile neun weltweit. Das sind nichts weiter als Leute, die im Prinzip Exekutive ausführen und so weiter. Die Leute dahinter sind sehr mächtige Leute, die aber auch nicht in der Öffentlichkeit erscheinen möchten. Von denen wurden dann Dinge an mich herangetragen. Über die Aufträge selbst und auch über die Inhalte sollte ich nicht sprechen. Das ist, glaube ich, nicht gut, weder für euch noch für mich.

Aber ich kann mal eine kleine Geschichte erzählen, wie so ein „Auftrag" an mich herangetragen wurde. Es gab ganz am Anfang im Jahr 2017 ein Treffen mit einem russischen Militär. Dieser Militär fragte mich: „Kannst du dir vorstellen, Regierungsverantwortung zu übernehmen?"
Ich schaute ihn völlig überrascht an, denn diese Frage traf mich aus heiterem Himmel, und ich sagte von ganzem Herzen zu ihm: „Nein."
Dann sagte er mir: „Es muss aber irgendjemand tun."
„Naja, das ist korrekt. Ja gut, irgendeiner muss es tun. Also ja, in diesem Zusammenhang würde ich jetzt einfach mal sagen, ich könnte es mir vorstellen."
Daraufhin fragte er, wie ich mir das vorstellen könnte. Ich antwortete: „Auf keinen Fall zu lange. Also ich möchte das nicht zu lange machen, ein Jahr, eineinhalb Jahre."
„Ja, warum?"
„Ganz einfach, die Menschen sollen selbst entscheiden, wer sie leitet, wer das Mandat bekommt. Es steht mir nicht zu, über Menschen hinweg zu entscheiden."
Dann sagte dieser russische Offizier zu mir: „Das ist korrekt. Genau diese Antwort haben wir von dir erwartet."

Ich möchte an dieser Stelle einfach nur eines einflechten: Es gibt in den oberen Ebenen nicht nur Menschen, die es böse mit uns meinen.

Es gibt dort auch anständige und faire Menschen sowie Strömungen. Wir können nicht alles über einen Kamm scheren und sagen: „Die sind alle böse."
Das ist Unsinn. Sie haben ihre Vorgaben, ihre Anweisungen, und diese führen sie einfach aus. Völlig wertfrei. Manche meinen es gut mit uns, manche meinen es weniger gut mit uns. Und gerade in diesem Zusammenhang sieht man das auch wieder. Ich möchte solche Aufgaben nicht haben, aber auch ich wäre bereit, solche Sachen zu übernehmen. Aber klipp und klar: Es hat alles seine Grenzen, und es war ganz klar, dass von dieser russischen Seite her nichts Böses angedacht war. Ich möchte gerade jetzt im Zusammenhang mit der Ukrainekrise einfach mal sagen, dass ich mit dieser Seite sehr positive Erfahrungen gemacht habe. Aber ich hatte auch gute Kontakte in die USA, ich hatte gute Kontakte auch nach Israel, auch zu diesen Bereichen, und das waren zum Teil wirklich nette, freundliche, umgängliche Menschen. Das sind nicht alles Bestien. Aber ich habe auch andere Dinge erlebt, über die ich besser nicht sprechen möchte.

Was genau heißt „OITC"?

The Office of International Treasury Control. Es gab früher nur einen ITC, einen International Treasury Controller. Der hatte die Aufgabe, den Kollateraleinsatz bei der Generierung von Liquidität zu überwachen, und auch einzugreifen. Das war ein älterer Herr, der 2012 in die Pension ging. Der wollte nicht mehr, der konnte auch nicht mehr. Daraufhin entschlossen sich die Auftraggeber (das sind die, die nicht genannt werden wollen, es sind sehr mächtige Familien), ein ganzes Büro aufzumachen, denn einer allein kann das nicht mehr bewerkstelligen. Wir werden jetzt einfach für Asien drei ITCs benennen, für Europa drei und für Amerika drei, im Vorgriff auf die NWO wahrscheinlich. Also das ist alles schon sehr lange geplant, und The Office of International Treasury Control, mit Sitz auf den Philippinen, ist nichts weiter als ein Büro, das den Einsatz der verschiedenen neun ITCs koordiniert, mehr nicht.

Du sprichst immer von „Familien im Hintergrund". Gehören diese Familien zu den Königshäusern und wurde der OITC von Königshäusern gegründet?

Der OITC wurde im Auftrag von sehr mächtigen Königs- und Kaiserhäusern gegründet. Man kann jetzt nicht pauschal sagen, alle wären gut oder alle wären schlecht. Ich sage einfach mal so: Ich habe in der Zeit, in der ich dabei war, miterlebt, wie man sich von Seiten dieser Königs- und Kaiserhäuser bemüht hat, die Reihen sauber zu behalten. Auch in diesen Reihen gibt es natürlich Königs- und Kaiserhäuser, die ihr Geld mit Dingen verdienen, über die ich hier besser nicht spreche, und die wurden auch systematisch ausgeschlossen und hinausgeworfen. Aber definitiv, diese Häuser stecken dahinter, und ihre Macht basierte früher auf Gold und Kapital und heute eher auf den alten Verträgen.

Was meinst du mit „alten Verträgen"?

Es gibt im Handelsrecht/Kommerz die Regel, dass ältere Verträge vor neueren Verträgen umzusetzen sind. Das heißt, wenn es alte Verträge gibt, müssen die immer mitbeachtet werden. Übrigens einer der Gründe, warum das Bundesverfassungsgericht sich heute ab und zu noch auf das Allgemeine Landrecht für die Preußischen Staaten beruft. Und so gibt es alte Verträge vom 16., 17. und auch vom 13. Jahrhundert, die heute noch rechtsverbindlich sind. Damals hat man noch Verträge unterschrieben. Heute übrigens auch noch, nur wir bekommen es nicht mehr zu sehen. Aber diese alten Verträge bis hin zu den Jahrhunderten 1100, 1200, 1000, sind private Verträge. Das bedeutet, es sind keine öffentlichen Verträge, die in der Fiktion laufen, sondern sie sind geheim. Das heißt, privat ist gleich geheim, und das sind die Verträge, die sie untereinander geschlossen haben. Ein Beispiel: Wir beide schließen einen Vertrag und niemand soll davon wissen, denn es geht doch niemanden etwas an, dass wir beide einen Vertrag miteinander haben. Das ist geheim. Das ist ein Privatvertrag. Aber jetzt sagen die Person David und die Person Ulrich: Wir schließen im Öffentlichen einen Vertrag und lassen es notariell besiegeln. Das ist dann ein öffentlicher Vertrag. Dieser Vertrag darf veröffentlicht werden, weil er öffentlich ist. Das ist relativ einfach zu erklären. Und so gibt es uralte Verträge, die diese Familien miteinander geschlossen haben, untereinander oder auch übergeordnet. Und diese Verträge sind uns nicht zugänglich.

Könnte man dann davon ausgehen, dass Geheimdienste dazu da sind, private Verträge zu schützen und darauf zu achten, dass private Verträge eingehalten werden?

Also, die öffentliche Polizei ist dafür zuständig, dass öffentliche Gesetze eingehalten werden, insbesondere Gesetze, die den Herausgeber der Person schützen. Private Verträge, das ist korrekt, werden durch Geheimdienste geschützt, aber auch private Interessen werden durch Geheimdienste geschützt. Es gibt immer private Interessen. Das bedeutet, man könnte den Geheimdienst als Privatpolizei dieser Welt bezeichnen. Dadurch, dass er privat ist, geheim ist, hat der Geheimdienst besondere Autorität, besondere Autorisierungen, und deshalb genießt der Geheimdienst auch eine konsularische Immunität. Das heißt, die Personen, die im Geheimdienst agieren, stehen außerhalb der normalen öffentlichen Jurisdiktion.

2. Völkerrecht und Menschrecht

Völkerrecht und Menschenrecht sind zwei der am meisten missverstandenen Themen, die es überhaupt gibt. Es gibt sehr viele Menschen, die sich in dieses Völkerrecht und in die Menschenrechte richtiggehend verrennen. Wir müssen erst einmal diese Ebene klären, in der wir uns bewegen.

Wir, die lebenden Menschen, können keinem Gesetz und keinen Verträgen unterstellt werden. Das geht gar nicht, es sei denn, wir tun es freiwillig. Es ist immer freiwillig. Das bedeutet, ich als lebender Mensch habe essenzielle Rechte, die mir von Gott gewährt sind. Ich habe das Recht, mir Schaden zuzufügen. Ich habe das Recht, alles Mögliche zu tun. Ich habe aber nicht das Recht, einem anderen Schaden zuzufügen, das ist alles. Eine andere Einschränkung gibt es nicht. Ich darf also im Prinzip privat machen, was ich will. Ich darf nur dir keinen Schaden zufügen.

Nun haben sie intelligenterweise das Völkerrecht und die Menschenrechte eingeführt. Das sind Abkommen in der Fiktion. Ein Abkommen bedeutet, dass ich, wenn ich dieses Recht nutze, zustimme, dass meine essenziellen Rechte eingeschränkt werden. Da sind wir bei den Menschen, die nach den Grundrechten rufen. Mal davon abgesehen, dass Grundrechte im Seerecht sind.

Es geht also darum: Wie kann eine Fiktion, ein virtuelles Element, mir, dem lebenden Menschen, sagen, wie ich in meinen Rechten eingeschränkt bin? Ganz einfach, indem ich es nutze. Wenn ich also anfange, Völkerrecht und Menschenrechte für mich selbst zu nutzen, in diesem Moment unterwerfe ich mich dem gesamten Konstrukt von denen. Ich erkenne also an, dass sie das Recht haben, meine Rechte zu begrenzen. Jeder Vertrag, jedes Abkommen begrenzt meine Rechte. Wozu soll das dann gut sein? Relativ einfach, es geht um Schadensbegrenzung. Wenn die Fiktion dem Menschen Schaden zufügt, dann muss die Fiktion der Wahrheit weichen. Also führt man einfach ein Element ein, das nennt man Menschenrechte oder Völkerrecht, wo sich auch Leute darauf berufen und sagen: „Ich fordere die Menschenrechte für mich ein, ich fordere die Abkommen ein."
In diesem Moment lasse ich mich darauf ein, es ist also eine Einlassung, und damit akzeptiere ich, dass die Fiktion meine Rechte einschränkt, obwohl es ein Vertrag ist, zwischen der Organisation, die diese Welt organisiert, und der UNHCR zum Beispiel.

Diese Elemente schaffen also Verträge, damit die Nationen als Lizenznehmer der UN keinen Schaden anrichten. Denn wenn ein Lizenznehmer einen Schaden anrichtet und nicht leisten kann oder nicht leisten will, haftet der Herausgeber der Lizenz für den Schaden, der uns, den lebenden Menschen, zugefügt wird. Um also diesen Schaden zu begrenzen, wurden diese Verträge, diese Abkommen emittiert. Das heißt, diese Verträge gelten nicht für mich als lebenden Menschen, sondern es sind Verträge, die den Lizenznehmern auferlegt wurden und die sie gegenzeichnen mussten. Es sind Lizenzbedingungen. Ich kann also nicht als Mensch meine Rechte daraus einfordern, sondern ich kann durchaus sagen: „Wenn ihr diese Verträge nicht einhaltet, seid ihr vertragsbrüchig gegenüber der UN, nicht gegenüber mir. Ihr haltet gefälligst die Verträge ein, weil euer Lizenzgeber gesagt hat, ihr müsst Völkerrecht einhalten, ihr müsst Menschenrechte einhalten. Wenn ihr das nicht tut, verstoßt ihr gegen Verträge."
Ich sage nur: „Leute, haltet die Verträge ein", aber nicht: „Meine Rechte basieren auf Menschenrechten oder auf Völkerrecht", das ist der große Unterschied.

Viele Organisationen berufen sich auf ihre Rechte aus Menschenrechten, aus ihren Rechten aus Völkerrecht, und das ist ein Trugschluss. Das ist die Falle, in die wir hineintappen. Deshalb sollten wir uns im Klaren darüber sein: Unsere essenziellen Rechte sind unwiderruflich göttlicher Natur und können fiktiv nicht geregelt werden. Bitte denkt daran: Wir sind unbegrenzt wertvoll. Wie kann man in der Fiktion ein unbegrenzt wertvolles Objekt versichern? Wie hoch ist die Versicherungssumme? Na, unbegrenzt. Deshalb kann man in der Fiktion keine Versicherung abschließen und ist es völliger Unsinn, darüber zu diskutieren, dass meine Rechte durch die Fiktion definiert werden können. Das geht nicht. Es gibt also keine Gesetze, keine Regeln und keine Abkommen, die unsere Rechte, als lebender Mensch, einschränken können, weil sie sonst unbegrenzt versichert sein müssten.

Es liegt immer an uns, ob wir uns auf etwas einlassen oder nicht. Das Wichtige ist, dass wir immer wieder einen Schritt zurücktreten, beobachten und überlegen: Wie ist die Natur eines Vertrages? Ich bitte euch einfach einmal, eines der Protokolle der Europäischen Menschenrechtskonvention anzuschauen. Darin steht, dass die Tötung von jemandem zulässig ist, wenn er sich einer berechtigten Verhaftung widersetzt. Schaut euch das einfach nur einmal an, und dann überlegt euch, was das bedeutet. Dies bedeutet einfach nur, dass die Tötung des Menschen durch dieses Protokoll versichert ist. Mehr nicht.

Wenn also eine fiktive Entität einen Menschen aus der Fiktion heraus tötet, dann ist dieser Vorgang versichert. Und was ist versichert? Der Ausfall des Investors. Wir hatten in einem anderen Clip schon mal darüber gesprochen, dass unsere potenzielle Arbeitskraft als Obligation, als Investmentpapier, gehandelt wird und für diese Obligation eine Ausfallversicherung geschlossen werden muss. Diese Ausfallversicherung muss erfüllt werden, und wenn grobe Fahrlässigkeit vorliegt, muss der Herausgeber der Person oder der Ausführende dafür eintreten. Aus dem Grund werden in der Fiktion, im Geheimdienst, Bonds herausgegeben, bevor jemand getötet wird. Es gibt sogar einen Kinofilm über dieses Thema, in dem ganz klipp und klar gesagt wird: „Wir müssen noch einen Bond herausgeben, denn wir haben einen Tötungsauftrag", und das ist Realität. Es gab sogar Ende 2018 für eine Weile ein Tötungsverbot für den Geheimdienst. Sie dürfen nicht einfach töten, sondern sie müssen absichern, dass die Ausfallversicherung im Prinzip noch zusätzlich versichert wird, wenn eine vorsätzliche Tötung vorgenommen wird, weil sonst der Auftraggeber dafür haftet.

Es ist definitiv so, dass diese ganzen Völkerrechts- und Menschenrechtskonstruktionen nicht für uns lebende Menschen gedacht sind, sondern dass sie einfach nur dazu gedacht sind, um sich für den Fall der Fälle abzusichern. Auch die Haager Landkriegsordnung und was es da alles gibt, es sind Kontenschutzverträge, wo nichts weiter gemacht wird, als zu versichern. Das heißt, wenn eine Tötung eines Menschen durch einen Krieg oder wodurch auch immer geschieht, ist immer eine Versicherung da, die für den Schaden aufkommt. Also sprechen wir in der kommerziellen Fiktion immer nur über Versicherungen, mehr nicht. Deshalb betrachtet doch bitte diese Dinge als Versicherung, aber nicht für euch, sondern nur für die Ausführenden, für die Lizenznehmer der UN. Mehr nicht.

Man kann das natürlich nutzen. Aber nutzt es bitte bewusst, und nicht unbewusst mit dem Gefühl der Angst, denn das führt euch nicht weiter. Wenn wir also Kommerz machen, dann machen wir das richtig, korrekt und sauber, und wir können die Verträge nutzen, aber nur so, dass wir uns nicht einlassen. Eine Einlassung führt uns immer in die Abhängigkeit, in die Haftung, und somit in die Position eines Schuldners.

Was passiert mit den Staaten, die sich nicht an die Menschenrechte und Völkerrechte halten, also klar gegen die Verträge verstoßen?

Da gibt es ja diesen berühmten International Criminal Court in Den Haag. Der ist für solche Verstöße zuständig und hat sogar eigene Statuten, die sogenannten Rome Statutes. In diesen ist in den Artikeln 6 bis 9 genau geregelt, was dieser Court dann verfolgt. Im Prinzip sind es Bestandteile von Völkerrecht, wann, was, im Kriegsfall und so weiter und so sofort. Aber was wird dort genau beurteilt? Das ist im Prinzip auch die Frage.

Zuerst einmal wird geprüft, ob dieser „Staat" in irgendeiner Form tatsächlich gegen die Verträge verstoßen hat. Und dann wird herausgesucht, ob das ein Verstoß des Systems selbst war oder ob es einen Verantwortlichen gibt. Man sucht immer einen Verantwortlichen. Das kann zum Beispiel der Polizeichef in diesem Land sein oder der Ministerpräsident oder der Präsident selbst. Das wird herausgefunden. Dann gibt es zum einen die persönliche Haftung, das heißt, er wird persönlich in die Haftung genommen, oder er wird in die private Haftung genommen, das heißt, er kommt ins Gefängnis, man sperrt ihn also ein.
Das bedeutet, dass es zwar eine Verfolgung dieser Leute gibt, aber die Frage ist: Wer ist dieser Staat, der das macht? Wie ist seine Position? Und wenn es dummerweise eine Supermacht ist, wird es etwas schwierig, diesen vermuteten Straftäter zu verfolgen, denn ein amerikanischer Präsident sagte einmal: „Wenn eine Klage gegen eine amerikanische Person erhoben wird, marschieren die Marines in Den Haag ein."
Ich kann mir vorstellen, dass Den Haag nicht gut genug geschützt ist vor so einer Aktion und deshalb wird es wohl nie eine Anklage gegen eine US-amerikanische Person geben.

Was ergibt sich aus diesen Erkenntnissen für den einzelnen Menschen, Bürger, für die Person?

Es ergibt sich konkret daraus, dass wir aufhören, uns direkt auf diese Menschenrechte und Völkerrechte zu berufen. Es bringt uns nicht weiter. Es lenkt uns wieder mal ab. Man hat uns einen Honigtopf hingestellt. Wir schwirren alle um diesen Honigtopf und denken, wenn wir uns darauf berufen, sind wir geschützt. Das ist Unsinn. Wir sind keine Vertragspartner von diesen Verträgen, das heißt, wir haben keine Prokura dafür. Deshalb dürfen und können wir diese Verträge gar nicht anwenden. Es geht nicht. Also kann ich nur eines tun: Ich kann den Lizenzgeber darüber informieren, dass es einen Vertragsbruch gibt. Dieser ist dafür verantwortlich, dafür zu sorgen, dass er keinen Schaden durch diesen Vertragsbruch erleidet. Er kann dann den Lizenznehmer disziplinieren, dummerweise nur durch Sanktionen. Mehr kann diese UN sowieso nicht machen, weil sie eben keine Vorgesetzten sind, sondern nur so eine Art Betriebsrat. Das Einzige, was wir tun können, ist, dass wir quasi den Lizenzgeber einschalten, um Schaden von sich selbst abzuwenden. Mehr Anwendungsmöglichkeit haben wir nicht.

Wo werden die Papiere, von denen du immer sprichst, gehandelt? Du sprichst immer von der Börse, aber kann ich diese dort auch kaufen?

Man kann diese Papiere in dieser Form nicht offiziell kaufen. Es gibt eine öffentliche Börse. Dort werden dann solche Papiere, wie zum Beispiel solche Prison Bonds, über die ich ja auch schon gesprochen habe, gebündelt, indem man sie zu Packages zusammenpackt. Manche Pakete sind „Geschlossene Fonds", das heißt, man weiß nicht, was drin ist, denn man darf sie auch nicht auspacken. Es gibt also nur solche Vorschriften, wer, wann, was, wo, wie packen darf und wer, wann, was, wo, wie auspacken darf. Ein „Geschlossener Fonds" impliziert für mich immer: Da ist irgendwas eingepackt, was wir besser nicht wissen. Also Investoren, Vorsicht bei dem, was ihr da tut, denn ihr fördert damit auch Dinge, bei denen ihr vielleicht ethisch nicht dahintersteht.

Wer sind diese Versicherungen? Zum Beispiel die „Münchner Rück" oder die „Lloyd"?

Es gibt große Rückversicherer wie die Köln RE, die Zürich RE, die Munich RE, Lloyds, das sind die großen Rückversicherer. Das sind auch die Herausgeber der sogenannten Gesetze (Gesetzgeber), also der Nutzungsbedingungen für Personen. Aber letztendlich, wirklich am allerletzten Ende, stehen wir, denn diese Rückversicherer können auch nicht agieren ohne unsere Haftungszusagen. Wenn wir also diesem System unsere Zustimmung verweigern oder sogar zurückziehen, haben diese Rückversicherer keine Deckung mehr, also unser Einverständnis durch die Nutzung der juristischen Person, durch

Unterschriften für die natürliche Person, durch Einsprüche, durch dieses Ganze, was sie mit uns treiben. Sie wollen ja immer unsere Zustimmung haben, unsere Solidarität, wie es so schön heißt. Durch diese Vorgänge holen sie das Einverständnis, unsere Unterschriften, und damit holen sie sich unsere Deckungszusagen, damit sie das System überhaupt betreiben können. Das ganze System basiert darauf, dass sie davon ausgehen, dass es nie zu einem Haftungsfall kommt, denn dadurch würde dieses System kollabieren.

3. Auftraggeber – Architekten – Projektoren

Wenn wir uns hiermit beschäftigen, müssen wir daran denken, in welcher Ebene wir uns befinden, denn es gibt verschiedene Ebenen.

Es gibt:
- die fiktive Ebene,
- die materielle Ebene und
- die spirituelle Ebene.

Wenn ich nun anfange, das zu mischen, dann gibt es diesen Kuddelmuddel, den wir sehr häufig haben, dass Spirituelle über Personen sprechen und so weiter. Deshalb ist es mir immer ganz wichtig, wenn wir kommunizieren: Wo befinden wir uns gerade?
Wenn ich mich in der Fiktion befinde, da geht es um fiktive Elemente, um Personen und solche Dinge, um Firmen. Wenn ich mich in der materiellen Ebene befinde, geht es um tatsächliche Werte, um mich selbst als Mensch, Materie, Substanz. Aber wenn ich mich im Spirituellen befinde, in der übergeordneten Ebene, dann muss ich das vorher ganz klar machen. Das heißt, ich bin nicht in der Ebene, wo ich etwas anfassen kann oder wo ich mit Lüge und Betrug irgendwelche Werte erzeugen kann.

Wir sind jetzt in diesem Clip. Hier geht es um die Auftraggeber, die Architekten, und es geht um die Projektoren. Das mag etwas abwertend klingen, aber wenn ich mir jetzt einfach mal den Film „Matrix" betrachte: Da gibt es in eine Szene, wo „Neo" beim Architekten ist. Schaut euch diese Szene einfach einmal genau an. Das ist genau das, worum es geht. Es gibt also einen Architekten, der quasi das Konstrukt entwickelt. Und was haben wir? Wir haben in dieser Welt im Prinzip ein Konstrukt. Dieses Konstrukt ist überall um uns herum. Es gibt also irgendjemand, der sich das ausgedacht hat, und es gibt irgendjemanden, der das erzeugt. Ihr wisst sicherlich auch schon, dass alles, was um uns herum ist, ständig von uns erzeugt wird. Das heißt, alles, was um uns herum ist, ist ein Produkt von uns selbst. Wir können nicht sagen, das bin ich nicht und der ist schuld. Diese Projektionsebene verlassen wir jetzt einmal komplett. Alles, was um uns herum ist, erzeugen wir in jeder Minute unseres Lebens selbst.

Ich bringe euch ein gutes, sehr einfaches Beispiel. Ich fahre auf der Autobahn mit 120 km/h auf der linken Spur. Das ist jetzt nicht besonders schnell, aber auch nicht besonders langsam, irgendwo

mittendrin. Jetzt kommt von hinten einer mit einem dicken Porsche an, und er gibt mir gleich mal die Lichthupe und tobt im Auto herum, weil ich ihm keinen Platz mache. Ich kann aber nicht nach rechts, da sind LKWs. Was kann ich jetzt tun? Ich kann mich darüber aufregen und selbst wütend werden, also einsteigen in diese Resonanz. Oder ich kann sagen: „Okay, ich fahre einfach mal zwischen zwei LKWs rein und lass den Burschen vorbeifahren. Wenn er sich totfahren will, ist es seine Entscheidung", und wenn er vorbei ist, fahre ich wieder raus. Das ist viel einfacher und ihr regt euch nicht auf. Was ist passiert? Ich kann mich nun entscheiden, ob ich in Resonanz gehe zu ihm oder nicht. Ich kann also hingehen und kann sagen: „Ich klebe diese Energie an mich dran und gehe somit in Resonanz damit", und dann schaukeln wir uns beide hoch. Im schlimmsten Falle liefern wir uns ein Rennen und vielleicht touchieren wir uns sogar, bauen einen Unfall zusammen oder was auch immer.
Ich kann mich prinzipiell entscheiden, ob ich mit meinen Dingen, die um mich herum geschehen, in Resonanz gehe oder nicht.
Es ist natürlich nicht ohne Weiteres so, dass ich sagen kann, es ist Zufall. Man kann so etwas natürlich auch produzieren. Man kann also Menschen bereits von frühester Kindheit an, oder auch schon davor, so programmieren, dass sie entsprechend reagieren. Ich kann also Menschen vorbereiten, indem ich sie in der frühesten Kindheit, im Kindergarten, in der Schule, so vorbereite, dass sie auf bestimmte Situationen entsprechend reagieren. Ich nenne so etwas dressieren, andere nennen es Schule oder Ausbildung. Wir sind aber nicht nur Spielball, sondern wir haben auch die Fähigkeit, das zu beobachten und selbst zu entscheiden, wie wir weitermachen. Im Moment sind wir zum Spielball geworden, weil wir uns dieser Dinge nicht mehr bewusst sind. Wir sind uns nicht bewusst, dass durch die Resonanz, die wir ständig mit unserer direkten Umgebung haben, diese Welt erzeugen, in der wir gerade leben. Wir können also nicht sagen, der Gerichtsvollzieher ist schuld und der Richter ist schuld und der Staatsanwalt ist schuld, sondern wir müssen uns selbst beobachten und betrachten und sagen: „Wo ist meine Resonanz dazu? Warum geschieht das, was im Moment geschieht?"

Ich kann auf einen Brief eines Gerichts oder eines Staatsanwalts unterschiedlich reagieren. Wenn ich in der Emotion bin, in der Angst, in der Wut, schreibe ich andere Briefe, als wenn ich ruhig und neutral bleibe und sage: „Okay, was hat das mit mir zu tun?"
Ich reagiere also aus einem anderen Bewusstsein heraus.

Nun ist es so, dass diese Architekten in diesem System, und die gibt es tatsächlich, dafür eingesetzt werden, dass wir Menschen in einer bestimmten Art reagieren. Sie kleben sozusagen Quanten an uns dran. Sie kleben energetische Elemente an uns dran, die dazu führen, dass wir in Resonanz kommen. Es gibt viele Menschen, die glauben an Steine, sie denken, dass Steine sie heilen können. Das ist so nicht korrekt. Stattdessen ist es eher so, dass ich durch die Veränderung von meinem materiellen Dasein durch Steine, die ich an meinem Körper trage, eine andere Resonanz schaffe. Genauso kann ich durch eine geistige Entwicklung, indem ich mir die Dinge bewusst mache, anders darauf reagieren. Das bedeutet, ich trete von meiner aktuellen Situation, von der Emotion, einen Schritt zurück und beobachte die Situation. Ich schaue, was es mit mir macht, gehe in die Beobachtungsposition. Damit durchbreche ich diese Programmierung, der ich seit meiner frühesten Kindheit ausgesetzt bin.

Warum ist das Ganze so? Weil es bestimmte Wesenheiten gibt – ich sage jetzt einfach mal bewusst nicht „Menschen", sondern „Wesenheiten" –, die ein Interesse daran haben und Architekten beauftragt haben, genau das mit uns in diesen Körpern zu tun. Man hat also uns, die geistigen Wesen, die Seelen, mit dem Körper verbunden. Man hat uns, den Menschen, den Seelen, eingeredet: „Du bist Körper."
Das nennt sich auch sinnigerweise „Körperkultur". Wir sind also zum Körper geworden, identifizieren uns so stark mit dem Körper, dass wir in die Angst vor Krankheit und Tod kommen. Und über diesen Weg werden wir manipulierbar, über diesen Weg spielen sie mit uns, weil sie damit an unser innerstes Wesen herankommen, Dinge in unser Wesen implantieren. Über diese emotionalen Implantate haben sie Zugriff auf uns und können unseren Geist manipulieren. Unser Geist wird dadurch, solange er unbewusst mit diesen Manipulationselementen agiert, ein Spielball von diesem System. Und es gibt einige wenige oberhalb der Architekten, die sogenannten Auftraggeber, die genau das bewusst herbeiführen wollen.

Das heißt, diese Welt, so wie sie jetzt aussieht, ist nicht zufällig, sondern sie ist konstruiert, sie ist vorgesehen und manipuliert. Und wir, die hier in dieser Welt sind, wir sind weder eine Person noch sind wir ein Körper. Wir sind Geist und Seele und können uns entscheiden, ob wir diese Manipulation weiter mitmachen oder nicht. Wir müssen also über unseren eigenen Schatten springen, unsere eigenen Ängste betrachten, um uns bewusst zu machen, dass diese Ängste nicht aus uns selbst heraus entstanden sind, sondern in uns hineingepflanzt wurden, um uns manipulierbar zu machen, sodass einige wenige, die ganz oben stehen, die Welt so manipulieren können, wie es für eine kleine elitäre Gruppe von Vorteil ist. Das hört sich vielleicht wirklich verrückt an. Aber ihr könnt die ganze Zeit sehen, was im Moment in dieser Welt geschieht, ist, dass diese Manipulationselemente immer bewusster werden. Es sind immer mehr Menschen, die aufwachen, immer mehr Menschen, die erkennen, dass sie manipuliert werden. Was jetzt noch fehlt, ist dieser bewusste Schritt, einen Schritt von diesem Spiegel zurückzutreten, damit ich den ganzen Spiegel sehe und nicht immer nur einen kleinen Ausschnitt, zu erkennen, wie mein Anteil in diesem Spiel ist, und dass ich die Entscheidung treffe, meinen Anteil zurückzunehmen.

Das hat nichts mit Scientology zu tun oder mit irgendwelchen anderen Dingen, sektenmäßig, sondern es ist ein Bewusstseins-Vorgang, dass ich mir klar mache: Die Welt um mich herum ist auch mein Anteil in dieser Welt. Ich schaffe mir das Universum, in dem ich lebe. Das All ist Geist. Das Universum ist geistig. Was sagt dieses hermetische Gesetz aus? Dass ich mein eigenes Universum zu jedem Zeitpunkt schaffe.
Viele Menschen schaffen viele Universen. Wir treffen uns gemeinsam, schaffen ein gemeinsames Universum, das ist diese Welt. Und wenn wir diese Welt verändern wollen, müssen wir bei uns selbst anfangen, unser eigenes Universum überdenken und die bewusste Entscheidung treffen, unser Universum zu ändern. Dann kommen wir in die Anarchie, das bedeutet, in die Selbstbestimmung. Wenn wir dann einen Schritt weitergehen und erkennen, dass es viele Anarchisten um uns herum gibt, reichen wir uns die Hand und kommen zur spirituellen Anarchie, indem wir lernen, die Welt, die wir erschaffen, ist unsere gemeinsame Welt, und wenn wir etwas verändern wollen in dieser Welt, müssen wir bei uns selbst anfangen, aber nicht bei uns selbst aufhören, denn das wäre wiederum der Egoismus. Also, machen wir einen Schritt und erkennen wir uns selbst. Wir treten einen Schritt zurück, bevor wir anfangen, im Außen auf Leute zu zeigen und zu sagen: „Der ist schuld!"

Warum sind wir „die Projektoren"?

Ich erlaube mir einfach einmal, das ein bisschen zu konkretisieren. Das hört sich alles ein wenig abgehoben an. Wir, die lebenden Menschen dieser Welt, sind in Körpern drin, die Geister sozusagen oder

Seelen. Wir erzeugen diese Welt. Damit diese Welt in einer bestimmten Form aussieht, sind wir entsprechend programmiert worden, damit wir das projizieren. Wir erzeugen diese Welt quasi in jeder Minute. Der Geist steht über der Materie. Das heißt, es gibt Menschen, die tatsächlich in der Lage sind, solche Dinge bewusst zu erzeugen. Wir machen es unbewusst. Dieses Unbewusste führt dazu, dass man uns auch als sogenannte Projektoren nutzt. Der Projektor weiß auch nicht, dass er etwas an die Wand projiziert, und schon gar nicht, was da draufsteht. Und genauso werden wir genutzt, um etwas zu projizieren. Was wir projizieren, ist quasi geplant und organisiert. Das ist nicht unorganisiert, denn, wenn wir unorganisiert projizieren würden, hätten wir das Chaos. Also gibt es die Projektoren, die sagen: „Es gibt die Schwerkraft, also der Apfel fällt von oben nach unten."
Wieso eigentlich? Wieso fällt der Apfel nicht nach oben? Wieso dreht sich die Sonne so herum? Wieso geht der Mond so rum? Wieso gibt es Ebbe und Flut? Das sind alles Projektionen, die in uns erst einmal erzeugt werden müssen, sogenannte Naturgesetze. Die werden einfach in uns hinein programmiert, sodass wir sie wiederum erzeugen. Und diese Architekten sind dafür zuständig, dass alles „eine Ordnung hat", die wiederum einigen wenigen zum Vorteil ist.

Warum treiben die diesen ganzen Aufwand? Weil es Auftraggeber gibt, die ein rein wirtschaftliches Interesse daran haben. Wir dürfen nicht drüber nachdenken, ob das jetzt irgendwelche Ideologien sind oder so, denn es geht immer nur ums Geschäft. Es geht also darum, dass diese Architekten Vorgaben bekommen, wie diese Welt auszusehen hat, damit es uns, diesen Geistern, gut geht, und den Körpern auch gut geht. Also wird von dieser Familie eine Vorgabe gemacht. Ich spreche ganz bewusst von einer Familie, denn das sind die Auftraggeber, und die haben mehr als nur eine Welt. Da gibt es ein bisschen mehr. Diese Familie besteht aus fünf Mitgliedern, und die sind definitiv nicht von dieser Welt. Wir müssen uns mit dem Gedanken vertraut machen, dass wir im Kosmos nicht alleine sind, was ein völliger Blödsinn ist. Es gibt von diesen Sternensystemen mehr als wir in der deutschen Sprache überhaupt ein Zahlwort haben. Wir müssen uns darüber im Klaren sein, dass es auch andere Wesen gibt, die zum Teil technisch weiterentwickelt sind als wir, aber auch spirituell. Und das eine hat mit dem anderen nicht viel zu tun. Es gibt also Wesen, die spirituell sehr weit entwickelt sind, es aber nicht nötig haben, irgendwelche technologischen Entwicklungen zu machen. Genauso wie es in dieser Welt Materialisten und spirituelle Führer gibt, so geht das auch über diese Welt hinaus.

Ich schätze diese Familie folgendermaßen ein und sage einfach einmal: „Kann ich einem Landwirt einen Vorwurf machen, weil er Kühe züchtet, um Milch zu haben?"
Ich würde das verneinen. Er macht einfach nur seinen Job, mehr nicht. So schätze ich diese aus fünf Mitgliedern bestehende Familie ebenfalls ein. Wie sie diese Farm leiten oder wie sie diese Welt leiten, das, würde ich sagen, ist individuell. Es gibt Geschäftsführer, die gehen mit ihren Tieren sehr sorgsam um. Es gibt Geschäftsführer, die mit ihren Tieren nicht so sorgsam umgehen. Ich wähle bewusst den Begriff Tiere, weil wir von der Entwicklung leider noch immer an der Schwelle stehen. Und es liegt an uns, diese Schwelle zu überschreiten, weil spätestens dann, wenn in dem Stall eines Bauern eine Kuh anfängt zu sprechen, bekommt der Bauer ein Problem, denn er kann mit der Kuh nicht mehr machen, was er will. Diese Kuh kann ihren freien Willen äußern, die kann sagen: „Ich will auf die Weide."
Solange wir nur das nachplappern, was man uns erzählt, oder wir unseren Programmierungen blind folgen und nicht unserem freien Willen, können sie mit uns machen, was sie wollen. Es wird also Zeit, dass wir anfangen, zu sprechen.
Diese Auftraggeber sind allgegenwärtig und nicht von dieser Welt. Und sie haben verschiedene Welten.

4. Solidarität kommerziell betrachtet

Es gibt da dieses wunderbare Wort „Solidarität". Ich liebe es, ich habe es wirklich lieben gelernt. Solidarität ist ein anderer Ausdruck für: „Stimmt doch bitte zu, was wir tun, egal, was wir tun, Hauptsache ihr seid solidarisch und ihr unterstützt uns dabei."
Man schafft also eine Situation, um uns dazu zu bringen, wieder zuzustimmen. Um etwas anderes geht es gar nicht. Es geht darum: Man will unsere Zustimmung zu einem System haben, und wenn ich meine Solidaritätsbereitschaft erkläre, sage ich wieder „Ja" zu dem, was sie gerade treiben. Immer das gleiche Spiel.

In diesen mittleren, gehobenen Ebenen, weil mehr ist das nicht, wovon wir sprechen, geht es immer nur um Geld, Geld, Geld und nochmal Geld. In den darüber liegenden Ebenen geht es nur um Kontrolle, man will uns unter Kontrolle halten. Und wie hält man uns unter Kontrolle? Mit schlechtem Gewissen. Man schafft eine Situation, diese Situation führt dann weiter zu einem Wirtschaftskrieg und man fordert von uns Solidarität ein, ohne dass wir darüber informiert werden, worum es wirklich geht.

Was ist Solidarität? Zustimmung zum System. Jedes Mal, wenn wir bekunden, dass wir zu irgendetwas solidarisch sind, bekunden wir Zustimmung zu dem, was sie da treiben. Das hat nichts damit zu tun, dass ich zum Beispiel solidarisch mit den Menschen im Ahrtal bin, durch diese Katastrophe, dass ich diesen Menschen helfen möchte. Damit hat es 0,0 zu tun. Dass ich solidarisch bin mit den immer mehr werdenden Menschen, die sich illegal Flaschen aus irgendwelchen Mülleimern holen müssen, um überhaupt noch über die Runden zu kommen, hat damit auch nichts zu tun.

Man fordert Solidarität von uns ein, indem wir das, wofür wir unser Leben lang gearbeitet haben, aufgeben. Zum Beispiel mit zehnfacher Grundsteuer bis 2030 – das ist gerade wieder in der Äußerung gewesen. Einfach nur Solidarität, um eine, nennen wir es mal „Politik" zu fördern, hinter der wir eigentlich gar nicht stehen, von der wir nichts haben. Wir haben keine Vorteile mehr daraus.

Jetzt kommt ein wichtiger Punkt: Es geht in der Firmenfiktion nur um wirtschaftliche Vorteile. Es geht nicht um Ideologie, es geht nicht um Soziales, es geht nur um wirtschaftliche Vorteile. Wir denken immer, wirtschaftliche Vorteile seien negativ. Man hat es uns eingeredet: „Wer Geld hat, ist böse. Wer wirtschaftliche Vorteile fordert, ist böse." Leute, jeder von uns muss von irgendetwas leben. Wir müssen unseren Lebensunterhalt finanzieren, wir müssen etwas zum Essen kaufen, wir brauchen ein Dach über dem Kopf. Das sind wirtschaftliche Dinge, und genau damit erpresst man uns momentan, indem man uns sagt: „Ihr müsst solidarisch sein, weil immer mehr Menschen darunter leiden", und so weiter und so fort. Es ist nichts weiter wie der Kollektivzwang, der hier genutzt wird. Es ist ein psychologischer, gesellschaftlicher Kollektivzwang, und der wird genutzt, um uns ein schlechtes Gewissen zu machen, damit wir deren Treiben zustimmen. Es geht um nichts anderes.

5. Massiver Ausbau von Überwachung

Was wir aktuell haben, ist ein massiver Ausbau von Überwachung, Datenerfassung, alles Mögliche. Es geht um biometrische Daten, Kontendaten. Alles wird kontrolliert, alles wird zentral erfasst. Es ist ein unglaublicher Datenmoloch, der geschaffen wird, und wir stimmen dem Ganzen zu.

Ich hatte Anfang September 2017 ein wirklich bezeichnendes Erlebnis: Damals besuchte ich in Großbritannien einen Kunden und hatte mit ihm am Abend eine Diskussion zum Thema Überwachung. Dann erzählte er mir, dass die Engländer immer unwilliger werden, weil überall in Großbritannien Kameras hingen, an jeder U-Bahn-Station, unzählige Kameras an der Straße. Da gab es mittlerweile sogar den Begriff „Neighbourhood Watch". Jeder konnte auf diese Kameras zugreifen und sich das auf seinem Computer anschauen. Es war also so, dass man sich die Straßenkameras auf seinem Homecomputer anschauen konnte. Das war unmöglich, denn es war ein Bruch der Privatsphäre und so weiter. Es gab damals endlose Diskussionen, auch darüber, diese Kameras abzubauen. Auf jeden Fall war das eine sehr interessante Diskussion.
Ich beendete dann diesen Aufenthalt in Großbritannien, flog zurück, und am 15. September war dann dieser Anschlag auf die U-Bahn-Station in London. Eine Woche später musste ich wieder nach Großbritannien, wegen eines technischen Problems, traf diesen Kunden wieder und war mit ihm dann auch gemeinsam bei einem anderen Kunden. Am Abend diskutierten wir wieder, und plötzlich war mein Kunde wie umgedreht. Er erzählte dann, dass die Kameras gut seien, denn wenn sie diese Kameras nicht gehabt hätten, wären vielleicht noch mehr Menschen und bla bla bla. Irgendwann wandte ich dann ein: „Ich finde das sehr interessant, dass plötzlich dieser Sinneswandel kommt und woher der kommt, warum plötzlich dieser Anschlag war, und diese ganze Diskussion über die Überwachung plötzlich vom Tisch ist, denn sie ist ja wieder nötig."

Wir sollten uns also Gedanken darüber machen, warum dieser gigantische Überwachungsapparat, warum diese ganzen biometrischen Daten nötig sind. Wenn ich hier in Ungarn auf der Straße fahre, sehe ich immer mehr Kameras. Ich sehe die Kameras an den Ampeln, ich sehe die Kameras überall an den Masten befestigt. Ich weiß von Freunden, dass auch in Deutschland überall immer mehr Kameras befestigt sind, aber die machen ja nur Verkehrsüberwachung, natürlich. Genau, der Klapperstorch, der fliegt bei uns auch immer übers Haus. Es sind alles Daten, die überall gesammelt werden, und diese werden zentral erfasst. Man kann nur erahnen, was dort für eine gigantische Datenmenge zusammenkommt, und was für eine gigantische EDV erforderlich ist, um das zu verarbeiten. Vor allen Dingen auch die ganzen Finanzdaten, worüber wir hier sprechen, die vielen Bonds, die vielen Bußgelder, die einzelnen Verfahren, das sind alles kommerzielle Verfahren, die auf die Buchhaltung Einfluss haben. Deshalb ist die Buchhaltung gigantisch groß. Was müssen das für Computer sein, die das verarbeiten?

Mein früherer Lehrer sagte einmal zu mir: „Die Computer, die es in den achtziger Jahren gab, stellten damals alles in den Schatten, was uns heute im Jahre 2015 bekannt ist. Es gab damals schon gigantische Computer mit irrsinnigen Rechenleistungen, nur allein zur Verwaltung dieser Welt."

Wir können nur erahnen, was es heute gibt. Ich gehe davon aus, dass der Quantencomputer längst umgesetzt ist und in der Verwaltung dieser Welt genutzt wird (KI), denn sonst können sie diese Mengen an Daten nicht mehr verarbeiten. Im Jahre 2014, 2015, 2016, ich will mich da jetzt nicht festlegen, stellte das Department of the Treasury 50.000 neue Mitarbeiter ein, weil sie die Buchhaltung, die treuhänderische Verwaltung unserer Werte, nicht mehr bewerkstelligen konnten. Es war nicht mehr möglich. Alleine in der Überwachung der Internetdaten haben nach meinem Kenntnisstand im Jahr 2018 450.000 Mitarbeiter gearbeitet. Was für mich einfach unglaublich ist, dass diese Mitarbeiter wahrscheinlich nichts voneinander wissen. Ich stelle mir vor, die sitzen ja nicht alle in einem Büro drin, das müssen ja verschiedene Büros sein. Die müssen sozusagen irgendwo versteckt sein, aber irgendwo arbeiten sie alle zusammen, alle in einem zentralen Büro, alle in einer zentralen EDV. Ich stelle mir das unglaublich kompliziert vor.

Wo führt uns das Ganze, diese Zentralverwaltung, denn hin, die nur noch über eine künstliche Intelligenz, KI, gelöst werden kann? Ich kann mir nicht vorstellen, dass man diese Auswertungen wirklich noch manuell macht. Das muss über eine KI erfolgen. Mir wurde mitgeteilt, dass diese KI bereits existiert. Es gibt auch einen Ort, der gerade (Anm.: die Videointerviews fanden 2022 statt) gewechselt wird, das heißt, die KI ist dort nicht mehr sicher, wo sie sich aktuell befindet. Denn man rechnet jeden Tag mit einem gigantischen Erdbeben in dieser Region, und man fürchtet, dass diese KI sonst absaufen könnte, weil diese Gegend eventuell unter den Meeresspiegel rutscht. Deshalb verlagert man es auch in ein Land, das nun absolut sicher ist, geschützt durch verschiedene militärische Einrichtungen.

Aber um das weiterzuführen: Diese Daten werden also automatisiert ausgewertet, aber wofür eigentlich? Die Frage ist: Brauche ich diese Verwaltung meiner biometrischen Daten, meiner ganzen Kontodaten, meines Konsumverhaltens? Nein, brauche ich nicht. Aber es gibt offensichtlich Leute, die das benötigen. Wo laufen wir denn hin? Wir laufen zu diesem „Minority Report" (Kinofilm) hin. Das heißt, wir haben einen Chip, der uns implantiert wird. Auf diesem Chip ist alles drauf. Es ist natürlich toll, ich habe keine Krankenkassenkarte mehr, keine Sozialversicherungskarte, keine EC-Karte, keine Kreditkarte, es ist nichts mehr da, nur noch ein einziger Chip in meinem Arm. Wahrscheinlich werden dann die Armdiebstähle ansteigen. Entschuldigt den Sarkasmus. Es gibt also nur noch diesen zentralen Chip, und darüber läuft alles. Das heißt, ich gehe zum Arzt, fahre nur noch mit meiner Hand über irgendein Lesegerät oder lege sie darauf. Sie testen doch schon, denn ihr kennt alle bereits diese automatisierten Kartenleser in euren EC-Karten. Es ist alles schon vorbereitet. Man braucht also nicht mehr seine EC-Karte draufzulegen, sondern man legt seine Hand drauf, oder man legt es an die Brust oder die Stirn oder sonst wohin. Ich habe vor ca. drei Jahren einen interessanten Bericht im Fernsehen gesehen, in dem sie den Menschen erzählt hatten, wie toll das ist, wenn man einen Chip implantiert bekommen hat, und sich dann über Alexa, auch schon bekannt, weltweit verbindet. Man hat eine geniale Idee, wie man etwas lösen könnte und wie diese geniale Idee gleich weitergeleitet wird an die entsprechenden Wissenschaftler, die sich gleich Gedanken über die Realisierung machen. Ist das nicht toll, diese neue Welt? Wollen wir das alles wirklich? Wollen wir es alles so einfach haben?

Also ich bevorzuge die kompliziertere Variante. Zum Beispiel habe ich einen Computer, mit dem ich ins Internet gehe, und einen Computer, auf dem ich arbeite. Und dieser Computer, an dem ich arbeite, ist absolut blockiert gegen alle Zugriffe von außen. Da gibt es nur einen Netzstecker. WLAN und Bluetooth sind draußen, alles abgebaut und abgerissen, weil ich nicht will, dass jemand auf den Rechner zugreifen kann, an dem ich arbeite. Aber dann denkt ihr, okay, dann nehme ich einen USB-Stick. USB-Sticks sind alle mit GPS ausgestattet. Wusstet ihr das eigentlich?

Es gibt so viele Dinge, wo ein irrsinniger Aufwand getrieben wird, um uns zu überwachen, um am Ende die totale Kontrolle zu erlangen. Warum wollen „die" eine totale Kontrolle? Warum wollen die scheinbar Mächtigen und die tatsächlich Mächtigen die totale Kontrolle haben? Vielleicht sind die gar nicht so mächtig. Vielleicht sollten wir einmal darüber nachdenken, welche Beweggründe diese Verwaltung hat, die totale Kontrolle über uns zu bekommen. Weil sie Angst haben. Sie haben die Vollpanik, dass wir unsere Kreativität entdecken, dass wir unsere Logik entdecken, unseren Verstand wieder einschalten und sagen: „Nein!"
Davor haben sie Angst und deshalb versuchen sie vorher schon, den Sack zuzumachen, den Deckel drauf zu machen, um das zu erreichen, was sie haben wollen, die totale Kontrolle über uns lebende Menschen. Sie wollen, dass wir ausschließlich zu ihrem Nutzen arbeiten, weil wir in dem Erwachungsprozess sind, der schon vor einigen Jahren eingesetzt hat und mittlerweile immer größere Dimensionen annimmt und ihnen die Planung aus dem Ruder läuft. Sie wollen so schnell wie möglich die Kontrolle haben, die totale Kontrolle über uns, unser Leben, unsere Ängste und alles, was unser Leben ausmacht. Und ich sage ganz klipp und klar, für mich ist das nicht mein Weg, und deshalb sitze ich hier vor der Kamera, denn wir, die lebenden Menschen dieser Welt, können nur eines tun: Als Mensch aufstehen!

6. Was sind NGOs und ähnliche Organisationen

Es gibt diese berühmten NGOs, und auch dort setzt man natürlich wieder jede Menge Nebelkerzen ins System, indem man NGOs mit Rotes Kreuz oder irgendwelchen anderen Hilfsorganisationen gleichsetzt. NGOs sind Non Government Organizations, also Nicht-Regierungsorganisationen. Wenn es also Nicht-Regierungsorganisationen gibt, muss es zwangsläufig auch Regierungsorganisationen geben. Das sind die sogenannten Government Organizations. Die wirklichen Government Organizations sind so gut wie gar nicht bekannt, die kennt kaum jemand. Wir kennen nur NGOs.

Man tut dann immer so, als ob zum Beispiel GERMANY oder FRANCE oder UNITED STATES OF AMERICA Government Organizations sind. Das sind sie nicht. Das sind genauso Non Government Organizations. Jetzt ist die Frage: Was sind eigentlich die Unterschiede? Sehr schwierig, aber man könnte sich mit der Erklärung behelfen, die einen sind ehrenamtlich, und dann gibt es welche, die sind betriebswirtschaftlich aufgestellt, oder man könnte sagen, sie sind beauftragt oder nicht beauftragt. Das ist schwammig und nichtssagend. Es gab eine Zeit, in der es tatsächlich Regierungsorganisationen gab. Regierungsorganisationen behaupteten, für ihre Verwaltungsarbeit autorisiert zu sein. Zum Beispiel ein altes Kaiserhaus oder ein altes Königshaus waren dann Regierungsorganisationen, Government Organizations. Man findet diese Regierungsorganisationen heute im Internet überall, wo die Endung „.gov" auftaucht. Da könnt ihr sicher sein, dass eine Government Organization dahintersteckt. Diese Government Organizations oder sogenannten Regierungsorganisationen sind zuständig für die Verwaltung dieser NGOs. Ihr werdet niemals hinter GERMANY oder Bundesrepublik Deutschland oder Frankreich dieses ‚.gov' finden. Das zeigt, dass sie keine Governments sind. Es sind also Organisationen, die betriebswirtschaftlich organisiert sind. Sie haben eine Gewerbeanmeldung, sie haben eine Verwaltungslizenz und sind im Prinzip auf Umsatz- und Gewinnmaximierung ausgerichtet.

Natürlich gibt es Organisationen wie das Rote Kreuz, die auch als NGOs bezeichnet werden, aber ihr müsst immer aufpassen, das sind viele Nebelkerzen, die dort gesetzt werden, viele Konstruktionen, die man uns hinstellt, um uns von den tatsächlichen Bedingungen abzulenken. Es gab eine Zeit, da wurde alles über Government Organizations, also Regierungsorganisationen, abgebildet. Man hat versucht, alles über diese Organisationen zu verwalten. Es zeigte sich aber, dass diese nicht umsatz- und gewinnorientierten Organisationen nicht effektiv gearbeitet haben. Es wurden viel zu hohe Verwaltungskosten produziert und es gab zu viel Leerlauf in diesen Systemen. Also entschied man sich irgendwann mal, das war in den 1920er, 1930er Jahren, systematisch alles auf Non Government, also im Prinzip auf Firmen umzustellen. Die Gleichstellung von NGO mit Firma ist aber nicht korrekt, denn es gibt ja auch ehrenamtliche Organisationen. Es gibt auch wirkliche Organisationen, wie Vereine oder Stiftungen oder was auch immer, die sich auch als NGOs bezeichnen. Es ist eine heillose Verwirrung im Markt. Deshalb stehe ich mit diesen Begriffen auch etwas auf Kriegsfuß, gebe ich zu.

Es gibt aber tatsächlich Government Organizations, wie zum Beispiel die ALEC, American Legislative Exchange Council, die im Bereich der Legislative zuständig ist und und und. Es gibt also tatsächlich diese Organisationen, die im Hintergrund organisieren und dann delegieren und abgeben. Das heißt, die Ausführung dieser ganzen Arbeiten, die dort im Rahmen der Verwaltung gemacht werden müssen, werden dann von NGOs ausgeführt, zum Teil mit Lizenzverträgen.
Dieser Gedankengang, alles als NGO oder Government zu werten, ist unmöglich. Was gut oder schlecht ist, ist schlecht auszudrücken.

Faktum ist auf jeden Fall eines, und diese Aussage stammt nicht von mir: Es wurde festgestellt, dass NGOs wesentlich effektiver verwalten, weil sie eben betriebswirtschaftlich denken. Das heißt, diese Organisationen sind im Wesentlichen angehalten, Umsatz und Gewinn zu erzielen, also gewinnorientiert zu arbeiten, und nicht so zu wirtschaften, als wenn es keine Rolle spielt, woher das Geld kommt. Das hatten wir auch eine ganze Weile in den sogenannten Regierungen, dass einfach Geld verschleudert wurde. Das hat aber nichts damit zu tun, dass das zuvor Government Organizations waren. Die gesamte Justiz, zum Beispiel, müsste eigentlich Government sein, denn sie hat mit Umsatz- und Gewinnorientierung nichts tun. Sie ist es aber nicht mehr, weil die Umsetzung letztendlich auf „private Firmen" verlagert wurde. Sie wurden „privatisiert" - auch dieser Ausdruck ist nicht korrekt, sie wurden einfach betriebswirtschaftlich ausgerichtet, was sehr häufig mit Privatisierung verwechselt wird. Privatisierung bedeutet nicht, etwas zu verkaufen, was man gar nicht verkaufen kann, sondern als Privatisierung wird der Verkauf von Gewinnanteilen bezeichnet. Das nennt man Privatisieren, was aber nicht korrekt ist.

Alles in dieser Welt gehört uns. Wir sind die tatsächlichen Besitzer dieser Welt. Wir haben den Anspruch auf die Erträge, die dort erwirtschaftet werden. Einige wenige setzen ihr Kapital, ihre Ersparnisse oder das, was sie besitzen, ein, um sich Gewinnanteile zu kaufen, sprich Shares zu kaufen, Aktien oder Anteile zu kaufen, wie zum Beispiel bei dieser CCA, Corrrection Corporation of America (Anm.: mittlerweile CoreCicvic). Das ist eine riesige Organisation, eine riesige Firma, an der alle Nationen dieser Welt beteiligt sind. Das heißt, jede Nation hat Shares von denen, denn in dieser Firma werden bestimmte Aktivitäten für die Justiz ausgeführt, was auch niemand weiß.

Deshalb meine Bitte an euch: Bewertet dieses Thema NGO und Government nicht zu stark. Lasst euch nicht ablenken von diesem ganzen Thema, denn letztendlich ist die ganze Welt eine Firma, beauftragt von einer zentralen Verwaltung, die sich Government nennt, mehr nicht. Wenn wir uns nicht davon verwirren lassen, können wir diese Dinge betrachten und klarstellen. Solange die Welt in dieser Regierungsorganisation, dieser Government Organization ist, fließen die Gewinne zu uns. Sobald diese Gewinne, diese Erträge aus der Verwaltung, verkauft werden, also „privatisiert" werden, können wir von NGOs sprechen. Und deshalb ist die ganze Welt eigentlich mittlerweile eine NGO.

7. Rechtsverbindlich – rechtsverwertbar – rechtskräftig

Es geht hier darum, dass Richter oder andere Mitarbeiter des sogenannten öffentlichen Dienstes nichts mehr unterschreiben. Jetzt kann ich mich darüber aufregen und ärgern und rumstreiten, oder ich kann mir mal Gedanken machen, was der wirkliche Hintergrund von allem ist, warum das gemacht wird. Zum Thema Unterschriften hatten wir ja bereits einen Clip gemacht (Anm.: nachzulesen in Band 1 von „Ein Mensch kann nur als Mensch aufstehen"). Worüber ich jetzt in diesem Zusammenhang sprechen möchte, ist das Thema Rechtsverbindlichkeit, Rechtsverwertbarkeit und Rechtskräftigkeit.

Ich kann nun von einem Gericht, von einem Richter eine „Verfügung" bekommen — übrigens ein interessantes Wort, weil ich immer dachte, dass ich der alleinige Verfügungsberechtigte sei, aber das scheint wohl nicht zu stimmen, denn es scheint wohl jemanden zu geben, der einen Richter autorisieren kann, eine Verfügung über eine juristische Person zu machen. Ein Richter darf nicht über meinen Körper verfügen, das wäre ja im Prinzip Menschenhandel oder Leibeigenschaft, aber er macht Verfügungen, und deshalb kann diese Verfügung nur über eine juristische Person stattfinden.

Nun haben wir ja diese lustige Situation, dass wir Verfügungen, Urteile und Einladungen immer ohne Unterschrift bekommen. Was ist das jetzt eigentlich? Wenn jemand etwas nicht unterschreibt, dann übernimmt er keine Haftung, Punkt. Mehr kann man dazu nicht sagen. Wenn er keine Haftung übernimmt, ist das, was ich zugestellt bekomme, ein Entwurf, es ist nicht rechtsverbindlich.

Was heißt denn rechtsverbindlich? Wir haben dieses Wort Verbindlichkeit jetzt schon oft gehört, zum Beispiel im Zusammenhang mit einer Forderung eines Lieferanten an mich. Dieser Lieferant schickt mir eine Rechnung und ab diesem Moment habe ich eine Verbindlichkeit, der ich nachkommen muss, oder ich bin in der ausgleichenden Verbindlichkeit. Das heißt, jemand hat die Verpflichtung, Aktiva und Passiva zu verrechnen, damit Aktiva und Passiva immer gleich sind. Somit kann ich also Verbindlichkeit auch mit Verpflichtung gleichsetzen. Ich verpflichte mich also, irgendeine Haftung zu übernehmen. Ich verpflichte mich zur Erfüllung.

Wenn also ein Richter ein Urteil oder eine Verfügung herausgibt – ich mache hier keine Rechtsberatung –, müsst ihr euch darüber im Klaren sein, dass niemand die Haftung für die Erfüllung übernimmt. Das heißt, wenn ihr die Erfüllung verweigert, ist der Richter aus dem Schneider, weil er nicht unterschrieben hat. Das ist falsch. Der Richter hat unterschrieben, aber hundertprozentig. Er muss unterschreiben, denn sonst kann man diese Verfügungen und diese Urteile gar nicht zur Verbuchung in der Buchhaltung einreichen. Was ist ein Gutachten ohne Unterschrift wert? Nichts, es ist das Papier nicht wert, auf dem es steht. Ein Gutachten muss also unterschrieben sein. Somit muss auch ein Urteil unterschrieben sein, das übrigens eine verbriefte Forderung darstellt. Bei einer Verbriefung übernimmt jemand die Ersatz-Erfüllungshaftung, wenn der, der erfüllen soll, nicht erfüllen kann oder erfüllen will.

Somit sind wir wieder an diesem Punkt: Verbindlichkeiten müssen jemanden haben, der die Haftung oder die Ersatzhaftung übernimmt, für den Fall, dass ein Verurteilter nicht erfüllt. Dazu gibt es eine Haftpflichtversicherung. Der Richter hat also eine Haftpflichtversicherung und diese tritt ein, wenn der Richter irgendwann mal in die Erfüllungshaftung genommen wird. Wenn der Richter aber nicht unterschrieben hat und ich ein Exemplar in der Hand habe, auf dem keine Unterschrift drauf ist, was ist das dann? Da ist doch keine Verbindlichkeit vorhanden. Ist es rechtsverwertbar? Wenn ich das einem anderen Richter oder irgendjemand anderem im Wertpapiergeschäft vorlege, dann sagt der: „Was wollen Sie damit, dieses Stück Papier kann doch jeder erstellen. Da ist keine Unterschrift drauf. Wer übernimmt die Haftung dafür?" Es ist also auch nicht rechtsverwertbar, weil es nicht unterschrieben ist.

Worauf ich aber hinaus will ist etwas anderes: Es gibt mit hundertprozentiger Sicherheit ein unterschriebenes Exemplar, und dieses liegt irgendwo und wird bereits verwertet. Das heißt, es gibt immer, wenn ein Papier, wie ein Urteil, eine Verfügung oder eine Anordnung, herausgegeben wird, eine verantwortliche Unterschrift, denn sonst kann dieses Papier in der internen Buchhaltung gar nicht verwendet werden. Eine Bilanz, die nicht unterschrieben ist, ist wertlos. Da muss der Geschäftsführer haftend unterschreiben. Er muss die Verantwortung dafür übernehmen. Wenn das Papier nicht unterschrieben ist, hat er keine Verantwortung übernommen.

Jetzt bekomme ich aber eine vollstreckbare Ausfertigung, die keine Unterschrift trägt, und es wird behauptet, sie stimme mit dem Original überein. Da gibt es ein juristisches Wort dafür – auch hier wieder, ohne eine Rechtsberatung zu machen –, das nennt sich Urkundenfälschung. Wenn ich also von einem Original, das eventuell unterschrieben ist, eine Kopie mache, und diese Kopie trägt keine Unterschrift, und es wird behauptet, es wäre das Original, dann nennt man das eben genau so.

Wir haben in unserem Telegramkanal Diplomateninterviews eine Aktion gemacht, in dem wir probiert haben, ein Landgericht dazu zu bewegen, eine beglaubigte Kopie von solch einem Urteil zu machen. Das Ergebnis lautete: „Wir können keine beglaubigte Kopie machen, da das Original nicht unterschrieben ist."
Denen im Landgericht war lieber, so etwas herauszugeben, als gegenüber ihren eigenen Kollegen zu sagen: Es handelt sich hier um Urkundenfälschung. Das heißt, die Justiz bewegt sich auf einem ganz, ganz dünnen Eis mit diesen Dingen, weil sie nicht mehr korrekt und sauber arbeiten können.

Jetzt könnte man natürlich sagen, da ist doch eine Unterschrift drauf von demjenigen, der die Kopie gemacht hat, und behauptet, sie würde mit dem Original übereinstimmen. Das heißt, da gibt es doch eine rechtsverbindliche Unterschrift. Jedoch steht da nicht drauf, dass sie „im Auftrag" erteilt wurde, sondern die Menschen, die im öffentlichen Dienst so etwas unterschreiben, unterschreiben ohne „im Auftrag" oder ohne „auf Anordnung". Sie tun es also aus freien Stücken, sie übernehmen die Haftung dafür.

Deshalb ist es auch für die Menschen im öffentlichen Dienst so wichtig, sich das Kapitel über das Thema Unterschriften noch einmal genau anzuschauen. Wir haben verlernt, welch einen hohen Wert unsere Unterschriften haben und wie wichtig Unterschriften sind. Unterschriften sind eine Haftungsübernahme. Wenn ich dazu nicht autorisiert bin, zum Beispiel im Namen eines Amtsgerichtes oder im Namen der Staatsanwaltschaft zu handeln, dann muss ich das anzeigen, indem ich „im Auftrag" schreibe, „i. A.", das hat man früher einmal gelernt. Wenn ich das nicht tue, impliziert es, dass ich befugt bin, im Namen und auf Rechnung meines Auftraggebers zu handeln. Das bedeutet, ich habe Prokura, also Zeichnungsberechtigung, und das ist Betrug, das nennt man Prokura-Vortäuschung.

Wir lebenden Menschen sollten einmal darüber nachdenken, dass das alles unter unserer Haftung geschieht, denn, wenn wir nun auf dieses Urteil, auf diese Verfügung Bezug nehmen, akzeptieren wir die Tatsache, dass niemand, der die Entscheidung getroffen hat, die Haftung übernimmt, und wir übernehmen durch Einlassung die Haftung darauf. Das heißt, sie holen sich über diesen Trick unsere Haftungszusage, weil sie diese Haftung nicht mehr übernehmen können, weil ihr Laden schon längst in der Insolvenz ist und gar nicht mehr in der Lage ist, Haftung zu übernehmen. Es ist den Mitarbeitern verboten gegenzuzeichnen. Dazu benötigen sie die Freigabe des Insolvenzverwalters.

Diese Situation haben wir aktuell. Sie führt mittelfristig und langfristig zu chaotischen Strukturen in der Verwaltung, denn es gibt keine Rechtssicherheit mehr. Die Rechtssicherheit basiert einzig und allein auf der Trickserei, dass man uns die Haftung durch Einlassung unterschiebt. Das ist kein Zustand, der für uns Menschen akzeptabel ist. Man hat uns Sicherheiten versprochen durch die Herausgabe der Person, man hat uns den Ausschluss des Bürgerlichen Todes versprochen durch eine Verfassung, und nun wird eine Vertragsänderung vorgenommen, indem man uns die Rechtssicherheit entzieht und uns dafür etwas vorsetzt, mit dem wir nichts anfangen können.

Das sind nämlich diese Entwürfe, die wir dann gegenzeichnen und damit die Haftung übernehmen sollen, und dazu brauchen wir diese Versicherungsvertreter, die sich Vertreter eines Rechtsstaates nennen, nicht.
Nun gibt es natürlich diese intelligente Floskel „Dieses Schreiben ist elektronisch erstellt und ohne Unterschrift gültig". Ein Computer geht also von sich aus hin und erstellt ein Schreiben ohne jede Einflussnahme, also KI pur, und nun behaupten sie, dieses Schreiben sei deshalb gültig. Egal, was ich mir anschaue, ob es das HGB oder sonst irgendwas ist, das sind deren Regeln, nicht meine. Sie halten sich also nicht mehr an ihre eigenen Regeln. Sie halten sich weder an das BGB, HGB oder was es alles gibt, wo ganz klar drinsteht: Eine Unterschrift ist erforderlich, andernfalls hat dieses Schreiben nur Entwurfscharakter. Und nun schreiben sie diese Floskel drunter, und was geschieht? Unser Anwalt oder wir selbst reagieren auf diesen Brief und bestätigen diesem Schreiben eine Gültigkeit durch die Tatsache, dass wir nicht zurückschreiben: „Vielen Dank für den Eingang Ihres Entwurfs, Sie können jetzt das Original schicken." Wir akzeptieren

stattdessen das Schreiben in der Form und mit Inhalt. Durch dieses Akzeptieren geben wir dem Schreiben die Gültigkeit beziehungsweise eine Werthaltigkeit. Diese erhält es nicht durch die Tatsache, dass sie diese Floskel darunterschreiben.

8. Der Versorgungsauftrag der Nationen

Die Handelszonen, die sogenannten Nationen, haben einen Versorgungsauftrag. Das heißt, sie haben nicht nur die Lizenz für die regionale Verwaltung, sondern sie haben auch die Verantwortung, uns medizinisch und lebensmitteltechnisch zu versorgen. Das ist ein strukturrelevanter Teil von dem ganzen System. Deshalb erhalten die Nationen von uns durch unseren Treuhänder, zur Produktion von Lebensmitteln, auch liquide Mittel in Form von Strukturkrediten. Somit sind also auch die Lebensmittel vorbezahlt. Es muss aber irgendwie der Schein von Konkurrenz und so weiter aufrecht erhalten werden.

Was macht man also? Man überträgt die Versorgung von Lebensmitteln, also die Verteilung von Lebensmitteln, auf verschiedene Organisationen, die sich dann Unternehmen nennen. Diese verteilen die Lebensmittel an die Menschen, an die Kreditgeber der Produktion unter Nutzung der juristischen Person. Das heißt, wir alle haben Kredite für die Produktion gegeben, und bekommen dann daraus Lebensmittel verteilt. Das nennt man übrigens im Kommerz, dass die Lebensmittel „vorbezahlt" sind. Man gaukelt uns also vor, dass diese ganzen, nennen wir sie ruhig mal, LIDL, ALDI, NORMA, REWE und wie sie alle heißen, in Konkurrenz zueinander stehen. Nun könnte man natürlich sagen, das ist alles an den Haaren herbeigezogen, was erzählt der da vorne?

Es gab folgenden Skandal in Frankreich: Die Supermärkte haben Lebensmittel in große Container geworfen und sie dann mit Chlor überschüttet, damit sie nun wirklich vernichtet wurden. Ob das Mindesthaltbarkeitsdatum abgelaufen war oder auch nicht, hat sie nicht interessiert. Daraufhin gab es einen großen Aufschrei darum. Das heißt, der französische „Staat" hat sich eingemischt und gesagt: „Das kann nicht sein, dass wir Lebensmittel vernichten, die müssen an die Tafel gehen."
Dann haben die Verteiler von Lebensmitteln, auch Supermärkte genannt, erwidert: „Der Aufwand ist uns zu groß, das können wir nicht stemmen."
Die Tafelbetreiber haben auch eingewandt: „Ja, so viele Lebensmittel und überhaupt."

Jetzt überleg einfach mal: Du hast eine Firma und produzierst jeden Monat eine Million Schrauben, und du hast einen Kunden, der bestellt jeden Monat eine Million Schrauben. Du denkst dir: „Oh toll, der be-

stellt bestimmt irgendwann mal mehr.“ Also produzierst du 1,1 Millionen Schrauben, 1,2 Millionen Schrauben, immer ein bisschen mehr, und irgendwann hast du Millionen von Schrauben im Lager und wirfst sie einfach weg.
Wie lange machst du das? Die Firma geht doch pleite. Aber warum gehen die Supermärkte nicht pleite, wenn sie Lebensmittel in diesen Dimensionen wegwerfen? So hohe Margen sind nicht auf diesen sogenannten Lebensmitteln, also muss doch da was anderes dahinterstecken. Subventionen! Sie bekommen Verteilungssubventionen. Etwas anderes kommt nicht in Frage, denn ein Supermarkt kann nicht überleben, wenn er jeden Tag einen Container Lebensmittel wegwirft oder er unter Gestehungspreis (Einkaufspreis) verkauft. Das funktioniert so nicht.

Ich hatte mal die Möglichkeit, mich mit einem Marktleiter zu unterhalten, der mir sein Bestellsystem erklärte. Er erzählte mir dann so ganz salopp: Wenn er irgendetwas bestellt, wie zum Beispiel Mehl, und dieses Mehl ist halt nicht in der Verpackung seiner Supermarktkette vorhanden, dann wird das mal kurz umverpackt. Es gibt im Münchener Raum vier Firmen, die haben sich auf die Umverpackung von Lebensmitteln spezialisiert. Da wird also der ALDI-Zucker in EDEKA-Zucker umgepackt. Das ist der gleiche Zucker. Wenn ihr die Tüten aufmacht und das nebeneinander legt oder es in eine Schale schüttet, könnt ihr es nicht unterscheiden. Es ist überall das Gleiche drin. Es wird nur entsprechend verpackt, um dieses Gefühl von Konkurrenz aufrechtzuerhalten. Und es gibt Verteilungsprovisionen. Es muss sie geben, denn die Supermärkte haben ja ein Interesse daran, Marktvolumen zu bekommen. Deshalb machen sie Werbung. Denn je mehr Kunden sie haben, je mehr sie also verteilen, desto mehr Subventionen erhalten sie. Das gilt übrigens nicht nur für Supermärkte, das gilt auch für Drogeriemärkte wie zum Beispiel Schlecker.
Das heißt, sie bekommen einfach Verteilungsprovisionen für die Menge an Lebensmitteln, für die Menge an Kunden, die sie bedienen, und deshalb fragt man ab und zu an der Kasse nach der Postleitzahl oder man fragt Kunden expliziert, wo sie herkommen, um einfach nachzuweisen, wir decken einen bestimmten Bereich ab, da sind so und so viel Leute. Viele wissen auch nicht, dass die Flächengröße eines Supermarktes auf die Größe des Ortes begrenzt wird, also auf die abgedeckte Fläche. Wenn es ein kleiner Ort ist, dann darf der Supermarkt nur eine bestimmte Größe haben. Wenn sie größer werden wollen, haben sie ein Problem. Dann teilen sich manchmal Super-

märkte in die Bereiche Lebensmittelmarkt und Getränkemarkt auf. Das wird aus genau diesem Grunde gemacht, weil die Zuordnung einer Supermarktgröße gesetzlich festgelegt ist. Was mischt sich diese Firma, die sich Staat nennt, in die Größe eines Supermarktes ein? Das ist doch die Entscheidung des Betreibers, es sei denn, dieser Supermarkt lebt von Subventionen und nicht von den Erträgen des Verkaufs. Einen anderen Grund gibt es nicht dafür.

Könnte man das denn so verstehen, dass Discounter oder Lebensmittelgeschäfte dieser Art auch NGOs sind?

Das sind alles NGOs, es gibt nichts anderes. Das, was wir in der Öffentlichkeit sehen, sind alles NGOs. Wir müssen begreifen, dass alles, was um uns herum geschieht, umsatz- und gewinnorientiert ist. Deshalb bezeichne ich es als Firma. Ich bezeichne sie nicht als Firmen, weil die in irgendwelchen Registern von irgendwelchen internationalen Auskunfteien eingetragen sind, sondern ich bezeichne sie deshalb als Firmen, weil sie betriebswirtschaftlich arbeiten. Das ist der einzige Grund.

Warum ist Schlecker verhaftet worden? Warum hat man Schlecker verurteilt? Ja ganz einfach, er hat veruntreut, er hat Gelder bekommen für diesen Verteilungsauftrag, und diese hat er mal kurz umgebucht auf Privatkonten. Die sind verschwunden, und somit konnte er irgendwann die Zinsen nicht mehr bezahlen, denn Strukturkredite werden ohne Rückzahlungsanspruch gewährt. Sie müssen die nicht zurückbezahlen, aber sie müssen die Zinsen für die Kredite bezahlen. Wenn diese Supermarktketten oder diese Drogerieketten aus ihren Erträgen diese Zinsen nicht mehr bezahlen können, dann sind sie insolvent. Aber diese Strukturmittel, diese Subventionen, die sie bekommen, sind zweckgebunden. Wenn man die Zweckbindung umgeht, wie es dort geschehen ist, dann landet der, der das tut, im Knast, ganz einfach. Die ganze Lebensmittelverteilung erfolgt übrigens nach meinem Kenntnisstand in Deutschland aus vier großen Lebensmittellagern, in denen alles liegt. Deshalb wollte man auch keine Tante-Emma-Läden oder anderen kleinen Läden mehr haben, sondern nur noch große Ketten, die man dann über Subventionen oder über Strukturkredite kontrollieren kann. Deshalb wird alles aus vier großen Lagern versorgt, und diese stehen unter Bundeswehrschutz. Das sind „Priorität 1-Ziele" für den Schutz. Wenn es also hier in Deutschland zu einem, sagen wir mal Aufstand käme, zu einem

Bürgerkrieg oder was auch immer, dann sind diese vier Ziele das Erste, was durch die sogenannte Bundeswehr geschützt wird: „Wir. Dienen. Deutschland." Was auch immer Sie damit meinen. Also, die Privatarmee der Firma, die sich Staat nennt, schützt diese Lager, die Bevölkerung ist irrelevant. Das haben die Menschen nur noch nicht begriffen.

Es geht darum, dass die Lizenznehmer ihren Versorgungsauftrag um jeden Preis erfüllen müssen, denn sonst wäre es ein Vertragsbruch und dann wäre die Nation, die für dieses Gebiet und für die Versorgung der Bevölkerung lizenziert ist, haftbar. Sie wäre in der Haftung, wenn Tote durch Hungersnöte entstehen würden, weil die dazu verpflichtet sind, das zu machen. Aus dem Grund landen circa 80 Prozent der Lebensmittelproduktion im Müll. Das weiß nur niemand. Dieser Versorgungsauftrag ist so relevant und so enorm wichtig, dass die Produktion mittlerweile so dermaßen überzogen wird, dass jetzt bereits die Tomaten und das Gemüse und Obst von den Feldern direkt auf die Müllkippe geworfen werden, dass der Fisch vom Hafen direkt auf der Müllkippe landet. Das Ganze wird gar nicht benötigt, aber dieser Versorgungsauftrag schwebt immer wie ein drohendes Damoklesschwert über diesen Nationen, und deshalb ist es völlig gleichgültig, ob ich bei ALDI, REWE, NORMA oder LIDL einkaufe, mit einem ganz kleinen Unterschied. Es gibt Franchising-Betreiber, zum Beispiel bei REWE oder bei EDEKA, die haben vertraglich das Recht, regional zusätzlich einzukaufen. Und die stehen ein wenig anders in dieser Priorität als zum Bespiel die komplett REWE-eigenen Unternehmen oder die EDEKA-eigenen Unternehmen. Hier muss man ein bisschen unterscheiden. ALDI, LIDL, NORMA, ich weiß nicht, wie viele regionale Produkte sie bei sich aufnehmen, und wenn sie regionale Anbieter aufnehmen, dann drücken sie diese in den Preisen ohne Ende. Das ist immer faszinierend für mich, denn effektiv ist es völlig egal. Sie bekommen ihre Strukturkredite zum Einkauf trotzdem und erhöhen einfach nur ihre Gewinne auf Kosten der regionalen Struktur. Wir haben im Bodenseeraum eine kleine Käserei, die hat zum Beispiel die Lieferung an ALDI verweigert.

Deshalb kann ich nur eines sagen: Wenn die Menschen sich wirklich von diesen Strukturen lösen wollen, müssen wir in kleine regionale Hofläden kommen, wo die Menschen wieder einkaufen gehen, ruhig ein wenig mehr bezahlen, was aber meistens nicht der Fall ist, weil der Zwischenhandel das Geld frisst. Definitiv gibt es bei Supermärkten und bei dem ganzen Großhandel keine Konkurrenz. Die gibt es einfach nicht, weil alles mit Strukturkrediten bezahlt wird, die von uns gewährt werden, denn wir finanzieren die Produktion. Wir sind die „Creditors in Commerce" und wir sind diejenigen, die die liquiden Mittel zur Verfügung stellen, damit die Produktion aufrechterhalten wird. Das sollten wir uns immer klar machen.

9. Das Definitionsrecht

Jetzt kommen wir zu einem ganz interessanten Thema, das ich immer ganz spaßig finde. Wir benutzen Wörter, die wir heute so benutzen und dann werden sie irgendwann umdefiniert. Wir sehen das ja gerade in der ganzen Gender-Thematik. Man definiert einfach mal kurz etwas um, und dann nutzen wir diese Wörter, ohne vorher zu sagen, was wir eigentlich meinen. Es gibt übrigens den Begriff der Landläufigkeit. Wenn ich sage, dass ich einen Begriff im landläufigen Sinne benutze, dann bedeutet das: im alten Sinne. Es gibt also eine alte Bedeutung eines Wortes. Wenn ich nun also hingehe und ein Wort nutze und nicht erkläre, was ich mit diesem Wort meine, kann es mir passieren, dass man mir dieses Wort im öffentlichen Sinne anders auslegt. Denn es wurde öffentlich umdefiniert, und das, obwohl ich es ganz anders meine.

Ein gutes Beispiel ist der Begriff „Mensch". Wir denken, Mensch ist ein lebender, beseelter Mensch. Wenn dieses Wort aber jetzt irgendwann einmal umdefiniert wurde, wie zum Beispiel, eine natürliche Person wird zukünftig Mensch genannt, dann habe ich ruckzuck das Problem, dass sie zwar von Menschenrechten sprechen, aber natürliche Personen meinen. Wenn ich das vorher nicht klarstelle, kann es mir also passieren, dass ich hier mit meinem Definitionsrecht kollidiere. Ich nenne es Definitionsrecht oder auch Definitionshoheit, wenn jemand etwas definiert und ich nutze es in seinem Sinne.

Das System definiert also etwas um und ich nutze es in „deren" Sinne, dann begebe ich mich in deren Definitionshoheit und bin in einer Falle drin, weil wir von völlig unterschiedlichen Dingen sprechen. Wenn ich von Menschenrechten spreche, spreche ich von den essenziellen Rechten eines lebenden Menschen, gottgegeben. Wenn die von Menschenrechten sprechen, sprechen sie von Kontenschutzverträgen.

Das ist jetzt vielleicht als Ergänzung wichtig: Jeder Herausgeber einer Person hat die sogenannte „ausgleichende Verbindlichkeit". Das bedeutet, der Herausgeber einer Person und Konteninhaber muss immer darauf achten, dass in der Buchhaltung Aktiva und Passiva dieser Person (=Konto) gleich sind. Und wenn das nicht so ist, muss der Inhaber der Person entsprechende Aktivitäten einleiten, sprich Eigenkapital reinschießen oder Haftungen übernehmen. Anders geht es nicht. Das heißt, der Herausgeber der Person und Inhaber dieses

Kontos muss diese Dinge tun, das nennt sich ausgleichende Verbindlichkeit, einer der wichtigsten Begriffe überhaupt im Kommerz.

Wenn nun also eine natürliche Person existiert, gibt es von dieser natürlichen Person ein Konto, es gibt einen Inhaber und eine ausgleichende Verbindlichkeit. Wenn nun Menschenrechte als Rechte der natürlichen Person definiert werden, bedeutet es ja nichts weiter wie: Wenn dieser Person etwas zustößt, hat jemand die Verpflichtung, dieses Konto auszugleichen, und der lebende Mensch als im Hintergrund haftende Entität existiert nicht mehr. Somit ist also der Herausgeber und Inhaber des Kontos verpflichtet, das Konto auszugleichen, wenn der Mensch tot ist oder nicht mehr in der Lage ist, sprich invalide, und nicht mehr kann. Somit nenne ich, salopp ausgedrückt, die Menschenrechtsverträge auch gerne Kontenschutzverträge.

An diesem Beispiel könnt ihr einfach sehen, wie man über Um-Definition ein Rechtssystem völlig umdrehen kann zu etwas, was ich im ersten Moment nicht begreife. Deshalb ist es immer ganz wichtig: Wenn ich nach außen auftrete und ein Wort wie zum Beispiel „Mensch" nutze, dann habe ich das Recht, vorab eine Präambel zu setzen, also eine Erklärung, wie mein Rechtsverständnis für den nachfolgenden Text ist. Das wird immer wichtiger für uns, weil man in unserer Sprache, gerade in der deutschen Sprache, immer mehr dazu übergeht, Änderungen des Sprachverständnisses einzuführen und die Wörter anders zuordnet. Deutsch ist eine deterministische Sprache, man kann also Silben zusammensetzen und damit etwas ändern. Man kann ein Wort sinninhaltlich verändern. Und jetzt trenne ich die Wörter auf, und plötzlich wird wieder ein anderer Sinn draus. Das ist Verwirrungstaktik. Man möchte die deutsche Sprache verwässern, man möchte im Prinzip unseren Geist verwirren, damit wir nicht mehr in der Lage sind, uns präzise auszudrücken. Deshalb müssen wir dazu übergehen, wenn wir Wörter nutzen, diese vorher zu definieren, in unserem eigenen Sinne oder im landläufigen Sinne.

10. Wie sage ich Nein?

Nun stellt sich nach all den vielen Gesprächen, für euch vielleicht die ganz große Frage: „Was soll ich denn jetzt tun? Wie sage ich jetzt denn ‚Nein'? Wie erkläre ich meine Meinung und wie erkläre ich meinen Willen?" Gar nicht so einfach.

Das Wichtigste überhaupt: Ich würde niemals solche Aktivitäten an untere Ebenen starten, denn die haben keine Ahnung, worum es geht. Zu den unteren Ebenen gehören Mitarbeiter in der Gemeindeverwaltung oder der Bürgermeister oder der Landrat. Die leben in dieser fiktiven Demokratieblase, in dieser Rechtsstaatblase, sie glauben daran, sie sind absolut überzeugt von dieser Glaubensgemeinschaft. Das ist eine Glaubensgemeinschaft, dem kann ich Glauben schenken oder auch nicht. Also, wenn ich Aktivitäten entwickle und „Nein" sage, dann muss das nach ganz oben. Je höher ich damit gehe, umso sicherer kann ich sein, dass nicht irgendwelche Betreuungsverfahren oder andere Aktivitäten gegen mich oder besser gesagt, gegen meine juristische Person eingeleitet werden. Also gehe ich nach oben.

Ich hatte ein Gespräch mit einem CIA-Agenten, das ist schon eine Weile her, und der sagte mir damals: „Warum kündigt ihr der Merkel nicht einfach?"
Wir schauten uns dann an: „Was sollen wir machen?"
CIA-Agent: „Ja, das ist doch eure Angestellte. Sie sagt doch immer, sie hat das Mandat von euch. Das ist doch in dem Falle auch eure Angestellte, denn sie ist ja die Bundeskanzlerin der Bundesrepublik Deutschland, und damit ist sie doch eure Angestellte. Kündigt doch einfach."

Ich habe damals darüber nachgedacht und irgendetwas hat mich gestört. Heute weiß ich es. Wenn ich Angela Merkel kündigen würde, wenn ich also der aktuellen Regierung kündigen würde, dann würde ich ja bestätigen, dass es zuvor einen Vertrag gegeben hat. Ich würde also bestätigen, dass da vorher schon etwas war, und dass sie bis zu dem Zeitpunkt der Kündigung korrekt gearbeitet hat. Das will ich aber nicht. Deshalb überlege ich mir: Wie ist sie eigentlich zu ihrem Mandat gekommen? Wo hat sie ihr behauptetes Mandat her? In dem Fall muss ich jetzt eher sagen – naja, gut, bei der LGBT-Gang, da ist es jetzt gerade schwierig mit „er" oder „sie", ich bleibe jetzt einfach einmal bei „er": Eigentlich müssten er sowie auch die sogenannten Minister und die sogenannten Parlamentarier mal beweisen, dass sie überhaupt ein Mandat haben.

Woher haben sie ihr Mandat? Ich zweifle das Mandat an. Ich möchte den Beweis haben, dass sie überhaupt ein Mandat von uns, den Staatsbürgern, haben. Solange dieser Beweis nicht vorliegt, sage ich schlicht und einfach: Ich untersage ihnen – das ist eine Unterlassungsbestätigung oder Unterlassungsverfügung – weiterhin zu behaupten, sie würden ein Mandat haben, also in meinem Namen und auf meine Rechnung im öffentlichen Bereich arbeiten. Das heißt, ich untersage ihnen, zu behaupten, sie wären meine Vertreter. Dazu haben wir ein Schreiben angefertigt und es auch in unserem Telegramkanal Diplomateninterviews schon veröffentlicht, mit dem wir diese Vorlage einfach einmal haben, um mal zu sehen, wie so etwas aussieht (Anm.: die Negativbestätigung). Natürlich bin ich sehr defensiv und sehr vorsichtig. Außerdem, mal ganz ernsthaft: Ich kann nicht jeden Parlamentarier anschreiben. Ich schicke doch keine 1000 Briefe raus. Ich mache das viel eleganter, denn da gibt es einen Trick.

Wenn ich also „Nein" sage, kann ich das schön machen, denn es gibt doch einen Präsidenten, ich hätte fast „Oberhäuptling" gesagt, und der steht doch über allem drüber. Ich kann doch eines tun: Ich erteile dem Präsidenten den treuhänderischen Verteilungsauftrag. Das heißt, ich schreibe ihm, schicke ihm einen Text und beauftrage ihn, den Parlamentariern meinen Willen als „Staatsbürger" mitzuteilen. Man behauptet, ich wäre ein Staatsbürger, also ich bürge für den Staat, ich bin somit also ein bestätigter Kreditgeber des Staates, und als Kreditgeber habe ich das Recht zu sagen, wo es lang geht. Wer bezahlt, bestimmt. So kenne ich das. „Solange ihr eure Füße unter meinen Tisch stellt, macht ihr das, was ich sage." Den Spruch kenne ich noch aus meiner Kindheit. Und den kennen viele von euch auch. Also, solange die ihre Füße unter meinen Tisch stellen, machen die, was ich sage, oder? Natürlich können wir das nicht individuell machen, das ist mir auch klar. Es muss ein Konsens gefunden werden, auch die Mandatserteilung, das ist für mich alles kein Problem. Aber ernsthaft, ich habe schon länger nicht mehr das Gefühl, dass die uns vertreten. Ich weiß nicht, wie es euch geht. Ich denke eher, sie vertreten Interessen, von denen wir nicht mal wissen, worum es genau geht. Und solange ich nicht weiß, welche Interessen sie vertreten und was sie genau vorhaben, möchte ich den Beweis haben, dass sie überhaupt ein Mandat von uns haben. Und solange sie kein Mandat nachweisen können, gebe ich als Finanzier dieses sogenannten Rechtsstaates eine Unterlassungsverfügung heraus. Da ich das nicht zu scharf gestalten wollte, schicke ich das mal über den

Bundespräsidenten raus, und ich gebe ihnen ein Schlupfloch dazu. Das heißt, der Bundespräsident ist verpflichtet, das weiterzuleiten. Er ist ja auch unser behaupteter Angestellter, also ist er verpflichtet, dieses Schreiben, diese Inhalte weiterzuleiten, und wenn er das nicht tut, ist er in der Haftung für eventuelle Schäden, die mir entstehen, wenn die Unterlassungsverfügung nicht ausgeführt wird. Und somit habe ich den Sack zugemacht.

Das ist eine elegante Methode, auch einmal „Nein" zu sagen. Wir haben noch andere Dinge getan, über die ich jetzt hier nicht sprechen möchte, denn wir haben diese privat gemacht, direkt mit dem Department of the Treasury, die auch weitergehende Konsequenzen haben, das wissen wir inzwischen. Wir wissen, dass es im Hintergrund bereits wirkt, denn letztendlich müssen wir eines entscheiden: Wollen wir das tatsächlich weiter finanzieren, was im Moment geschieht? Sind wir bereit, weiter die Haftung zu übernehmen für das, was gerade gemacht wird, wo wir noch nicht einmal wissen, wer der Auftraggeber ist, von diesen Leuten, die behaupten, dass sie von uns ein Mandat haben? Ich würde sagen, wir sagen jetzt erst einmal Nein und signalisieren, dass wir diskussionsbereit sind. Ich mache die Türe nicht zu, ich lehne sie erstmal nur an. Zugemacht ist sie schnell, das ist ein Tritt mit dem Fuß an die richtige Stelle. Aber erst einmal lehnen wir die Tür nur an und sagen: So Leute, euer Spiel ist durchschaut. Wir haben den Vorhang hochgehoben und was wir sehen, gefällt uns nicht. Erklärt euch doch bitte einmal, denn „Alle Macht geht vom Volke aus." – der Kernsatz jeder Demokratie.

Und damit kommen wir zu der Ausgangsfrage, die ich hatte: Wie kann ich „Nein" sagen? Es geht um mich, und ich habe für mich die Entscheidung getroffen, Nein zu sagen, weil ich die Rechtsauffassung habe, dass in der Demokratie, die man uns verkauft hat, gesagt wird: Alle Macht geht vom Volk aus. Ich als behaupteter Teil des Volkes sage nun „Nein", und genauso handele ich nach meinem eigenen Ermessen, unter meiner Verantwortung, und ich übernehme dafür auch die Haftung.

11. Entwicklungshilfen an andere Länder kommerziell betrachtet

Das Thema Entwicklungshilfe ist auch sehr interessant. Man könnte jetzt sagen, Entwicklungshilfe ist toll. Man hilft den Firmen in der Dritten Welt, die sich Staaten nennen, auf die Beine zu kommen. Man baut dort eine tolle Peripherie, also Straßen, Brücken, elektrische Versorgung, Staudämme, was auch immer nötig ist, um die Bodenschätze in der Dritten Welt abzubauen, denn um die geht es letztendlich. Man versorgt also einen afrikanischen Staat mit Geld, und dafür muss er Sicherheiten geben, um diese ganze Peripherie aufzubauen. Somit werden also Straßen gebaut und Brücken gebaut und Staudämme, die die Einheimischen gar nicht brauchen, aber die erforderlich sind, um Bodenschätze abzubauen. Diese Firma in Afrika, die sich Staat nennt, verschuldet sich damit, tritt im Prinzip ihre Ansprüche an den Internationalen Währungsfonds oder an die Weltbank oder wen auch immer ab, und dann wird irgendwann festgestellt, dass diese Firma, die sich Staat nennt, das gar nicht zurückbezahlen kann ...

Wer diese Regierung, die sogenannte Regierung, wohl eingesetzt hat? Auf diese Weise kommt man dann an die Ansprüche, an die Bodenschätze. Man kann dann diese Ansprüche als Sicherheit verwerten, denn der Kreditnehmer kann seine Gelder ja nicht mehr zurückbezahlen, oder man startet mal kurz einen kleinen Bürgerkrieg in diesem Land. Der Bürgerkrieg führt dazu, dass sich diese Firmen, die sich Staaten nennen, aufspalten. Es gibt dann eine Revolution. Es gibt da mal kurz einen Umsturz oder was auch immer. Man schafft auf jeden Fall Unruhe in diesem Land. Das bedeutet, dass die Sicherheiten nicht mehr sicher sind und man dann anfangen kann, diese Sicherheiten zu verwerten. Man verkauft die Schürfrechte oder Bergungsrechte von diesen Bodenschätzen an irgendwelche großen, zufälligerweise chinesischen, amerikanischen oder europäischen Firmen. Und so kommt man ganz billig an Bodenschätze heran.

Also, lange Rede kurzer Sinn: Entwicklungshilfe wäre eine gute Sache, wenn sie tatsächlich diese Regionen, die Menschen in den Regionen, unterstützen würde. Fakt ist aber, dass mit Entwicklungshilfe Großprojekte finanziert werden, die der einheimischen Bevölkerung gar nichts nützen.

Ich hatte mich einmal mit dem Initiator eines Projektes in Somalia unterhalten, und er erzählte mir, was für ein tolles Projekt sie hatten.

Europa hat das Problem, dass sie einfach zu viele Milchkühe haben. Die Milchkühe sind insoweit ein Problem, weil das Fleisch nicht verwertet werden kann, denn Milchkühe haben kein Fleisch. Was macht man also damit? Man schmeißt die Kühe sozusagen weg. Es hört sich brutal an, aber sie sind nicht brauchbar. Ab einem gewissen Punkt geben sie keine Milch mehr und sind somit wertlos für diese Massenproduktion an Milch. Wir haben ja auch solch einen Milchmangel in Europa – ich bin jetzt etwas sarkastisch, ich gebe es zu.
Man hat also diese Milchkühe genommen und nach Somalia transportiert. Das hört sich verrückt an, aber es war eine geniale Entwicklungshilfe, denn diese Milchkühe wurden dann Familien, kleinen Bauern geschenkt. Diese haben die Milchkuh gehegt und gepflegt, haben sie gemolken und aus der Milch Käse und Joghurt hergestellt, was auch immer man herstellen kann aus dieser Milch. Das, was sie selber nicht gebraucht haben, verkauften sie auf dem Markt. Das war eine tolle Sache. Die Bauern waren plötzlich autark, konnten sich selbst versorgen und hatten sogar ein bisschen was übrig, womit sie sich einen Luxus gönnen konnten.
Nur, dann kam die Europäische Union auf die glorreiche Idee und hat in Somalia an die Armen Milchpulver verschenkt. Ich sagte bereits, dass wir Berge von Butter haben, Berge von Milch, und die werden in Milchpulver verwandelt.
Was ist dann passiert? Die Bauern konnten ihre Milch, ihre Butter und ihren Käse auf dem Markt nicht mehr verkaufen, denn gegen geschenkte Lebensmittel kann man nicht konkurrieren und mussten folglich ihre Kuh schlachten. Jetzt sind sie genausoweit wie vorher. So viel zum Thema Entwicklungshilfe. Entwicklungshilfe kann also so sein oder so sein, es ist immer die Frage, welche Absicht verfolgt wird.
Und wie wird in Europa produziert? Na, mit unseren Produktions-Strukturkrediten!

Was passiert jetzt mit diesen Menschen, die sozusagen wieder alles verloren haben? Sie flüchten aus diesem Land. Was sollen sie denn sonst tun? Sie verhungern in ihrem eigenen Land, also flüchten sie. Sie flüchten wohin? Na dorthin, wo die Kohle herkommt. Man flüchtet also mal kurz aus Afrika ohne Geld nach Europa, wie auch immer das funktionieren soll, kommt dann nach Europa, wird dort in einem Zelt vorgeführt, muss dort unterschreiben und einen Daumenabdruck geben. Was bedeutet das? Sie eröffnen ein Kollateralkonto in Deutschland, das heißt, sie machen eine Haftungszusage. Sie werden dann in Deutschland kollateralisiert. Das bedeutet, jemand, der kein

Kollateralvermögen oder nur ein geringes Kollateralvermögen hat, weil die Bodenschätze im eigenen Land komplett verpfändet wurden, der wird plötzlich als wertvoll eingestuft und bekommt eine Haftungszusage, die er gar nicht halten kann, bekommt ein Konto, das nicht gedeckt ist, und dieses Konto verkauft man einfach mal kurz weiter an Frankreich, an Italien oder an Spanien.

Ich habe einen Artikel in einer italienischen Zeitung gelesen, darin stand: Die Flüchtlinge kommen nach Deutschland zur Einbuchung. Was war denn 2017? 2017 wurden die ganzen großen Buchprüfer, wie zum Beispiel Ernst & Young und so weiter, plötzlich zur Bearbeitung der Flüchtlinge mit hinzugezogen. Hierüber gibt es sogar einen Zeitungsbericht. Was haben die genau gemacht? Hat Ernst & Young plötzlich irgendwelche Lebensmittel oder Wasser oder Kleidung verteilt? Nein, die haben die buchhalterische Tätigkeit gemacht, Flüchtlinge in der Buchhaltung der Firma, die sich Staat nennt, GERMANY, zu aktivieren. Man hat also diese Konten in der Buchhaltung von GERMANY aktiviert und danach an die restlichen Firmen, die sich Staaten nennen, in Europa, verkauft. Das war eine Umgehung des Sarbanes-Oxley-Acts (SOX), was auch prompt Konsequenzen hatte. GERMANY musste im Juli 2017 zurückrudern und dieser gigantische Flüchtlingsstrom, der uns angekündigt wurde, ist ausgeblieben.

Entwicklungshilfe ist also eine gute Sache, wenn sie die Menschen im eigenen Land unterstützt, auf ihre Art zu leben und sich in dem Sinne weiterzuentwickeln, dass sie für sich selbst sorgen können. Entwicklungshilfe, wie sie aktuell von den großen Supermächten betrieben wird, dient nur zur Sicherung von Rohstoffquellen, die sich in der Dritten Welt befinden, und das lehne ich vollumfänglich ab. Es ist menschenverachtend, und wenn wir, die lebenden Menschen hier in Europa, Amerika, China und Russland, nicht aufwachen und endlich „Nein" sagen, wozu wir die ganze Zeit schon auffordern, dann wird diese Ausbeutung der Dritten Welt weitergehen. Und wir sind mitverantwortlich, weil wir diese Party finanzieren. Darüber müssen wir uns im Klaren sein.

Die große Frage ist jetzt einfach die: Warum kaufen Frankreich oder Spanien oder Italien diese Flüchtlinge? Besser gesagt, sie kaufen keinen Flüchtling, sondern eine Haftungszusage. Der Körper wird halt mitgeliefert. Mehr machen sie nicht. Sie können auf diese Art und Weise eine Bilanzerhöhung ausführen, das heißt, sie haben im Prinzip

Kreditzusagen, das sind Aktiva 1. Grades. Diese buchen sie bei sich ein und führen damit eine Bilanzerhöhung durch. Die Bilanzerhöhung ist legal, denn die Käufer dieser Obligation halten den Sarbanes-Oxley-Act ein, auch darüber hatten wir schon in anderen Clips gesprochen. Durch diese Einhaltung können sie diese Bilanzverlängerung legal vornehmen und erhöhen damit ihre Kreditwürdigkeit, sie bekommen also wieder mehr Kredite, die sie dann in ihrer Buchhaltung nutzen können.

Ich empfehle den Menschen einfach noch einmal: Schaut auf die Schuldenuhren der Firmen, die sich Staaten nennen, und ihr werdet feststellen, dass sie langsamer laufen, wie beispielsweise in Frankreich, Spanien und so weiter. Die Schuldenuhren in Deutschland sind nahezu stehen geblieben, liefen teilweise sogar rückwärts, das heißt, sie haben Schulden abgebaut, was niemand erklärt hat und worüber auch niemand geredet hat. Die afrikanischen Schuldenuhren gingen durch die Decke, das heißt, sie haben ihre Kollateralträger verloren. Das verstieß aber gegen viele, viele Verträge, und niemand hat darauf geachtet, bis es zur Anzeige in den USA kam.

12. Inflation

Inflation ist wesentlich komplexer, als man es uns gerne erzählen möchte. Wenn zu viel Geld im Markt ist und zu wenige Produkte da sind, dann haben wir Inflation. Und wenn zu viele Produkte da sind und zu wenig Geld da ist, dann haben wir Deflation. So heißt es ja immer. Nun schauen wir uns das mal richtig an, denn was passiert dann tatsächlich? Die Frage ist: Wie entsteht überhaupt Geld? Geld entsteht dadurch, dass wir, die Kreditgeber, Geld bestellen. Das heißt, wenn ich Geld bestelle, wie zum Beispiel bei einem Kreditantrag, wird im System Geld produziert. Je mehr Geld produziert wird, umso mehr Geld steht dem Markt zur Verfügung.

Also behaupte ich einfach mal, macht man es uns etwas ungemütlich, indem man sagt: „Ihr müsst über die juristische Person höhere Zinsen bezahlen."
Das ist die Zinspolitik, die man dann an den Zentralbanken macht, bei der man sagt: „Jetzt müsst ihr mehr Zinsen für Kredite bezahlen." Dann nehmen die Leute weniger Kredite auf, also bestellen weniger Geld. Ich bestelle doch Geld aus meinem eigenen Kollateralanspruch, das bedeutet: Ich beauftrage die Konvertierung von Kollateral in Liquidität. Und das möchte man uns versauern, indem man sagt: Ihr müsst in der Fiktion mehr Zinsen dafür bezahlen und dann wird weniger Geld bestellt. Das ist alles logisch. Der Punkt ist, man erzählt uns jetzt auch ständig, dass man über ein Grundeinkommen nachdenkt, und man denkt darüber nach, dass man eine Grundrente bekommt, solche elementaren Dinge. Es gibt auch dieses berühmte Gesara/ Nesara, wo dann den Menschen erzählt wird, man bekäme eine Million pro Monat, wenn man diesen Vertrag unterschreibt. Und solche Spielchen laufen überall.

Hier empfehle ich, den Film „In Time" anzuschauen. Da sagt jemand etwas sehr Treffendes: „Egal wie viel Lebenszeit sie in Umlauf bringen, wir erhöhen einfach so lange die Preise, bis wir dieses Überangebot kompensiert haben."
Genau das passiert. Das heißt, selbst wenn man uns pro Monat 10.000 Euro oder 10.000 Dollar an Grundeinkommen oder eine Rente zuspricht, dann kostet das Brot halt 500 Euro oder 500 Dollar, und damit haben sie es wieder kompensiert. Es spielt also keine Rolle, wie viel Geld im Umlauf ist. Es spielt auch keine Rolle, wie viele Produkte im Umlauf sind, denn wenn zu viele Produkte da sind, werden sie halt

vernichtet. Das sieht man ja in der Produktion von Lebensmitteln, wo zum Beispiel LKW-weise Tomaten vernichtet werden, weil zu viele Tomaten auf dem Markt sind, oder andere Produkte. Oder man geht einfach hin und macht eine Verknappung von Geld.

Nun ist es so, dass die Nation, also die Firma, die sich Staat nennt, nicht nur eine Lizenz für die regionale Verwaltung hat, sie hat ja auch das Recht, die Kollateralwerte in dieser Region zu nutzen. Aber sie hat einen Versorgungsauftrag, was bedeutet, diese Nation ist verpflichtet, uns, die Gläubiger des Systems, die Creditors in Commerce, zu versorgen. Sie haben also die Verpflichtung, dafür zu sorgen, dass alles da ist: Strom, Wasser, Gas, Lebensmittel. Aus dieser Verpflichtung heraus müssen sie dafür sorgen, dass alles da ist, jedoch schreibt ihnen niemand vor, wie die Preise zu gestalten sind. Ich gehe nicht davon aus, dass die Preise sich nur nach Angebot und Nachfrage richten, das sieht man ja wieder in Ungarn. Orban sagt einfach: „Ich friere den Preis ein."
Der Preis von Sprit ist bis Ende September 2023 eingefroren. Wir sehen, es funktioniert doch, es geht, es gibt offensichtlich so etwas wie eine Preisgestaltungshoheit innerhalb einer Nation. Ich dachte, das ist alles Marktwirtschaft, dass Angebot und Nachfrage den Preis regeln. Ich denke mir, dass auch dieses Märchen offengelegt werden muss. Hier sind reine Geschäftsinteressen, die dazu führen, dass entweder Inflation oder Deflation betrieben wird. Deflation in dem Sinne, dass man einfach Produkte in den Markt wirft, wo irgendwann kein Preis mehr zu erzielen ist, um ganz gezielt gewisse Märkte zu übernehmen oder kaputt zu machen. Das ist ein Spiel. Das Gleiche gilt auch für die Inflation. Ich gehe also davon aus, dass das nichts weiter als Mechanismen sind, um die Kontrolle über andere Märkte zu bekommen oder die Kontrolle über den eigenen Markt zurückzugewinnen.

Dieses ganze Märchen von Inflation und Deflation ist in der Form, wie wir es in der Schule, im BWL-Studium gelernt haben, so nicht hundertprozentig korrekt. Das können wir jetzt gerade wieder sehen, denn es gibt keinen Mangel an Gas. Es gibt nur einen Mangel an Kooperationsbereitschaft zwischen den Nationen. Das ist alles. Es ist ein Handelsdisput, der auf unserem Rücken ausgetragen wird. Somit sind diese ganzen Aktivitäten, die wir gerade haben, nichts weiter als ein Handelsdisput. Die Frage ist berechtigt: Warum wird plötzlich alles teurer? Warum steigt die Inflation an? Weil es gewünscht ist.

Denn die Verlierer dieser Inflation sind die Menschen, die gedacht haben, sie können diese bunten Papier-Zettelchen zu ihrer Bank bringen oder das Giralgeld bei ihrer Bank lagern, und sie können das auf ein Konto einzahlen fürs Alter, damit sie Reserven haben. Und diese Reserven werden gerade vernichtet. Und warum werden sie vernichtet? Weil sie nicht mehr gesichert sind. Es gibt im Hintergrund keine Sicherung mehr, denn, wenn ich ein Haus habe, das eine Million Euro wert ist, und ich habe das Haus mit zwei Millionen beliehen, was ist dieses Haus noch effektiv wert? Nichts mehr, es ist längst übernommen von dem, der mir die Kredite gewährt hat.
Und somit sind wir im Moment eher in der Situation, dass es eine Marktbereinigung geben muss, wie bereits in den 1920er Jahren, wo diese bunten Papier-Zettelchen oder diese Liquidität vom Markt geschafft werden muss. Denn hinter jedem Euro, Dollar, Yuan oder was es auch immer sein mag, sind immer Haftungszusagen, und diese Haftungszusagen belasten immer denjenigen, der die Haftungszusage herausgibt. Das ist die Zentralbank. Das heißt, es führt dazu, dass die Zentralbanken in den Haftungszusagen überlastet sind, die Versicherungsbeiträge zu hoch werden. Somit steht dieses System schon seit Jahren kurz vor dem Kollaps, weil keine Sicherheit mehr da ist für diese viele Liquidität, für die vielen Dinge, die im Umlauf sind, und für die vielen hohen Sparvermögen, die existent sind. Und diese Sparvermögen, die werden gerade vernichtet, denn wir können davon ausgehen, dass die wirklich Reichen und Mächtigen keine Euros und Dollars und was auch immer auf ihren Konten haben, sie haben ganz andere Sicherheiten im Hintergrund.
Wir brauchen uns nur anschauen, was gerade passiert. Die Firma Nestlé hat in den 1990er Jahren die Wasserrechte aufgekauft, weltweit. Im Moment kaufen große Firmen Land auf, das heißt, das Recht, das Land zu bewirtschaften, denn Land können sie nicht kaufen, das ist Unsinn, aber das Recht, das Land zu bewirtschaften. Warum machen sie das? Die Kornkammer Europas, das sind die Ukraine, Rumänien und Ungarn. Dort wächst das meiste Korn, und das versucht man unter Kontrolle zu bekommen. Und wie macht man das? Durch künstliche Verknappungen, durch künstlich geschaffene Situationen, wie zum Beispiel einen Krieg. Es ist alles ein großes Spiel, und den Menschen, die jetzt ihre Sparguthaben haben, möchte ich nur eines sagen: Das Konto gehört ihnen doch gar nicht. Das Konto gehört der Bank oder noch schlimmer gesagt, die Menschen nutzen die juristische Person, ein weisungsgebundenes Subunternehmen der Firma, die sich Staat nennt, zur Abwicklung ihrer Rechtsgeschäfte, und die

Erträge gehören dem Inhaber der juristischen Person, genauer der tatsächlichen, faktischen Geschäftsleitung der juristischen Person. Wir werden nur geduldet. Man lässt es zu, dass wir diese Konten nutzen, man lässt es zu, dass wir diese Person nutzen, aber letzten Endes sind wir nicht in der Position der tatsächlichen absoluten Verfügungsberechtigung. Wir haben nicht die Alleinvertretungsbefugnis für diese Person. Das erkennen wir daran, dass wir Vorschriften bekommen vom Landratsamt, vom Finanzamt, von allen möglichen öffentlichen Stellen. Die sagen uns, wie wir die juristische Person zu nutzen haben, und daraus schließe ich als Indiz und als Indizienkette, dass wir eben nicht die Inhaber der juristischen Person sind, sondern nur die geduldeten Verfügungsberechtigten. Deshalb sind die Sparguthaben, die momentan auf den Banken liegen, gar nicht unser Eigentum und auch nicht unser Besitz. Man lässt nur zu, dass wir es nutzen, solange wie es dem Herausgeber der juristischen Person in deren Geschäftsplan passt. Und wenn das nicht mehr passt, dann nutzen sie es halt mal, und das nennen die Menschen dann Enteignung. Deshalb ist es wichtig zu begreifen, wie ein Konto tatsächlich funktioniert, was ein Konto tatsächlich ist, denn dann erkennen wir, worum es tatsächlich geht: Es geht um die totale Kontrolle von uns, den lebenden Menschen und Kreditgebern dieses Systems.

13. Bußgeld kommerziell betrachtet

Das Wort „Bußgeld" ist ja mittlerweile so ein Reizwort für die Menschen in Deutschland, besonders nach dieser Maskenpflicht, die viele Menschen nicht mehr wollten und so weiter. Bußgelder sind nicht genau das, was wir uns so vorstellen unter Bußgeldern. Ich will jetzt nicht sagen, dass Bußgelder prinzipiell schlecht seien, denn es gibt sicherlich Dinge, wo man einfach mal sagt, man diszipliniert die Leute. Da gibt es Leute, die schmeißen ihre Zigarettenstummel irgendwo hin, und wenn das jeder machen würde, würde es überall furchtbar aussehen. Deshalb lassen wir es mal dahingestellt sein mit diesem ganzen Thema.

Fakt ist auf jeden Fall eines: Es gibt Bußgelder, die sicherlich Sinn machen, als „Disziplinierungsmaßnahme", und es gibt sicher Bußgelder, die sind an den Haaren herbeigezogen. Da hat man das Gefühl, es wird schlicht und einfach provoziert, durch Vorgaben, die man nicht mehr einhalten kann, und durch Regelungen, die ständig geändert werden. Man weiß ja gar nicht mehr so richtig, was eigentlich wirklich gültig oder aktiv ist und so. Es muss ja was dahinterstecken. Da gibt man also von Seiten der Regionalverwaltung ein Bußgeld heraus von 25 Euro, und wenn man das nicht bezahlt, werden Maßnahmen eingeleitet, bis hin zu den Polizisten, die irgendwann einmal vor der Tür stehen und dieses Bußgeld eintreiben wollen. Man fragt sich dann unwillkürlich: Was schicken sie vier Polizisten zum Eintreiben von 25 Euro? Wo ist da eigentlich noch die Rendite? Wir hatten schon einmal darüber gesprochen, dass den Polizeieinsatz mit vier Polizisten nicht die Firma, die sich Staat nennt, zahlt, sondern ihr, die Verursacher dieses disziplinarischen Einsatzes. Ihr müsst also diesen Einsatz bezahlen, denn GERMANY, die Firma, die sich Staat nennt, beauftragt ACADEMI für diesen Polizeieinsatz. Und die kosten so 250 bis 300 Euro die angefangene Stunde, vier Polizisten. Also, das sind mal kurz 1.200 Euro Auftragsvolumen, und das holt man sich bei euch, den zickigen und bockigen Nutzern der Person.

Warum gibt es eigentlich Bußgelder? Letztendlich ist es so: Ihr habt eine juristische Person zur Verfügung gestellt bekommen, das ist wie ein Mietwagen, und mit dieser juristischen Person agiert ihr regional. Das heißt, es gibt einen Herausgeber der Person und ihr nutzt die Person. Es gibt den Spruch im Kommerz:
Der Herausgeber einer Person haftet, wenn der Nutzer der Person nicht bereit ist zu zahlen oder nicht zahlen beziehungsweise ausgleichen kann.

Das bedeutet in dem Fall, dass der Herausgeber der juristischen Person das Recht hat, sich zu schützen. Wieso und wovor zu schützen? Ganz einfach: Wenn ihr außerhalb der AGBs, der Nutzungsregeln für eine Person, auch Gesetze oder Verordnungen genannt, eine Person nutzt und es entsteht ein Schaden, dann haftet letztendlich der Herausgeber der Person. Und der schützt sich davor durch eine Versicherung. Deshalb gibt es auch Gesetze und Verordnungen, denn die werden ja von jemandem herausgegeben, und der sagt: „Wenn ihr die juristische Person in diesem Rahmen nutzt, seid ihr versichert für die Nutzung. Wenn ihr aber außerhalb dieser Nutzung agiert, nennt man das auch ultra-vires oder unversichert. Wenn ihr das innerhalb des Rahmens nutzt, nennt man das intra-vires, also versicherter Zustand, also gesetzeskonform.

Wenn ihr nun also eine Person unversichert nutzt, heißt es, dass im schlimmsten Falle eine Haftung beim Herausgeber der Person bleibt. Ihr habt die Verpflichtung, als Nutzer der Person, den Herausgeber schadfrei zu halten. Ihr müsst also dafür sorgen, dass ihr euch zum einen entweder im versicherten Bereich bewegt, oder wenn ihr euch außerhalb des versicherten Bereiches bewegt, müsst ihr akzeptieren, dass der Herausgeber der Person sich vorenthält, eine Zusatzversicherung, eine Zusatzpolice, für euch herauszugeben. Das gibt es ja öfter zur Risikoerweiterung. Also, er versichert eure Handlungen im Nachhinein durch eine Zusatzpolice, und ihr müsst die Emissionskosten bezahlen. Das ist das Bußgeld, mehr nicht. Diese Zusatzpolice ist letztendlich eure Police, die gehört euch unter Nutzung der natürlichen Person, die als Sicherungsgeber fungiert, und der Herausgeber muss sie abschließen, um diese Ultra-vires-Handlungen nachträglich zu versichern.

Nun sprechen wir momentan von kleinen Beträgen, 25, 50 oder 100 Euro. Das heißt, es ist meistens das Ordnungsamt, das solche Strafen ausspricht, denn das Ordnungsamt kann natürlich solche Policen auch herausgeben, wofür ihr dann die Haftung übernehmen müsst. Mit dem Bezahlen der 25 Euro akzeptiert ihr übrigens die Police, und dann kann diese auch genutzt werden. Ihr müsst die Police also nicht unterschreiben oder sowas. Jedoch hat das Ordnungsamt eine begrenzte Summe der Emission, sie dürfen also nicht beliebig viel herausgeben, sondern sie sind auch nur begrenzt versichert. Die Höhe der Versicherungssumme des Ordnungsamtes, der Haftpflichtversicherung, im Englischen Indemnity Bond, begrenzt die Höhe dessen, was sie an Versicherung herausgeben dürfen, sprich die Höhe der Bußgelder, die Emissionskosten. Wenn nun also hier mehr passiert, also ein höherer Haftungsschaden, ist das Ordnungsamt außen vor.

Ein Beispiel: Es ist Maskenpflicht in einer Stadt, ihr lauft durch die Stadt und habt keine Maske auf. Da kommen zwei Mitarbeiter des Ordnungsamtes zu euch und sagen: „Sie müssen eine Maske aufsetzen, 25 Euro Strafe, denn Sie haben entgegen der Verordnung gehandelt." Ihr habt also eine Ultra-vires-Handlung begangen, weil der Herausgeber der juristischen Person durch internationale Vorgaben (WHO) verpflichtet ist, die Maskenpflicht anzuordnen und ihr dagegen verstoßen habt. Somit seid ihr durch das Nichttragen der Maske nicht versichert gewesen. Das wäre jetzt alles okay, nur ihr fangt jetzt an zu diskutieren, das heißt, ihr wollt mit diesen Mitarbeitern des Ordnungsamtes diskutieren. Nun sind die sowieso schon gerade ein bisschen gereizt, und die Stimmung geht hoch. Plötzlich packt euch einer am Arm und ihr haut mal kurz zu. Der vom Ordnungsamt liegt auf dem Rücken mit einem blauen Auge, und es gibt eine Anzeige bei der Staatsanwaltschaft wegen Widerstand gegen die Staatsgewalt, Widerstand gegen Vollstreckungsbeamte und Körperverletzung. Nun ist das Ordnungsamt außen vor, denn diese Geschichte läuft bei der höher versicherten Staatsanwaltschaft, und dort werden jetzt andere Beträge, andere Versicherungssummen, andere Emissionssummen gehandelt. Dort geht es jetzt um Bonds in einer anderen Höhe. Und dieses Spiel läuft dann auf einem anderen kommerziellen Parkett.

Nachwort

„Ein Mensch kann nur als Mensch aufstehen" besteht mittlerweile seit fast vier Jahren.
Vier Jahre, in denen sich sehr viel getan und verändert hat – die womöglich ereignisreichsten und entschiedensten Jahre in der Phase des Aufstehens von uns Menschen.

Auch das gemeinsame Projekt von Kamasha TV und Diplomateninterviews ist seither gewachsen. So ist aus der Videoserie bereits das zweite Buch entstanden. Während der Arbeit an dem Buch haben wir immer wieder bemerkt, wie zeitlos aktuell diese Themen sind. Daran sehen wir, dass wir in der Tat noch immer inmitten der Phase der Entscheidung sind.

Nicht zuletzt aus diesem Grund haben wir, Gabriel und David, im Mai 2023 auch den Podcast gestartet, welcher auf allen gängigen Podcast-Plattformen zu hören ist.

Eine besonders große Überraschung war es, dass der Podcast für 3 Tage in den Podcast-Charts von Spotify zu sehen war. Was für ein großes Zeichen, dass man in der Zeit des Wandels auch auf den großen Entertainment-Plattformen mit solchen Themen sichtbar werden kann. Das hätten wir anfangs nicht für möglich gehalten. 3 Tage lang war „Ein Mensch kann nur als Mensch aufstehen" auf Platz 47 von 100.

Vielen Dank an alle Hinhörerinnen und Hinhörer dafür – denn das ist das Signal an uns, weiterzumachen.

Wir sind uns sicher, dass die Zukunft Gutes bringen wird, denn wenn wir eines über die letzten Jahre hinweg gelernt haben, dann Folgendes: Wir sind viel mehr und das alles ist erst der Anfang.

David L. Hemm
von Kamasha TV

Juni 2024

Über den Autor

Ulrich M. Schulz, der Mann, der sich in seiner Aufklärungsarbeit Gabriel nennt, ist 1959 auf deutschem Boden geboren und nennt als sein Lebensmotto: „Es gibt keine Grenzen!"

Nach seinem Hauptschulabschluss 1974 absolvierte er eine Automechaniker-Lehre. Im Jahre 1980, also mit 21 Jahren, erkannte er, dass er sein Leben selbst in die Hand nehmen musste und erwarb die mittlere Reife sowie anschließend über den Besuch einer Technikerschule für Elektronik und Datenverarbeitung die Fachhochschulreife.

Anschließend studierte der Autor dieses Buches in Konstanz technische Informatik. Nach seinem Studien-Abschluss wurde er Leiter der Abteilung „Forschung und Entwicklung" in einem kleinen Hochtechnologie-Unternehmen für Sondermaschinenbau. Im gleichen Jahr wurde er an der Fachhochschule Konstanz zum Lehrbeauftragten für Physik (Statistik, Wahrscheinlichkeitsrechnung, Quantenphysik) berufen. Ein Jahr später, 1991, veröffentlichte er mehrere wissenschaftliche Berichte in internationalen Fachzeitschriften.

1995 machte er sich selbständig und übte seine Selbstständigkeit bis zum Jahr 2021 in verschiedenen Firmen und Bereichen als Entwickler und Geschäftsführer aus.

Seine kommerzielle Reise begann Ulrich M. Schulz im Jahr 2013. Seit damals beschäftigt er sich mit kommerziellem Wissen und setzt es in der von ihm sogenannten „BRD-Fiktion" um.

Im Jahre 2017 wurde er u.a. Mitglied der internationalen privaten Finanzaufsicht und seine Person erhielt diplomatische Immunität. Die offizielle Tätigkeit endete im Sommer 2019, nachdem ihm die Rückendeckung bei seiner Arbeit entzogen wurde.

Ulrich M. Schulz ist zwischenzeitlich Seminarleiter und Buchautor von mehreren Sachbüchern im kommerziellen Bereich und verfolgt zwischenzeitlich den Weg eines spirituellen Kommerzes.

Wortverzeichnis